Les grands mythes fondateurs

Les grands mythes
fondateurs

Florence Braunstein
&
Jean-François Pépin

ellipses

ISBN 2-7298-4546-1

© ellipses / édition marketing S.A., 1995
32 rue Bargue, Paris (15e).

AVANT-PROPOS

Toutes les civilisations veulent pouvoir rendre compte de leurs origines et recourent au mythe pour entretenir la mémoire commune de la « première fois ». Cet ouvrage propose de présenter, en un seul volume, les principaux mythes qui donnent corps au groupe, qui entretiennent son unité : création du monde, de l'humanité, destruction de tous les hommes sauf un couple, rôle du héros civilisateur, descente aux enfers. Autant de thèmes abordés par toutes les civilisations, depuis la Mésopotamie jusqu'au Japon, l'Égypte, les Aztèques, les Incas, les Mayas, l'Inde, la Chine.

Nous avons choisi de clore ce travail par la mythologie du monde germano-nordique et celle de l'antiquité classique : ces mythologies, en effet, nous semblent trop souvent plus familières, alors qu'elles sont par trop confuses à notre esprit.

Le lecteur trouvera en annexe un large rappel du panthéon gréco-latin, depuis les divinités principales jusqu'aux allégories divinisées, ainsi que la liste explicative des merveilles du monde.

Notre but est de permettre à un large public l'accès à ce fonds commun de l'humanité dont la connaissance nous enrichit tous.

LES AUTEURS

Florence BRAUNSTEIN enseigne en Classes Préparatoires H.E.C. et en Mathématiques Supérieures et Spéciales. Pendant quinze ans, elle a travaillé sur l'antiquité du Proche-Orient et publié de nombreux articles dans diverses revues spécialisées, notamment « Orientalia » et « le Realexicon ». Depuis trois ans, elle prépare sous la direction d'Antoine Faivre un second doctorat sur « l'Égyptomanie dans les sociétés ésotériques au XVIIIᵉ siècle ». Elle participe tous les ans à la rédaction d'articles dans la collection « Analyses & Réflexions », aux éditions Ellipses.

Jean-François PÉPIN, professeur certifié, enseigne l'Histoire et la Géographie en Classes Préparatoires H.E.C., ainsi que les Relations Internationales aux élèves de 3ᵉ année de commerce international. Après des études doctorales consacrées à l'océan primordial et à la naissance du monde dans l'Égypte antique, il prépare actuellement des recherches sur la vie au collège de Juilly entre 1828 et 1938. Il collabore également à la collection « Analyses & Réflexions ». Il est aussi l'auteur d'*Économie et Société depuis 1929*, éd. Bréal, coll. Amphi, 1993.

TABLE DES MATIÈRES

I. EN MÉSOPOTAMIE[1] :
LA NAISSANCE DES MYTHES

A. LA CRÉATION DU MONDE

1. Le mythe et son évolution

Avant de présenter le mythe sumérien de la création du monde, il est nécessaire d'évoquer ici brièvement le cadre géographique dans lequel la civilisation de Sumer s'est épanouie, la Mésopotamie. Il s'agit de la bande de terre comprise entre les vallées du Tigre et de l'Euphrate, bordée à l'est par l'Élam, puis l'Iran, à l'ouest par le désert de Syrie. Au nord l'Assyrie, au sud la mer Érythrée, puis le golfe persique délimitent le pays.

Il n'est pas surprenant, au sein de semblables conditions géographiques, que les Sumériens aient conçu le monde comme venant de la mer et de l'eau des fleuves.

À l'origine, le chaos primordial se compose d'Apsou, principe masculin, vaste océan d'eaux douces, et de Tiamat, l'immensité des eaux salées, principe féminin. Le bien est identifié à Apsou, le mal à Tiamat.

Apsou et Tiamat s'unissent, pour enfanter Lakhmou et Lakhamou, à têtes de serpent de mer, ainsi que le ciel, Anshar, et la terre, Kishar. À leur tour, Anshar et Kishar donnent naissance à trois divinités masculines, Anou, roi du ciel, Enlil, roi de la terre, Éa, roi de l'océan.

Ces trois créent tous les autres dieux, les hommes, mettent en place les grands luminaires, Shamash le soleil et le dieu-lune Sin, et les planètes, Vénus-Ishtar.

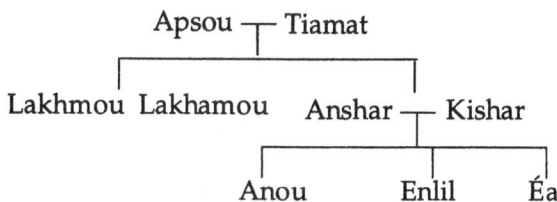

```
              Apsou ─┬─ Tiamat
        ┌────────────┼────────────┐
        │            │            │
  Lakhmou Lakhamou   Anshar ─┬─ Kishar
                  ┌──────────┼──────────┐
                Anou       Enlil        Éa
```

Comme les autres mythes de création du monde, celui des Sumériens se déroule *in illo tempore*, c'est-à-dire « en ce temps-là », sans aucune précision de date. En revanche, la matière, l'océan d'eaux douces, Apsou, et les eaux salées, Tiamat, existent avant les dieux, qui ne les créent pas.

---

1. Mésopotamie : Sumer, Akkad, Babylone, Assour, ici regroupés.

Stèle de Naram-sin – 2500 av. J.-C.
Musée du Louvre.

Sur les eaux douces d'Apsou flotte la terre ; les dieux naissent de Tiamat. Un troisième personnage, très énigmatique pour nous, intervient dans la cosmogonie sumérienne, Moumou, apparemment contemporain(e) d'Apsou et de Tiamat. Son nom pourrait signifier « la mère » ou « le créateur ».

En ce qui concerne Lakhmou et Lakhamou, nous ne savons pratiquement rien, en-dehors de leur apparence précédemment mentionnée.

Nous avons, par commodité, appelé Anshar le ciel et Kishar la terre. Il serait plus exact de dire qu'ils en constituent le prototype, pour une réalité qui n'existe pas encore. Anshar correspond davantage à la « totalité des éléments supérieurs », et Kishar à la « totalité des éléments inférieurs ».

La naissance du monde selon les Sumériens reste l'unique version en Mésopotamie jusqu'après la moitié du IIe millénaire, époque à laquelle elle est modifiée, reprise et augmentée par les Babyloniens.

2. Extraits commentés

Les extraits suivants sont issus du grand poème cosmogonique mésopota-mien[1] l'*Enouma Elish*. Ce titre lui est donné d'après les premiers mots du récit cosmogonique, « lorsqu'en haut les cieux », traduction de l'akkadien *enouma elish*. C'est lors du mois de Nisan (mars-avril), qui marque le Nouvel An, que les prêtres récitent l'*Enouma elish*. Le fait de prononcer les paroles mythiques leur donne une existence pleine et entière, et assure le maintien du monde ainsi créé dans une relative stabilité.

Le support du poème est composé de tablettes d'argile qui regroupent envi-ron mille vers.

> Lorsqu'en haut les cieux n'étaient pas nommés,
> Qu'en bas, la terre n'avait pas de nom
> Que même l'Apsou primordial, procréateur des dieux,
> Moumou Tiamat qui les enfanta tous
> Mêlaient indistinctement leurs eaux.

V. Grigorieff, ***Les mythologies du monde entier***, Marabout, 1987, p. 48.

Ce premier passage évoque l'état de chaos qui précède la création, l'identifi-cation des éléments par leur nom individuel. L'indistinct est poussé jusqu'au mélange des eaux douces et salées, quand Apsou et Tiamat, au demeurant exis-tants puisque nommés, ne sont pas encore clairement différenciés et forment une entité commune.

> Alors naquirent les dieux du sein d'Apsou et de Tiamat.
> Lakhmou, Lakhamou surgirent, ils furent nommés.
> Les âges grandirent et s'allongèrent.
> Anshar, Kishar naquirent, encore plus développés.

Ibid., p. 49.

Ce second extrait évoque la naissance des dieux primordiaux, issus du « sein » d'Apsou et de Tiamat. Lakhmou et Lakhamou semblent avoir été conçus avant Anshar et Kishar, mais leur entité est moins complète, nous ne savons d'eux que le fait de leur attribuer leur nom respectif, quand Anshar et Kishar naissent, au lieu de surgir, et sont « plus développés ». L'antériorité de Lakhmou et de Lakhamou pourrait autoriser l'hypothèse qu'ils sont les géni-teurs d'Anshar et de Kishar, mais les liens de parenté exacts sont impossibles à préciser. Ainsi, si un dieu s'adresse à un autre en l'appelant « père », il s'agit d'une marque de respect, non de l'affirmation d'une filiation certaine.

Les descendants divins d'Anshar et de Kishar ont en charge la création de l'homme, destiné à leur rendre un culte. Éa crée l'homme en se servant d'argile selon certains récits.

---

1. Nous employons ici, par commodité, le terme mésopotamien pour indiquer l'héritage commun de Sumer, d'Akkad, de Babylone.

B.   LA CRÉATION DE L'HOMME

1.   *Les protagonistes*

Il est nécessaire de revenir à Éa, celui qui règne sur les eaux, pour mettre en place la création de l'homme. Lassés de l'exubérance, de la perpétuelle et bruyante agitation de leurs descendants divins, Apsou et Tiamat envisagent de les anéantir. Apsou souhaite le faire dès que sa volonté se manifeste, mais Tiamat prône la patience avant d'en venir à une solution aussi extrême.

Éa, doté de l'omniscience, connaît ces projets funestes, et les prévient en tuant Apsou, dont il prend la place. De ce nouvel élément Éa-Apsou naît le dieu Mardouk, qui tue Tiamat et met fin à l'instabilité de l'univers en l'ordonnant ; il met en place les luminaires (soleil, lune, étoiles), les fleuves (Tigre, Euphrate), le ciel et la mer. Par son action, Mardouk a sauvé tous les dieux de la destruction, et il devient naturellement leur roi, paré de toutes les qualités.

La création de l'homme, l'anthropogonie, prend place plus tard, à la suite d'un besoin ressenti par les dieux. Les êtres semi-divins qui les servent se révoltent et réclament le droit, au nom de leur identité divine, de ne plus avoir à travailler, à servir. C'est alors que Mardouk propose à Éa de créer les hommes, à partir d'argile et du sang de Kingou, dieu inférieur, autrefois à la tête des armées de Tiamat.

Ce fait est d'une importance primordiale : fait d'argile, l'homme retourne à la poussière sans pouvoir prétendre à l'immortalité. Animé par le sang d'un dieu qui avait osé collaborer à la tentative de destruction de tous les autres, y compris Mardouk, sa part de divin est souillée, imparfaite. De cette imperfection découle son obligation d'obéissance absolue aux dieux. L'homme est créé pour leur obéir, pour les servir sans jamais espérer pouvoir les égaler, de par sa nature même.

2.   *Extraits commentés*

L'**Enouma elish** relate le combat opposant Tiamat à Mardouk, et la victoire du jeune dieu remportée sur son aïeule :

> Comme Tiamat ouvrait la gueule pour l'engloutir,
> Il [Mardouk] y projeta le vent mauvais pour l'empêcher de refermer les lèvres.
> Les vents furieux lui dilatèrent le corps.
> Elle en eut le ventre gonflé et resta la gueule béante.
> Il décocha alors une flèche qui lui perfora le ventre,
> Lui déchira les entrailles et lui perça le cœur.
> L'ayant ainsi maîtrisée, il lui ôta la vie,
> Jeta le cadavre à terre et se dressa dessus.

V. Grigorieff, *op. cit.*, p. 52.

Tiamat, les eaux salées, est prise au piège par la ruse de Mardouk. Il lui fait engloutir le « vent mauvais », qui la déséquilibre en tous sens, elle et les formes primitives, les monstres qui constituent son armée. Percée d'une flèche, son corps éclate, et les morceaux de ce corps vont servir à former l'univers : ses yeux sont les sources du Tigre et de l'Euphrate, sa poitrine modèle les montagnes.

Mardouk, dressé sur son cadavre qu'il va dépecer, contemple le monde ancien, celui du retour risqué au chaos permanent, de l'instabilité, d'un monde auquel il met fin en organisant son monde nouveau.

C'est dans le cadre de cette organisation que Mardouk est amené à définir le statut des dieux, ceux qui l'ont choisi comme héros, mais aussi ceux qui furent les alliés de Tiamat. Tous auront l'immortalité, sauf un qui doit périr pour racheter les fautes des complices de Tiamat.

C'est donc un contexte de crise qui entoure la création de l'homme, voulue par Mardouk pour fournir aux dieux leurs serviteurs :

> Mardouk, en entendant l'appel des dieux,
> Résolut de créer une grande œuvre.
> Prenant la parole, il en fit part à Éa,
> Pour recevoir son avis sur le plan qu'il avait conçu :
> Je veux faire un réseau de sang, former une ossature,
> Pour produire une espèce d'être dont le nom sera « homme ».
> Je veux créer une espèce d'être, l'homme.
> Que sur lui repose le service des dieux, pour leur soulagement.

Enouma elish, tablette VI, 1-8, cité *in* : ***La naissance du monde***, « La naissance du monde selon Akkad », P. Garelli et M. Leibovici, Seuil, 1959, p. 143.

Tête d'une prêtresse de Mari.

L'anthropogonïe répond à un double besoin — s'assurer des serviteurs et punir un dieu félon —, non à un vœu, à un désir de créer une espèce supérieure aux animaux, dotée de tous les dons. Dès sa création, l'homme est voué à la finitude, à la mort, au retour au néant dont Mardouk le tire, sans espoir d'un au-delà quelconque.

Mardouk réclame son coupable, et les dieux lui livrent Kingou après l'avoir dénoncé :

> C'est Kingou qui a fomenté la guerre,
> Incité Tiamat à la révolte et engagé la lutte.
> Après l'avoir ligoté, ils le tinrent devant Éa.
> Ils lui firent subir son châtiment, ils lui tranchèrent les veines.
> De son sang il créa l'humanité.

Enouma Elish, Ibid., p. 144.

Le premier homme ainsi créé donne naissance à sept couples primordiaux, qui se multiplient rapidement, et forment une « rumeur » de plus en plus importante, au point d'empêcher Enlil de dormir. Excédé, il incite Anou à préparer la destruction de la race des hommes, tout comme Apsou et Tiamat voulurent exterminer les dieux trop bruyants qu'ils avaient enfantés. Seul Éa veut sauver l'humanité et doit pour ce faire multiplier les ruses.

C. LA COLÈRE DES DIEUX, LES TENTATIVES DE DESTRUCTION DE L'HUMANITÉ

1. Les voies de la destruction

Enlil emploie plusieurs moyens successifs pour détruire les hommes. Les fléaux envoyés sont l'épidémie, la sécheresse, enfin la famine. Toutefois, Éa, protecteur de sa créature, parvient à chaque fois à prévenir la destruction des hommes en les avertissant. Enlil se doute rapidement du soutien apporté aux serviteurs des dieux, et ordonne à ces derniers de jurer qu'ils ne diront pas aux hommes le dernier, et le plus redoutable de tous, des fléaux que le dieu suprême veut leur envoyer : le déluge.

Désespéré, Éa trouve une solution pour sauver sa création : il envoie à un homme pieux entre tous, Oum-Napishtim, le « Très Sage », un rêve prémonitoire au sujet du déluge. Oum-Napishtim demande alors au dieu comment échapper au sort promis à tous. Éa, pour ne pas rompre son serment, feint de s'adresser à une claie de roseaux derrière laquelle se tient Oum-Napishtim, et il lui ordonne de bâtir une arche et d'y héberger un couple de chaque espèce animale.

Lorsqu'Enlil déchaîne sa colère et libère les « tempêtes du déluge », l'arche est ballottée violemment pendant six jours, et, le septième, se retrouve au sommet du Mont Nizir, au moment où la tempête se calme.

Oum-Napishtim et son épouse ne voient autour d'eux que la bande de terre sur laquelle l'arche est coincée, et alentour, partout, les eaux du déluge. Le « Très sage » lâche trois oiseaux, un corbeau, une colombe et une hirondelle. Les deux derniers reviennent à l'arche, mais pas le corbeau. Oum-Napishtim sait de ce fait qu'il a trouvé une terre où se poser, et attend la décrue, après avoir offert un sacrifice aux dieux.

L'irritation d'Enlil, confronté à un nouvel échec de son projet d'anéantissement, est grande. Éa se doit de l'apaiser. Il y parvient en frappant les hommes, désormais, de maladies, d'infirmités jusqu'alors inconnues d'eux. La durée de vie humaine est raccourcie, pouvant atteindre le millénaire, elle sera désormais limitée à un maximum d'un siècle.

Soumis à des risques de mortalité plus précoces et plus grands, les hommes se reproduisent en moins grand nombre qu'à l'époque de leur création, et ne sont plus susceptibles de produire à nouveau la « rumeur », le tumulte à l'origine du courroux divin d'Enlil. Seuls Oum-Napishtim et son épouse sont exemptés de ce sort commun, et obtiennent l'immortalité. Ils sont les derniers représentants des hommes à avoir été si proches des dieux qu'ils en ont obtenu le bien suprême qui les égale presque à eux.

2.   Extraits commentés

Pour les Mésopotamiens, le ciel est formé d'eaux, tout comme la mer, issues du corps démembré de Tiamat. C'est par l'ouverture brutale du ciel qu'Enlil livre le passage aux eaux sur la terre :

> Six jours et sept nuits passèrent
> Les tempêtes du déluge soufflaient encore
> Les tempêtes du sud couvraient le pays.
> Le septième jour
> Les tempêtes du déluge
> Qui telle une armée
> Avaient tout massacré sur leur passage
> Diminuèrent d'intensité
> La mer se calma
> Le vent s'apaisa
> La clameur du déluge se tut.

V. Grigorieff, *op. cit.*, p. 55.

La destruction du monde humain occupe une semaine entière, et, le septième jour, les tempêtes se calment peu à peu. La vision qui s'offre à Oum-Napishtim est celle d'une désolation totale : tous les hommes, faits d'argile, ont disparu, les eaux couvrent tout, aussi loin que sa vue peut porter. Effondré, Oum-Napishtim pleure tous ceux qu'il n'a pu sauver, puis accomplit son devoir en offrant un sacrifice aux dieux. Le sacrifice est un moment essentiel de l'existence humaine, sa justification. L'homme est sur terre pour nourrir les dieux en sacrifiant pour eux, pour les vêtir, orner leurs statues, réciter des hymnes en leur honneur.

Un des fragments des tablettes cunéiformes
de la Bibliothèque d'Assurbanipal,
grâce auxquels on a pu reconstituer
le récit du Déluge.

La représentation matérielle du dieu, peinture, bas-relief, sculpture en ronde-bosse, n'est pas le dieu ni son incarnation, elle est sa demeure momentanée, qu'il occupe pour recevoir les offrandes, les parures, les chants qui lui sont destinés.

L'espèce humaine d'après le déluge, diminuée par les maux envoyés par Éa, assume la permanence du service des dieux. C'est la seule justification de sa vie même. Si, à son tour, l'homme se nourrit, boit, se vêt, il le fait en plus de ses obligations à l'égard des dieux. Il n'a pas été créé pour vivre pour lui-même, mais pour servir.

D.   LE HÉROS CIVILISATEUR

1.   L'épopée de Gilgamesh

Gilgamesh, roi d'Ourouk, aurait pour modèle un souverain de cette cité, dont le règne se situerait vers 2800 ou 2600 avant J.-C. Héros civilisateur, il entoure sa ville de murailles et lui permet de connaître la prospérité pendant les 126 ans de son gouvernement.

L'*Épopée de Gilgamesh*, transmise d'abord oralement, est fixée sur des tablettes d'argile vers 2000 avant notre ère, et connaît un immense succès. De nombreuses versions en sont réalisées pendant un millénaire et demi, avant que l'orientaliste anglais Georges Smith ne lui redonne vie à partir de 1872.

Gilgamesh règne sur son peuple d'Ourouk, le protège et le tyrannise tout à la fois. Devant les lamentations des hommes, Anou, dieu principal d'Ourouk, lui envoie un rival, un homme sauvage, Enkidou. Il vit au milieu des bêtes sauvages, ignorant la société des hommes. Gilgamesh, pour le civiliser, lui envoie une courtisane. Enkidou succombe à ses charmes pendant six jours et sept nuits, mais cesse de ce fait d'être un homme sauvage, les bêtes se détournant de lui, le fuyant comme les autres hommes. Il gagne Ourouk, provoque Gilgamesh qui le vainc, épisode qui scelle leur amitié.

Ensemble, ils vont courir le monde, affronter et défier même la déesse Ishtar, tuer le taureau du ciel ainsi que le gardien de la forêt des cèdres, Houmbaba. Ce faisant, ils assument leur destin héroïque, et doivent se préparer à en payer le prix. La mort du taureau du ciel, celle d'Houmbaba, l'affront fait à Ishtar ne peuvent être pardonnés par le conseil des dieux ; même Shamash le dieu solaire, leur protecteur, ne peut les mettre à l'abri du châtiment. Enlil condamne Enkidou au trépas.

C'est après la mort de son ami que Gilgamesh entreprend réellement son épopée. Frappé par le spectacle de l'agonie et de la mort d'Enkidou, Gilgamesh comprend qu'il n'est de bonheur sur cette terre que fugace, et part à la quête de l'immortalité.

Il entreprend d'abord de retrouver Oum-Napishtim, dont le nom signifie « celui qui a obtenu la vie éternelle ». Avec son épouse, ils ont reçu d'Enlil l'immortalité après avoir survécu au déluge grâce à l'aide fournie par Éa. Seul couple de mortels à connaître l'immortalité divine, ils doivent en détenir le secret.

Après un voyage plein de péril, Gilgamesh aborde l'île où réside Oum-Napishtim et lui expose le motif de sa venue. Le survivant lui conte alors le déluge, puis la décision divine de lui conférer l'immortalité. Oum-Napishtim conseille le renoncement à Gilgamesh, seuls les dieux pouvant faire présent de la vie éternelle, il n'est pas d'autre moyen.

Gilgamesh entreprend à son tour de relater la mort si déchirante d'Enkidou, et sa propre terreur à l'idée de cette fin dernière. Touché par ce récit émouvant, Oum-Napishtim lui révèle l'existence, au fond des eaux, d'une plante à épines capable de donner l'immortalité à celui qui la mange.

Gilgamesh parvient à la cueillir et se prépare à retourner à Ourouk la partager avec son peuple. Fatigué, il s'assied au bord d'un puits, s'y baigne et pose la plante à proximité. Attiré par son odeur, un serpent survient et l'avale, privant à jamais Gilgamesh de l'immortalité. L'épopée s'achève sur le constat amer du héros d'une vie de douleurs perdue à tenter de conquérir l'impossible.

2.   Extraits commentés

Après un rapide prologue, l'épopée commence par la présentation du héros, paré de tous les dons divins :

> Après que Gilgamesh eut été créé par les grands dieux
> Shamash lui accorda la beauté et Adad la vaillance.
> Pour deux tiers il est dieu pour un tiers il est homme.
> Il est semblable à un taureau sauvage sa force est incomparable ses armes sont invincibles.

Abed Azrié, **_L'Épopée de Gilgamesh_**, Berg international, 1979, p. 17.

Toutefois, Gilgamesh provoque les plaintes et les lamentations de son peuple en arrachant le fils à son père et la vierge à sa mère, et leur ampleur est telle qu'elle monte jusqu'à l'assemblée des dieux :

Gilgamesh ne laisse pas un fils à son père,
nuit et jour règne sa violence
mais Gilgamesh est le pasteur d'Ourouk leur pasteur,
le fort, l'admirable, l'omniscient.
Il ne laisse pas une vierge à celui qui l'aime fille de guerrier ou promise à un héros.

Ibid., p. 18.

Le grand dieu d'Ourouk intervient pour protéger les hommes de sa ville, qui lui offrent nourriture, boisson, vêtements, hymnes et prières : Anou. Sur son ordre, la déesse génitrice Arourou, qui avait déjà créé Gilgamesh, façonne dans une poignée d'argile Enkidou, l'homme sauvage :

Son corps est couvert de poils
sa chevelure est celle d'une femme
les touffes de ses cheveux
poussent comme des épis de blé.
Il est vêtu comme le dieu Soumouqan[1]
Il ne connaît ni les hommes ni les pays
sa seule compagnie est l'animal
avec les gazelles il broute l'herbe
avec les hardes il s'abreuve aux points d'eau.
Auprès des sources, en compagnie des bêtes sauvages
son cœur se réjouit.

Ibid., p. 21.

La présentation de Gilgamesh permet de l'opposer tout de suite à Enkidou. Le premier est fait de granit dur, le second d'argile tendre ; le civilisé bâtisseur de murailles, cheveux et barbes taillés, vêtu du produit du labeur des hommes, vivant parmi eux, est l'image inverse du sauvage vêtu de peaux de bêtes, vivant avec elles, broutant et lapant comme elles.

Un chasseur, ayant aperçu Enkidou, le décrit à Gilgamesh, qui lui fournit aussitôt le moyen le plus rapide de le civiliser :

Va chasseur,
emmène avec toi une prostituée du temple
une courtisane sacrée.
Elle dominera cet homme
elle saura l'apprivoiser :
lorsqu'il viendra pour s'abreuver
avec sa harde aux points d'eau,
qu'elle enlève ses vêtements
dévoile sa nudité et les charmes de son corps.
En la voyant il sera attiré vers elle
et deviendra son captif.
Sa harde qui a grandi avec lui dans la plaine
ne le reconnaîtra plus.

Ibid., p. 27.

---

1. Soumouqan : dieu des bêtes sauvages.

Suivant le conseil du roi, le chasseur se fait accompagner d'une prostituée sacrée et guette le retour d'Enkidou auprès du point d'eau. Lorsqu'il survient, la courtisane entreprend de le séduire en lui dévoilant un corps de femme, qui lui est totalement inconnu :

> La courtisane enlève ses vêtements
> dévoile ses seins, dévoile sa nudité
> et Enkidou se réjouit des charmes de son corps.
> Elle ne se dérobe pas, elle provoque en lui le désir.
> Elle enlève ses vêtements
> et lui Enkidou tombe sur elle.
> Six jours et sept nuits Enkidou sans cesse
> possède la courtisane.

Ibid., p. 29.

Le succès est complet, Enkidou succombe pendant une semaine aux charmes de la belle initiatrice, mais perd son caractère sauvage. Lorsqu'il tente de retourner vers sa harde, les animaux le fuient, désormais il sent l'homme. L'initiation par l'amour le dépouille de sa sauvagerie, lui confère son caractère proprement humain. Il quitte le monde animal pour rejoindre celui des hommes, les bois pour la ville d'Ourouk.

La première rencontre avec Gilgamesh se déroule dans le temple de la déesse de l'amour, Ishtar. Le roi est venu pour l'union sacrée, la hiérogamie, au cours de laquelle il s'unit à une prêtresse devenue la déesse à cette occasion. Enkidou prétend s'opposer au passage de Gilgamesh et la lutte s'engage :

> L'un tenant l'autre ils luttent.
> Tels des taureaux sauvages ils mugissent
> ils brisent le montant de la porte
> et le mur tremble.
> Gilgamesh et Enkidou se tenant l'un l'autre
> luttent tels deux taureaux sauvages.

Ibid., p. 47.

Après un bref combat sans vainqueur ni vaincu véritable, Gilgamesh et Enkidou, ayant éprouvé leur mutuelle vaillance, scellent leur amitié. Ils parcourent le monde, multiplient les exploits jusqu'au jour où Enkidou apprend par un rêve le sort que lui réservent les dieux :

> Au lever du jour
> Enkidou raconte à Gilgamesh le songe de la nuit :
> Mon ami qu'il est étrange le rêve
> que j'ai fait la nuit passée :
> Anou, Enlil, Éa et le céleste Shamash
> étaient réunis pour tenir conseil.
> Anou disait à Enlil :
> Parce qu'ils ont tué le taureau céleste
> parce qu'ils ont tué Houmbaba
> et coupé les cèdres des montagnes
> ils doivent mourir.

Enlil lui répondait :
C'est Enkidou qui mourra
mais Gilgamesh ne mourra pas.

Ibid., p. 109.

L'arrêt d'Enlil est irrévocable, Enkidou se couche aussitôt, malade. Son agonie, durant douze jours, est veillée par Gilgamesh en larmes. Puis, « Au premier rai de lumière de l'aube », Enkidou meurt, alors que Gilgamesh achève sa déploration :

Ô Enkidou, mon ami mon petit frère
âne sauvage des collines
léopard du désert
ensemble nous avons vaincu les obstacles
gravi le sommet des montagnes
ensemble nous avons saisi
le taureau céleste et l'avons tué
ensemble nous avons abattu Houmbaba
qui demeurait dans la Forêt des Cèdres.

Ibid., p. 125.

Après s'être livré à la violence de son désespoir et accompli les rites funéraires en l'honneur d'Enkidou, Gilgamesh est saisi par la peur de sa propre mort et commence sa quête de l'immortalité. Oum-Napishtim, après un premier refus de lui révéler le moyen de la conquérir, finit par vouloir le payer de ses peines :

Gilgamesh, je vais te dévoiler
une chose cachée
oui je vais te dévoiler
un secret des dieux :
il existe une plante comme l'épine
elle pousse au fond des eaux
son épine te piquera les mains
comme fait la rose
si tes mains arrachent cette plante
tu trouveras la vie nouvelle.

Ibid., p. 176.

Gilgamesh parvient à s'emparer de la plante magique, mais ne peut profiter de son pouvoir. Sur la route du retour vers Ourouk, il en est dépossédé par le serpent :

Gilgamesh voit un puits d'eau fraîche
il descend pour se baigner
un serpent sent l'odeur de la plante
il se glisse, dérobe la plante
et à l'instant perd sa vieille peau.

Ibid., p. 177.

La mue du serpent atteste la capacité de la plante marine de conférer l'immortalité, et il devient, en Mésopotamie, le symbole du pouvoir de se régénérer. Gilgamesh a perdu l'ultime chance des hommes de parvenir à l'immortalité des dieux. Désormais leur destin mortel est scellé.

E. L'ÉTERNEL RETOUR

1. La descente d'Ishtar aux enfers

Ishtar, déesse de l'amour, décide un jour de descendre au « Pays sans retour », au royaume des morts sur lequel règne sa sœur Ereshkigal, épouse du dieu Nergal. Ereshkigal, méfiante, finit par accepter de laisser sa sœur venir jusqu'à elle, à condition qu'elle retire un ornement, un vêtement, à chaque fois qu'elle passera l'une des sept portes des enfers. Ishtar s'exécute, et parvient nue, dépouillée de tous ses attributs magiques prophylactiques, devant le trône de lapis-lazuli de la reine des morts. Un seul regard de cette dernière suffit à glacer Ishtar, qui demeure inerte, prisonnière.

En l'absence de la déesse de l'amour, sur terre, plus rien ne pousse, ne germe ni ne se reproduit, la stérilité s'étend à toute chose. Éa vient à son secours et lui envoie des messagers pourvus de l'eau lustrale qui va lui rendre ses sens. Ishtar quitte le « Pays sans retour », mais doit fournir un remplaçant. Ce sera son époux, le dieu berger Doumouzi, désigné aux divinités infernales et contraint de rejoindre le royaume des morts. Cédant aux suppliques de Doumouzi, Ereshkigal adoucit son sort en autorisant sa sœur, Geshtinanna à prendre sa place une moitié de l'année.

2. Extraits commentés

La descente d'Ishtar aux enfers nous permet de connaître le sort peu enviable réservé aux défunts, quelle que soit leur condition :

> Vers la demeure dont l'entrée est sans issue
> Vers le chemin dont le parcours est sans retour
> Vers la demeure où ceux qui entrent sont privés de lumière,
> Où la poussière [nourrit] leur faim [et] leur pain est l'argile,
> Ils ne voient pas la lumière, ils restent dans les ténèbres,
> Ils sont vêtus, tels les oiseaux, d'un vêtement de plumes,
> Sur la porte et le verrou s'étale la poussière.

Mythes et Croyances du monde entier, t. II,
« Summer, Assyrie et Babylone », éd. Lidis-Brepolis, p. 23.

Aux débuts de l'histoire mésopotamienne, nul n'est promis, pas même le roi, à un devenir *post-mortem* heureux. Le monde de l'au-delà est celui de la douleur éternelle, du regret permanent de la vie enfuie, celui où les défunts se nourrissent de poussière et d'argile. Un tel sort éternel permet de comprendre le sens de la quête de Gilgamesh pour la plante de l'immortalité. Avant de mourir, son ami Enkidou lui relate le rêve prémonitoire qui annonce son trépas si proche. Au cours du rêve, Enkidou a visité le « Pays sans retour » et le décrit à Gilgamesh. Le héros, terrifié à l'idée de sa propre mort, ne peut se borner à suivre les conseils de bonne vie qui lui sont prodigués :

> Mais toi, Gilgamesh
> Que sans cesse ton ventre soit repu
> Sois joyeux nuit et jour
> Danse et joue
> Fais de chaque jour de ta vie
> Une fête de joie et de plaisirs
> Que tes vêtements soient propres et somptueux
> Lave ta tête et baigne-toi
> Flatte l'enfant qui te tient par la main
>
> Réjouis l'épouse qui est dans tes bras.
> Voilà les seuls droits que possèdent les hommes.

V. Grégorieff, *op. cit.*, p. 57.

Le dernier vers résume la philosophie de l'existence de ce *Carpe diem* avant la lettre. La finitude de l'homme est inhérente à sa condition, rechercher l'immortalité divine est dépourvu de sens. Il convient de profiter de l'existence, conseil prodigué également dans l'Égypte antique, par la formule traditionnelle de souhait : « Fais un jour heureux ».

Bien que déesse, Ishtar prend un risque considérable en descendant aux enfers, d'autant plus grand qu'elle se dépouille, au passage de chacune des sept portes, de ses attributs magiques :
- à la première porte la tiare,
- à la deuxième porte les boucles d'oreille,
- à la troisième porte le collier,
- à la quatrième porte le pectoral,
- à la cinquième porte la ceinture aux pierres d'enfantement,
- à la sixième porte les anneaux des mains et des pieds,
- à la septième porte le vêtement.

Retenue prisonnière par sa sœur, la déesse de l'amour manque bien vite à la surface de la terre, où toute vie dépérit sans elle :

> Le taureau ne monte plus sur la génisse,
> L'âne ne féconde plus l'ânesse,
> L'homme jeune dans la rue ne féconde plus la jeune femme,
> L'homme se couche [seul] dans sa chambre,
> La jeune femme se couche [seule] de son côté.

Mythes et croyances du monde entier, *op. cit.*, p. 23.

Éa intervient et libère Ishtar en lui faisant parvenir « l'eau de vie » et la « nourriture de vie », mais Doumouzi prend sa place pour une moitié de l'année.

Les Mésopotamiens, par ce mythe, rendent compte du cycle des saisons : la germination et la maturation, la récolte correspondent à la présence de Doumouzi sur terre, l'enfouissement du grain, la disparition apparente de la vie à son séjour au « Pays sans retour ».

Scènes de cour de l'époque d'Assourbanipal.

F. TABLEAU RÉCAPITULATIF DES DIVINITÉS, HÉROS, PERSONNAGES ET TEXTES

1. *Les divinités*

Sumer	*Akkad*	*Babylone*	*Assyrie*	*Forme et rôle*
An	Anou	Anou	Anou	Le ciel. Premier des dieux. Dieu d'Ourouk.
Enlil	Enlil	Mardouk	Assour	Seigneur des dieux. Fixe le destin. L'Air, la Terre. Dieu de Nippour.
Enki	Éa	Éa	Éa	Dieu de la sagesse et de la vie. Les Eaux. Dieu d'Éridou.
Outou	Shamash	Shamash	Shamash	Dieu du soleil. Rend la justice. Dispense des oracles. Dieu de Larsci
Inanna	Ishtar	Inanna	Inanna	Déesse de la guerre, et de l'amour. Déesse d'Ourouk.
Ereshkigal	Ereshkigal	Ereshkigal	Ereshkigal	Déesse des enfers, remplacée par son époux Nergal. Déesse de Koutah.
Doumouzi	Tammouz	Doumouzi	Doumouzi	Dieu de la végétation. Époux d'Inanna qu'il remplace aux enfers. Dieu d'Ourouk.

2. *Héros, personnages*

- **Gilgamesh :** roi d'Ourouk, personnage héroïque de cinq chants sumériens, repris en une épopée par les Akkadiens. Il est l'une des divinités mineures des Enfers.

- **Enkidou :** compagnon de Gilgamesh, il est le personnage central de la tablette XI sumérienne, dans le récit « Gilgamesh, Enkidou et les Enfers ». Son trépas pousse Gilgamesh à la quête de l'immortalité.

- **Oum-Napishtim :** ou Outa-Napishtirm, le Noé mésopotamien. Il est connu sous le nom d'Atrahasis, le « Grand Sage » dans un poème paléo-babylonien, et, pour une époque plus ancienne, sous celui de Ziousoudra. Il survit au déluge et y gagne l'immortalité.

3. Textes

• *Enouma Elish :*

Poème de la création babylonien, dont les premiers mots servent de titre, « Lorsqu'en haut... ». La date probable de rédaction est le XIIe siècle av. J.-C. Dans cette version le dieu principal est Mardouk qui défait Tiamat. La première phrase complète de la geste cosmogonique est : « Lorsqu'en haut le ciel n'était pas nommé et qu'ici-bas la terre n'avait pas été appelée d'un nom, l'Apsou primordial, leur géniteur, et Moummou Tiamat, leur génitrice à tous, confondaient en un tout leurs eaux... ».

• *Épopée de Gilgamesh :*

Relate les exploits héroïques du cinquième roi de la Ière dynastie d'Ourouk, régnant vers 2500 av. J.-C. De tradition orale, elle commence à former un texte complet sous la Ière dynastie de Babylone, vers 2000 av. J.- C. La version la plus achevée, composée de douze tablettes de plus de 3 400 vers, est celle de la bibliothèque d'Assourbanipal (668-627 av. J.-C.) à Ninive.

• *Descente d'Ishtar aux enfers :*

Récit du séjour de la déesse Inanna-Ishtar au royaume de sa sœur, Ereshkigal, de sa mort et de sa renaissance grâce à l'intervention d'Éa. Les premières versions sumériennes du mythe datent d'environ 2300 av. J.-C., un texte plus complet est dû à une version akkadienne au premier millénaire av. J.-C.

G. TABLEAU CHRONOLOGIQUE DE LA MÉSOPOTAMIE ENTRE 4000 ET 1100 AV. J.-C.

≥ 4000	Civilisation de Tell-Halaf. Début de l'âge du cuivre Ninive, Samarra. Céramique au tour de potier.		
≥ 3500	Civilisation d'Obeid. El Obeid, Éridou, Ourouk, Kish, Our.		
≥ 3200	Période d'Ourouk. Instruments agricoles en métal.		
≥ 2500	**Sumer** Époque d'Our Ier	**Akkad** Lagash	**Babylone**
2350	Époque d'Akkad (Sargon Ier)		
2150	Époque Goutis		
2050	Époque d'Our		
≥ 2000	Dynastie d'Isin.	Lagash Dynastie de Larsa.	
1900			Ière dynastie de Babylone.
1700		Les Kassites.	IIe, IIIe dynasties

• • •

| 1200 | | | Fin de la domination kassite sur Babylone. Nabuchodonosor Ier : IVe dynastie de Babylone. |
| 1100 | CONQUÊTE ASSYRIENNE | | |

Gilgamesh, Palais de Sargon II à Ninive
701-725 av. J.-C. – Musée du Louvre.

II. EN ÉGYPTE : DE MULTIPLES COSMOGONIES

A. LA CRÉATION DU MONDE

1. Avant la création

Pour pouvoir évoquer les différents mythes de la création du monde dans l'Égypte antique, il convient tout d'abord de préciser l'état du monde, de l'univers, avant la première étape de mise en place.

Le chaos qui précède la création n'est pas le néant, il est formé d'une eau initiale, le Noun, appelé le « père des dieux ». Ce Noun est une sorte de marais, où se mêlent plus ou moins distinctement les eaux et d'étroites bandes de terre. Le dieu primordial, le démiurge, est présent, comme en gestation, dans le Noun. Une fois la création achevée, quand le chaos a cédé la place à un monde ordonné, le Noun est rejeté autour de ce dernier. Il est à la fois source du Nil et des pluies, fleuve sur lequel navigue la barque solaire de Rê pendant le jour, eaux souterraines pour sa navigation nocturne.

2. Les grands mythes de création du monde

L'Égypte antique assume plusieurs cosmogonies, mettant en jeu des démiurges, des premiers dieux, des modes de création différents. Cet héritage reflète la puissance des systèmes théologiques mis en place par des cités, soit successivement, en fonction de leur époque respective d'apogée et de domination plus ou moins étendue sur l'ensemble de l'Égypte, soit en même temps, quand des cités rivales connaissent une éclosion culturelle et religieuse simultanée. Les principales cosmogonies sont celles d'Héliopolis, d'Hermopolis, de Memphis et de Thèbes.

2.1. La cosmogonie héliopolitaine

Héliopolis connaît une fortune théologique dès la IVe dynastie, vers 2 700 av. J.- C., au moment où la puissance de ses souverains fait du dieu local Rê un dieu national, et ce jusqu'à la fin de l'histoire de l'Égypte pharaonique.

Selon la cosmogonie héliopolitaine, c'est le dieu Rê qui est à l'origine de la création, sous sa forme triple de Rê, d'Atoum et de Khêpri. Rê est le soleil au zénith, Atoum le soleil du soir vieillissant, Khêpri le soleil du matin, régénéré. Rê-Atoum-Khêpri est le démiurge, à l'origine de l'ennéade, groupe de neuf dieux. Il crée, selon les versions, par masturbation ou expectoration, après être venu à l'existence de lui-même, sans aucune aide extérieure. Sperme ou crachat

donnent naissance au premier couple divin, Shou (air et lumière) et Tefnout
(l'humidité), qui enfantent Geb (le dieu terre) et Nout (la déesse ciel), dont
descendent Isis, Osiris, Nephthys et Seth.

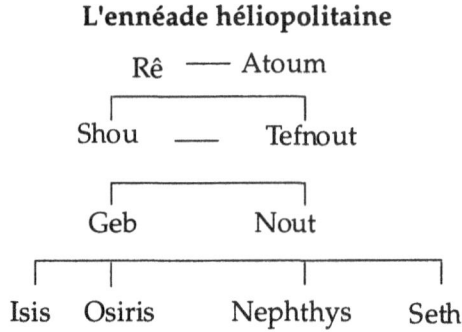

L'ennéade héliopolitaine

Rê —— Atoum

Shou —— Tefnout

Geb   Nout

Isis   Osiris   Nephthys   Seth

Carte des sites de Basse et de Haute Égypte (d'après la *Grammaire des styles*).

2.2. La cosmogonie hermopolitaine

Hermopolis, en Moyenne Égypte, développe une cosmogonie plus complexe que celle d'Héliopolis. Le démiurge est à la fois unique et manifesté sous huit formes primordiales, qui, réunies, forment l'ogdoade (groupe de huit dieux) hermopolitaine. Il s'agit de quatre couples venus à l'existence d'eux-mêmes, identifiables à leurs formes, ophidiens et batraciens, et par ce qu'ils sont, en dépit de l'aspect très vague de ce dernier critère :

- Noun et Naunet, « l'eau initiale » ;
- Heh et Hehet, « l'infinité spatiale » ;
- Keh et Kehet, « les ténèbres » ;
- Amon et Amaunet, « ce qui est caché ».

L'ensemble de ces divinités forme un tout assez semblable au chaos primordial, au Noun d'Héliopolis. La différenciation se fait plus nettement lors de la naissance du soleil, issu soit de l'œuf primordial, soit d'une fleur de lotus. Les deux versions existent concurremment à Hermopolis.

L'œuf primordial aurait été pondu soit par une oie, soit serait apparu de lui-même, sur le tertre primordial, la première bande de terre émergée des eaux, site de la future Hermopolis. Son éclosion donne naissance au soleil sous la forme d'un jars.

Le lotus se serait trouvé sur une île, assimilée plus tard avec le tertre primordial. En s'ouvrant, il donne naissance au soleil sous la forme d'un enfant. La cosmologie hermopolitaine suscite plus de questions qu'elle n'apporte de réponse, en l'absence d'indications assez claires sur les origines de l'ogdoade, de l'œuf primordial ou de la fleur de lotus.

Pyramides de Guisa – IVe dynastie.

2.3. La cosmogonie memphite

Memphis, par la durée de son existence comme capitale, s'efforça, durant tout l'Ancien Empire, de réaliser un syncrétisme entre les cosmogonies héliopolitaine, hermopolitaine et le rôle dévolu à son dieu principal Ptah.

Selon la cosmogonie memphite, le démiurge Ptah organise le monde par la parole, en nommant ses divers éléments. Il crée le tertre initial, ce qui lui vaut de compléter son nom de Ta-tenen, la « Terre qui se soulève », fait venir à l'existence, par la parole, les membres de l'ogdoade ou de l'ennéade. Dépassant les procédés brutaux de création du démiurge héliopolitain, Ptah façonne le monde par son intellect.

2.4. La cosmogonie thébaine

Plus tardive, elle se met en place à la fin du IIIe millénaire, à partir du moment où Thèbes commence à exercer son hégémonie sur les autres cités, avant d'unifier l'Égypte sous sa domination. Son dieu local, Amon, « le caché », est assimilé à Rê, la divinité solaire de l'Ancien Empire. Puis, le syncrétisme s'élargissant, Amon est un corps divin dont les parties sont l'ogdoade, l'ennéade toute entière. Ravissant à Ptah son rôle, Amon devient démiurge par le verbe. Les prêtres thébains, enfin, le magnifient encore en lui attribuant le « souffle vital » à l'origine de toute chose.

Pour bien comprendre cette extension des attributions d'Amon, liée à la fortune politique de sa ville, Thèbes, au Moyen-Empire et surtout au Nouvel-Empire, il est nécessaire de garder à l'esprit la façon de penser des anciens Égyptiens. Contrairement à nos sociétés, qui voient souvent un progrès dans l'abandon d'une idée ancienne au profit d'une nouvelle, les Égyptiens de l'Antiquité préfèrent assimiler les idées, les fondre dans une version nouvelle qui intègre les anciennes.

B.   EXTRAITS COMMENTÉS

1.   Avant la création

La situation du monde avant la création nous est présentée dès les *Textes des Pyramides* (2500-2300 av. J.-C. environ). Ces textes ornaient les parois intérieures des chambres funéraires des rois de l'Ancien Empire, afin de leur permettre de rejoindre les autres dieux. Au cours de cette métamorphose, le roi défunt recommence la création du démiurge :

> Ce [roi] a été mis au monde dans le Noun, alors que le ciel n'existait pas, alors que la terre n'existait pas, alors que rien n'existait [encore] qui fût établi, alors que le désordre [même] n'existait pas, alors que cette terreur qui devait naître de l'œil d'Horus ne s'était pas [encore] produite.

Trad. S. Sauneron et J. Yoyotte, *in* : ***La naissance du monde***,
Sources orientales, Seuil, 1959, p. 46.

Cet extrait expose l'état de l'univers préalablement à l'action du dieu primordial. Le pharaon défunt, tout comme le démiurge, semble flotter dans le Noun, être présent sans exister encore réellement. Rien n'est pas plus l'ordre que le désordre, aucun élément, ni ciel, ni terre, et moins encore la « terreur qui devait naître de l'œil d'Horus », c'est-à-dire la future colère des dieux contre les hommes, que nous évoquerons plus loin.

2. La venue à l'existence du démiurge

Les **Textes des Pyramides** nous renseignent également sur le dieu de la première fois, et la façon dont il est issu du Noun de lui-même, sans aucune intervention extérieure :

> Salut à toi, Atoum ! Salut à toi, Khêpri qui est venu de lui-même à l'existence ! Tu culminas en ce tien nom de colline, tu vins à l'existence en ce tien nom de Khêpri.

> *Ibid.*

Le papyrus n° 3 048 du Musée de Berlin, réalisé vers 1100 av. J.-C., évoque, par un hymne à la création, le rôle dévolu au dieu memphite Ptah. Le geste cosmogonique commence, après l'évocation du Noun, par l'apparition de Ptah, celui qui s'est formé tout seul :

> … Ô corps qui a modelé son propre corps,
> quand le ciel n'était pas,
> quand la terre n'était pas,
> quand le flot en crue ne montait pas encore.
> Tu as noué la terre,
> tu as rassemblé ta chair
> tu as fait le compte de tes membres,
> et tu t'es trouvé être l'Unique, qui a créé son lieu de séjour,
> Dieu qui a formé les Deux terres [*i.e.* l'Égypte].

> *Ibid.*, p. 65.

3. La création des dieux

Atoum, une fois formé de lui-même, commence la création proprement dite en donnant naissance à Shou et à Tefmout, le premier couple air-humidité. Les *Textes des pyramides* mettent en scène les modes choisis par Atoum, tout d'abord l'expectoration :

> Atoum-Khêpri, tu as culminé sur la butte, tu t'es élevé sous la forme du Phénix, qui est maître du bétyle dans le Château du Phénix à Héliopolis. Tu as jeté un crachat qui est Shou, tu as lancé un jet de salive qui est Tefnout.

> *Ibid.*, p. 46.

puis la masturbation :

> Atoum s'est manifesté sous la forme d'un masturbateur dans Héliopolis. Il saisit son membre dans son poing : les jumeaux furent mis au monde, Shou avec Tefnout.

> *Ibid.*.

Hésirê – Porte de bois sculpté de son tombeau .
v. 2700 av. J.-C. – Musée du Caire.

Le papyrus n° 13 603 du Musée de Berlin, rédigé au début de l'ère chrétienne, en démotique, langue populaire simplifiée à partir de l'écriture sacrée, des hiéroglyphes, nous permet de comprendre la cosmogonie hermopolitaine du lotus. L'ogdoade féconde la fleur de lotus, en s'épanouissant elle donne naissance au soleil sous la forme d'un enfant, et l'obscurité qui recouvre le monde se dissipe aussitôt :

> Recevez le lotus venu à l'existence au début, qui chassa la sombre nuée, sans que personne pût encore le connaître. Vous [les huit dieux] avez fait d'un liquide expulsé de vous un germe, et vous avez versé sur le [lotus] cette semence, en répandant du liquide séminal ; vous l'avez déposé dans le Noun, condensé en une seule forme et votre héritier prit sa naissance rayonnante sous l'aspect d'un enfant.

Ibid., p. 58-59.

Les textes concernant l'œuf initial sont d'une interprétation beaucoup plus difficile. Il aurait été, selon les versions, produit par la terre mêlée de la semence des Huit dieux, par Ptah lui-même, ou pondu par une oie nommée la « Grande Criailleuse ». L'accord se fait, en revanche, sur la naissance du soleil au moment de son éclosion.

Les Thébains, après les autres compilateurs de cosmogonie, se livrent à un syncrétisme poussé pour situer à Thèbes même, à l'emplacement du temple d'Amon à Karnak, la naissance du monde. Un texte lapidaire de Basse Époque, gravé sur le soubassement de la porte d'accès à la salle hypostyle sous le règne de Ptolémée VIII (145-116 av. J.-C.), évoque longuement l'action d'Amon :

> [Le lieu où cette porte s'élève est] le lieu d'origine et la semence de Noun pour Celui dont le nom est caché [*i.e.* Amon], ce qu'il a constitué pour lui[-même] [...] et il annonça les choses à venir : elles vinrent à l'existence aussitôt. Il fonda [donc] ce qui fut crié par sa voix. [...] Il créa la Terre-qui-se-soulève [Ta-Tenen, qualificatif accolé au nom de Ptah], il œuvra les Huit, il fabriqua son [propre] corps comme celui d'un enfant sacro-saint, qui sortit d'un lotus, au milieu du Noun. Il éclaira la terre de ses deux yeux. Il fit les hommes, il créa les dieux. Il organisa le Collège de l'Ennéade ; il institua les membres de l'Ogdoade comme ses pères-divins-et-prophètes, avec Shou comme prophète-pastophore, et Tefnout comme Épouse du Dieu...

> *Ibid.*, p. 70.

Amon reprend ici à son compte les créations héliopolitaine, hermopolitaine, memphite, pour les fondre dans le nouveau monde thébain dont il est le dieu principal.

C. LA CRÉATION DE L'HOMME

1. Les protagonistes

Contrairement à ce que nous avons vu pour la Mésopotamie, l'Égypte antique ne réserve pas, dans ses diverses cosmogonies, une place de choix à la création de l'homme. Il ne semble pas qu'elle requière de la part des dieux une attention particulière. Les hommes ont été créés en même temps que le reste du monde, les animaux, les végétaux, et, dans les textes les plus anciens, rien ne leur donne souveraineté sur les choses et les bêtes. Il faut attendre les débuts du deuxième millénaire avant notre ère pour que les théologiens commencent à donner un ordre à la création, expliquer que plantes et animaux sont des dons du démiurge faits aux hommes.

2. Extraits commentés

Ce sont les inscriptions lapidaires du temple du dieu Khnoum, à Esna, la Latopolis grecque, en Haute-Égypte, qui fournissent une expression plus volontaire de la création de l'homme. Khnoum, le dieu potier, le façonne sur son tour :

> Tu es le maître d'Esna, le dieu du tour qui tourne les dieux, qui modela les hommes ainsi que les animaux....

> ***La naissance du monde***, *op. cit.*, p. 73.

Ce même hymne à Khnoum, devenu démiurge à Esna, présente la naissance des dieux non plus avant celle des hommes, comme c'est le cas ci-dessus, mais après leur création :

> Il [Khnoum] fit les villes, sépara les campagnes, créa les deux pays,
> affermit les montagnes.
> Il a façonné au tour les hommes,
> il a engendré les dieux, afin de peupler la terre
> et l'orbe du Grand Océan.

Ibid., p. 73.

Ces extraits datent d'une époque récente, Ier et IIe siècle après Jésus-Christ, au moment où le temple fut érigé. Le second semble mettre en avant une volonté de Khnoum d'organiser le monde pour les hommes qu'il est sur le point de créer. Le démiurge leur assure « les villes », puis « les campagnes », fonde « les deux pays », c'est-à-dire l'Égypte, « affermit les montagnes » avant de façonner les hommes sur son tour de potier.

D.   LA COLÈRE DES DIEUX, LES TENTATIVES DE DESTRUCTION DE L'HUMANITÉ

1.   Les voies de la destruction

Si la naissance de l'homme se fait dans une grande discrétion, en revanche sa fin prématurée, sous l'effet de la colère de Rê, nous est mieux connue. La théologie d'Héliopolis relate que son dieu principal, Rê, le soleil, vieillissait dangereusement, au point que « sa bouche bavait » et « sa salive tombait sur le sol ». Une telle décrépitude suscite le mépris des hommes, qui préparent un complot pour se défaire d'une divinité en si piteux état.

Rê, omniscient, est aussitôt au courant de ce qu'ils ourdissent contre lui, et, après avoir convoqué à sa cour la foule des dieux, décide d'exterminer les hommes. C'est la déesse Hathor, sous la forme de la lionne Sekhmet, qui doit se charger de l'exécution. Terrifiés, les hommes se sont réfugiés au désert, où la déesse commence un véritable carnage.

Rê, repentant, décide alors de sauver ceux qui n'ont pas été tués par Sekhmet, mais rien ne semble pouvoir arrêter la lionne en fureur. C'est une ruse qui sauve les hommes de l'extermination : Rê fait préparer des cruches de « didi », liquide colorant en rouge, qui sont mélangées à de la bière. Pendant la nuit, alors que Sekhmet dort, la bière rouge est versée sur toute la terre d'Égypte. À son lever, la déesse pense voir un fleuve de sang dû au massacre des hommes. Elle se mire dedans, puis commence à laper. Bientôt totalement ivre, elle oublie sa mission et s'en retourne auprès des dieux en épargnant les survivants.

2.   Extraits commentés

Avant de décider du moyen à employer pour la destruction de l'humanité, Rê convoque les dieux de sa cour pour en recevoir conseil :

> Sa Majesté dit à sa suite : Appelez-moi mon œil [c'est-à-dire la déesse Hathor],
> Chou et Tefnout, Geb et Nout ainsi que les pères et les mères qui étaient auprès de
> moi, lorsque j'étais encore sur l'Océan, et aussi Noun... Qu'il mène avec lui les gens
> de sa cour et qu'il les amène en silence [?] afin que les hommes ne le voient pas, afin
> que leur cœur ne s'échappe pas [...].
>
> On amena alors ces dieux, et ces dieux se placèrent [?] à côté de lui et touchèrent
> la terre de leur front devant Sa Majesté, afin [?] qu'il prononçât ses paroles devant le
> Père des Très Anciens Dieux, Créateur des hommes, roi de ceux qui sont sur la terre

A. Herman, H. Ranke, *La civilisation égyptienne*, Payot, 1980, p. 340-341.

Toutefois, la suite du texte semble indiquer que la terrible décision est déjà arrêtée dans l'esprit de Rê, et qu'il sollicite davantage une approbation, voire un moyen d'extermination :

> Alors ils dirent devant Sa Majesté : Parle-nous afin que nous l'entendions. Alors Rê
> dit à Noun : Toi le plus ancien des dieux, dont je suis issu, et vous, dieux des temps
> primordiaux, voyez les hommes qui sont issus de mon œil, ils ont médité des
> complots contre moi. Dites-moi ce que vous feriez contre cela. Voyez, je suis indécis ;
> je ne veux pas les tuer, avant d'avoir entendu ce que vous en dites.

Ibid., p. 341.

Papyrus comportant une vignette représentant l'oiseau-âme,
le mort et la tombe dans le Livre des morts de Neferoubenef.
XVIIIe dynastie, XIVe siècle av. J.-C. – Musée du Louvre.

C'est Noun, qualifié de « plus ancien des dieux », qui prend le premier la parole pour conseiller à Rê d'exterminer les hommes par l'envoi de son œil, sous la forme de la déesse Hathor. L'assemblée des dieux approuve cette décision aussitôt :

> Alors dit la majesté de Noun : Mon fils Rê, toi, dieu qui est plus grand que celui
> qui le créa et plus puissant que ceux qui l'ont engendré, reste assis sur ton trône. La
> crainte que tu inspires sera [déjà] grande si [seulement] ton œil se dirige contre ceux
> qui te blasphèment. Alors dit la Majesté de Rê : Voyez, ils ont fui dans le désert, dans

la crainte de ce qu'ils avaient dit. Alors ils dirent à Sa Majesté : Envoie ton œil, afin qu'il tue pour toi les méchants conspirateurs. Que l'œil ne reste pas à ton front, mais qu'il descende sous la forme de Hathor.

Ibid., p. 341.

Hathor quitte l'assemblée des dieux, et se rend dans le désert. Lionne furieuse et redoutable, elle commence avec ardeur sa mission exterminatrice. Les cris et les suppliques des hommes parviennent jusqu'aux oreilles de Rê. S'estimant suffisamment vengé, le roi des dieux imagine le subterfuge qui doit permettre d'apaiser l'ire d'Hathor-Sekhmet :

Appelez-moi des messagers rapides [dit Rê], qui courent comme une ombre. Aussitôt, on lui amena ces messagers et la Majesté de ce dieu dit : Hâtez-vous vers Éléphantine et apportez-moi une grande quantité de ce didi. On lui apporta ce didi. Alors la Majesté de ce grand dieu fit mordre ce didi par le « Bouclé » qui est à Héliopolis. Puis lorsque les servantes eurent converti [?] du grain en bière, on versa ce didi dans le bassin, et alors il devint comme du sang humain. On fit ainsi sept cents cruches de bières.

Ibid., p. 341-342.

Aussi actif dans son désir de sauver l'humanité qu'il s'est montré décidé à la détruire, Rê supervise en personne la mise en place du piège :

Lorsque la Majesté du roi de la Haute Égypte et roi de la Basse Égypte, Rê, se mit en route avec ses dieux pour examiner cette bière — car le matin du jour où la déesse voulait tuer les hommes commençait à poindre — alors dit la Majesté de Rê : Comme cela est bon ! Je protégerai les hommes contre elle. Alors Rê dit : Porte donc [la bière] là où elle voulait [?] tuer les hommes.

Ibid., p. 342.

Comme une crue exceptionnelle du Nil, le flot de bière rougie, semblable à du sang répandu, recouvre la terre d'Égypte au moment du réveil de la redoutable Sekhmet, qui se laisse prendre :

Or lorsque la déesse vint là, le matin, elle trouva les champs inondés et [le reflet] de son visage y était beau. Alors elle en but, le trouva bon et s'en revint enivrée sans avoir reconnu les hommes.

Ibid.

En dépit de sa décision, Rê est las d'être parmi les hommes qui ont comploté contre lui. Il décide alors de les quitter, désigne le dieu cynocéphale Thot, le Sage, pour le représenter sur terre, et prend son envol sur le dos de la Vache du Ciel.

E.   LE DIEU CIVILISATEUR

1.   Le mythe d'Osiris

Extrêmement populaire, sous forme d'une légende que tout un chacun connaissait, le mythe d'Osiris est d'abord celui du dieu civilisateur. Geb, dieu de la terre, et Nout, déesse du ciel, ont quatre enfants, deux garçons, Osiris et Seth, deux filles, Isis et Nephthys. Osiris prend pour épouse sa sœur Isis, et son frère Seth choisit Nephthys. Osiris monte, le premier, sur le trône d'Égypte, et règne paisiblement sur les hommes, qu'il comble de dons, de l'agriculture aussi bien que de lois justes. Jaloux de son frère, le perfide Seth entreprend de s'en débarrasser, afin de lui succéder sur le trône. Au cours d'un banquet somptueux, il fait apporter un coffre admirablement travaillé, et le promet à celui qui pourra se coucher dedans. Il correspond bien entendu à la taille d'Osiris, qui, une fois dedans, voit le couvercle se refermer brutalement. Le coffre est ensuite jeté dans l'une des branches deltaïques du Nil, pour rejoindre la mer. Seth s'empare du trône. Isis, enceinte du futur Horus, craignant pour la vie de son enfant, s'enfuit et se cache dans les marais du delta. Elle accouche, et, cependant que l'enfant grandit, se met à la quête de son époux. Elle découvre le coffre enchâssé dans un tronc, principal pilier du palais du roi de Phénicie. Elle l'en dégage et le ramène à Saïs pour les rites funéraires. Un soir d'absence, Seth chassant dans les marais découvre par hasard le corps de son frère, le démembre, et en jette les morceaux. Commence alors une nouvelle recherche pour Isis, qui réunit les morceaux épars du corps d'Osiris. Selon certaines traditions, elle enterre ces derniers sur les lieux de leur découverte ; selon d'autres, elle les rassemble et invente la momification pour reconstituer le corps de son époux.

Horus, devenu jeune homme, défie son oncle Seth, et, après l'avoir vaincu, ceint à son tour la couronne. Désormais Osiris règne sur les morts, son fils Horus sur les vivants.

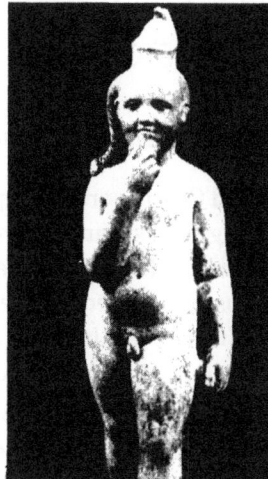

Horus Harpocrate, Égypte, période gréco-romaine.

2. Extraits commentés

Seth prépare le premier attentat contre son frère Osiris, à l'aide d'un coffre ouvragé fait à ses mesures exactes :

> En secret, il prit la mesure du corps d'Osiris, exécuta, d'après cette mesure, un coffre beau et richement décoré et l'apporta au milieu d'un festin. Comme tous les convives étaient charmés de son admirable aspect, Typhon (Seth) promit, en manière de plaisanterie, d'en faire présent à celui qui, en s'y couchant, le remplirait exactement. Tous, à tour de rôle, l'essayèrent mais aucun ne le trouvait à sa taille, jusqu'à ce qu'enfin Osiris y entrât lui aussi et s'y étendit. Alors les conjurés accoururent, mirent vivement le couvercle en place, fermèrent le coffre extérieurement au moyen de clous, y versèrent du plomb fondu, le portèrent au fleuve et l'y envoyèrent à la mer, par la bouche tanitique.

La civilisation égyptienne, *op. cit.*, p. 343.

Vient ensuite l'épisode de la première quête d'Isis, son acharnement à retrouver le corps de son époux défunt pour le ramener en terre d'Égypte. C'est Plutarque, dans *Isis et Osiris*, qui nous relate la suite tragique, et la haine jalouse dont Typhon (Seth) poursuit même la dépouille de son frère :

> Isis, avant de se mettre en route, pour se rendre auprès de son fils Horus, qui était élevé à Bouto, avait déposé le coffre où était Osiris dans un endroit retiré. Mais Typhon, une nuit qu'il chassait durant un clair de lune, le trouva, reconnut le corps, le coupa en quatorze morceaux et de tous côtés les dispersa.

Plutarque, ***Isis et Osiris***, trad. M. Meunier, éd. de la Maisnie, 1979, p. 69-70.

Plutarque donne une explication plausible à un fait étonnant, le corps d'Osiris est à la fois entier, momifié, et les morceaux qui le composent inhumés un peu partout en Égypte. Selon l'auteur, « Isis fit des images de tout ce qu'elle retrouvait, et elle les donna successivement à chaque ville, comme si elle eût donné le corps entier » (***Isis et Osiris***, *op. cit.*, p. 70).

F.   L'ÉTERNEL RETOUR

1.   Osiris divinité agraire

Le mythe d'Osiris sert de support à celui du dieu agraire, dont le corps est enfoui par fragments dans la terre, afin de renaître. Osiris est à la fois le dieu des morts et celui de la germination. C'est ainsi que Plutarque est amené à le présenter sous des aspects divers : « Pour les uns, Osiris est le Nil qui s'unit avec Isis, la terre ; pour d'autres il est la lune, principe d'humidité et de fécondation » (***Isis et Osiris***, *op. cit.*, p. 134).

Le rôle agraire d'Osiris fait partie de sa mission civilisatrice : il empêche les hommes de recourir à l'anthropophagie pour se nourrir, leur amène la culture du blé, de l'orge, de la vigne, afin qu'ils consomment le pain, boivent bière et vin.

Isis, en momifiant le cadavre d'Osiris, parachève son retour à la vie par la magie ; elle lui donne l'immortalité. C'est J. Frazer, dans le *Rameau d'Or*, qui donne aux étapes agricoles dans l'Égypte antique leur valeur de mythe archétypal de l'éternel retour :

> Chez tous les peuples, dans tous les temps, les traits du culte agraire sont les suivants : Moissonner, c'est couper à la faucille l'esprit du blé, caché dans une gerbe. Séparer le grain de la paille, sous les coups des fléaux, ou, comme cela se fait en Égypte, par les pieds des troupeaux et trier les grains au moyen de vans, c'est démembrer, couper en morceaux son corps. Semer le grain, c'est mettre en terre, ensevelir des fragments du dieu, pour fertiliser les champs. Mais le dieu renaîtra avec le blé ou les pousses nouvelles. La moisson est une mise à mort. Semailles et sépulture se confondent. Germination signifie résurrection.
>
> <div align="right">Cité <i>in</i> : A. Moret, <i>La mise à mort du dieu en Égypte</i>,
Librairie orientaliste Paul Geuthner, 1927, p. 19.</div>

2. Extraits commentés

> Mais ce n'est pas seulement le Nil, c'est tout ce qui est, en un mot, d'une nature humide, que les prêtres regardent comme un écoulement d'Osiris ; aussi, en l'honneur de ce dieu, leurs processions sacrées sont-elles toujours précédées d'un vase rempli d'eau.
>
> <div align="right">Plutarque, <i>Isis et Osiris</i>, <i>op. cit.</i>, p. 123.</div>

À partir de limon fertile, déposé par le Nil de part et d'autre de ses rives au moment de la crue, Plutarque rattache Osiris à la cosmogonie. On se souvient que l'Air (Shou) est formé par le démiurge en même temps que l'humidité (Tefnout), qu'ils sont le tout premier couple divin.

La manifestation de la résurrection d'Osiris, de son pouvoir de génération, se fait aussi sous la forme de l'ajonc qui pousse au bord du Nil :

> Ils désignent encore par un jonc le roi Osiris et la région méridionale du monde, et ils expliquent cet emblème en disant que le jonc représente l'irrigation et la gestation universelles, et qu'il paraît par nature ressembler à l'organe de la génération. Quand ils célèbrent la fête des Pamylies, qui, comme nous l'avons dit, est une fête phallique, ils exposent aux regards et promènent une statue dont la verge est trois fois plus grande que nature.
>
> Ibid.

G. ESCHATOLOGIE

1. Le passage à l'ouest

Après son trépas, le mort doit gagner l'Am-Douat, à la fois enfers et paradis, selon ses mérites. S'il évite le châtiment, le défunt connaît une félicité sans fin dans les Champs d'Ialou, sur lesquels règne Osiris. La seule obligation est de cultiver les champs du dieu, mais un « répondant » — l'oushebti, statuette destinée à accomplir les travaux agricoles à l'appel du dieu — peut le faire à votre place.

Avant de parvenir aux Champs d'Ialou, le trépassé doit accomplir une formalité redoutable : passer en jugement devant le tribunal du dieu des morts, Osiris. Ce tribunal est composé d'Osiris, de sa sœur-épouse Isis, de Nephthys, et de quarante-deux assesseurs divins.

Anubis, dieu gardien de la nécropole, introduit le mort, qui dépose son cœur sur le plateau d'une balance, une plume, celle de Maât, la Vérité-Justice, étant sur l'autre plateau.

Si le défunt a le « cœur pur », il est « juste de voix » et devient à son tour l'Osiris Untel. En revanche, dans le cas inverse, « la dévorante », hippopotame et crocodile à la fois, dévore aussitôt le cœur.

Pour s'assurer la bienvaillance du tribunal, le contraindre magiquement à lui ouvrir les Champs d'Ialou, le défunt récite la « Confession négative », dans laquelle il énumère toutes les fautes qu'il n'a pas commises.

2.   Extraits commentés

La « Confession négative » fait partie du chapitre 125 du *Livre des Morts*. Pour les plus fortunés, d'amples passages du Livre sont inhumés avec le défunt, posés sous sa tête ou sur sa poitrine. Les plus pauvres tentent au moins d'avoir une copie de la « confession négative » pour éviter de fâcheux trous de mémoire devant le tribunal osirien :

> Je n'ai pas commis d'injustice.
> Je n'ai pas dérobé.
> Je n'ai tué personne.
> Je n'ai pas été insolent.
> Je n'ai pas désobéi.
> Je n'ai pas tué de bétail sacré.
> Je n'ai pas espionné.
> Je n'ai pas été vantard.
> Je n'ai pas forniqué.
> Je n'ai été ni sodomite ni pédéraste.

Trad. E. Drioton, cité *in* : *L'Égypte*, A. Mekhitarian, Bloud & Gay, 1964, p. 39.

H.   LISTE DES PRINCIPAUX DIEUX. CHRONOLOGIE

1.   Les principaux dieux

- Amon :   – Dieu de Thèbes, solarisé sous la forme d'Amon-Rê.
             – Coiffé d'une couronne à double plume.
             – Animal sacré : le bélier.
             – Parèdre (épouse) : la déesse Mout.
             – Fils divin : dieu Khonsou.

- Anubis :
  - Dieu à tête de Chacal.
  - Préside au rite de l'embaumement.
  - Introduit le défunt dans la salle du jugement.
  - Fils de Seth et de Nephthys.

- Atoum :
  - Dieu d'Héliopolis.
  - Symbolise le soleil à son couchant.
  - Coiffé du pschent, couronne double de roi de Haute et de Basse Égypte.

- Chou :
  - Dieu de l'air.
  - Sépare Geb de Nout (la terre du ciel).
  - Époux de Tefnout.

- Geb :
  - Dieu de la terre.
  - Époux de Nout, déesse du ciel.
  - Représenté en homme couché.

- Hathor :
  - Déesse de Denderah
  - Représentée en vache, ou en femme à tête de vache.
  - Épouse d'Horus.

- Horus :
  - Fils d'Isis et Osiris.
  - Protecteur de pharaon.
  - Représenté en faucon, ou en homme à tête de faucon.
  - Particulièrement vénéré à Edfou.

- Isis :
  - Épouse d'Osiris.
  - Mère d'Horus.
  - La grande Magicienne.

- Khnoum :
  - Dieu potier d'Esna.
  - Modèle les hommes sur son tour de potier.
  - Représenté en homme à tête de bélier.

- Khonsou :
  - Fils d'Amon et de Mout.
  - Dieu de la lune.
  - Représenté en homme à tête de faucon surmontée de la lune.

- Maât :
  - Fille de Rê.
  - Déesse de la Vérité-Justice.
  - Représentée en femme, avec une plume sur la tête.

- Mout :
  - Épouse d'Amon.
  - Représentée en vautour.
  - Protectrice des grandes épouses royales.

- Nephthys :
  - Épouse de Seth.
  - Sœur d'Isis et d'Osiris.
  - Mère du dieu-chacal Anubis.

- Noun :
  - Ou Nouou.
  - L'océan primordial.

- Nout :
  - Déesse du ciel.
  - Épouse du dieu-terre Geb.
  - Représentée en femme arc-boutée au-dessus de la terre.

- Osiris :
  - Époux d'isis.
  - Père d'Horus.
  - Frère de Seth.
  - Vénéré surtout à Abydos.
  - Juge des morts.
  - Dieu de l'au-delà.
  - Représenté en momie coiffée d'une tiare à deux plumes.

- Ptah :
  - Époux de Sekhmet.
  - Père de Néfertoum.
  - Dieu de Memphis.
  - Dieu des artistes et artisans.
  - Représenté en momie, la tête recouverte d'un bandage circulaire.

- Rê :
  - Dieu d'Héliopolis.
  - Considéré comme le roi des dieux.
  - Assimilé plus tardivement à Amon.
  - Représenté en disque ailé.
  - Navigue sur sa barque céleste dans le corps de Nout.
  - Triple, Khêpri (soleil du matin), Rê (soleil au zénith), Atoum (soleil au déclin).

- Sekhmet :
  - Épouse de Ptah.
  - Déesse lionne.
  - Déesse des épidémies, des maladies, de la guerre.

- Seth :
  - Frère d'osiris.
  - Vaincu par Horus, il défend la barque solaire de Rê contre les attaques du serpent Apopis.
  - Représenté en un animal non identifié.

- Tefnout :
  - Déesse de l'humidité.
  - Épouse de Chou, avec lequel elle forme le premier couple divin.

- Thot :
  - Dieu de la sagesse, de la science.
  - Patron des scribes.
  - Représenté en homme à tête d'Ibis ou de babouin.
  - Adoré à Hermopolis.
  - Vérifie la justesse de la balance du tribunal d'Osiris lors de la psychostasie (pesée des âmes).

2. Les premières générations divines selon les différentes cosmogonies

• Héliopolis :

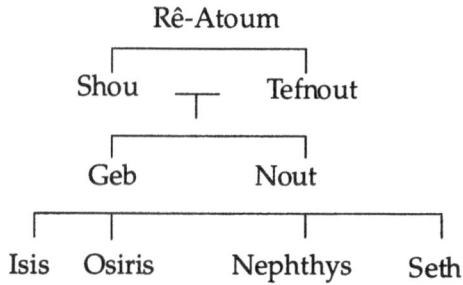

• Hermopolis :

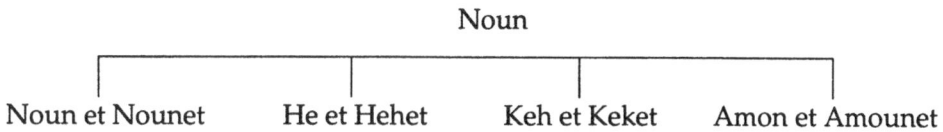

• Memphis :

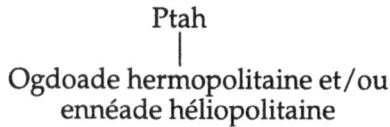

• Thèbes :

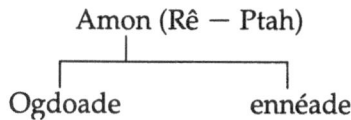

3. Les principaux livres

- *Textes des Pyramides :*   Ancien Empire (IVe-VIe dynasties).
- *Textes des Sarcophages :*   Moyen Empire (IXe-Xe dynasties).
- *Livre des Morts :*   Nouvel Empire (XVIIIe dynastie).
- *Livre des Portes*
  Livre de l'Am-Douat   →   Nouvel Empire (XVIIIe dynastie).
  Livre des Cavernes

4. Chronologie sommaire

- Époque Thinite (~3000-2800) :
  Ière, IIe dynastie.

- Ancien Empire (~2800-2400) :
  IIIe dynastie (Djéser)
  IVe dynastie (Khéops, Khéphren, Mikérinos)
  V^e dynastie (Sahourê)
  VIe dynastie (Pépi I, II)

- Première période intermédiaire (~2400-2200) :
  VIIe dynastie
  VIIIe dynastie

- Dynasties hérakléopolitaines (~2200-2050) :
  IXe dynastie
  X^e dynastie (Mérikarê)

- Moyen Empire (~2050-1750) :
  XIe dynastie (Mentouhotep)
  XIIe dynastie (Sésotris)
  XIIIe dynastie (Amenemhat)
  XIVe dynastie

- Seconde période intermédiaire (~1750 - 1580) :
  XVe dynastie   → hyksôs
  XVIe dynastie
  XVIIe dynastie

- Nouvel Empire (1580-1090) :
  XVIIIe dynastie (Aménophis, Touthmosis, Akhenaton, Toutankhamon)
  XIXe dynastie (Ramsès II)
  XXe dynastie (Ramsès III)

- Basse Époque (1090-27) :
  XXIe dynastie (Psousennès)
  XXIIe dynastie (Sheshonq)
  XXIIIe dynastie (Osorkon III)
  XXIVe dynastie
  XXVe dynastie, « éthiopienne » (Taharka)
  XXVIe dynastie, saïte (Psammétique)
  XXVIIe dynastie, perse (Cambyse)
  XXVIIIe dynastie
  XXIXe dynastie
  XXXe dynastie (Nectanébo I, II)
  Seconde domination perse (341-333)
  Alexandre (333-323)
  Ptolémées : Égypte lagide (323 av. J.-C.-27 av. J.-C.)
  Rome : Égypte romaine (27 av. J.-C.)

III. DANS LES CIVILISATIONS AMÉRINDIENNES[1]

LES AZTÈQUES

A. LA CRÉATION DU MONDE

1. Le mythe et son évolution

Selon la mythologie aztèque, notre monde est le cinquième, celui qui est au centre de la croix, le dernier. Les quatre mondes précédents, un à chaque extrémité de la croix, ont disparu au cours de cataclysmes à l'échelle planétaire. Chaque âge est nommé en fonction du soleil, qui lui a donné, et lui donne encore pour le nôtre, le moyen de vivre : le Soleil de Jaguar, le Soleil de Vent, le Soleil de Feu, le Soleil d'Eau, le Soleil de Mouvement.

Le Soleil de Jaguar disparaît, lors d'une catastrophe, et les jaguars en profitent pour dévorer les géants qui peuplent la terre ; le Soleil du deuxième monde est chassé par la violence d'un vent qui transforme les hommes en singes ; le troisième Soleil prend feu, et les hommes deviennent dindons ; le Soleil d'Eau est celui du déluge long de cinquante-deux ans, les hommes deviennent poissons. Par un miracle qui se renouvelle à chaque fois, un couple parvient à échapper à la destruction, et fonde une nouvelle humanité. Nous vivons tous dans le cinquième monde, celui du Soleil de Mouvement, qui doit finir quand l'équilibre qui assure le mouvement sera rompu.

Ce cinquième et dernier monde naît, pour les Aztèques, dans la plaine sacrée de Teotihuacan. Les dieux sont assemblés, dans le noir, et tremblent de froid. Le plus sage d'entre eux, Quetzalcoatl, explique alors les conditions de la naissance d'un nouveau soleil, et de la lune. Les deux luminaires reviendront après le sacrifice d'un dieu. Deux candidats se présentent : le jeune et beau Tecciztecatl, dieu du printemps et du renouveau, et le vieux et pauvre Nanauatl. Le premier offre de riches présents, le second la couronne d'épines qui lui ceint la tête. Au moment de se jeter au bûcher, Tecciztecatl recule à plusieurs reprises, Nanauatl s'y rend d'un pas calme et assuré. Couvert de honte, le jeune dieu le suit, mais ne devient que la lune, quand Nanauatl est le soleil.

---

1. Amérindien signifie Indien d'Amérique, terme qui évite la confusion de C. Colomb se croyant aux Indes. Nous traiterons ici des Aztèques, des Mayas et des Incas.

L'assemblée des dieux ne tarde pas à souffrir de la chaleur car le soleil ne bouge pas dans le ciel. Quetzalcoatl interroge Nanauatl-soleil et en apprend que, pour se mouvoir, il a besoin de « l'eau précieuse », du sang de tous les dieux. Quetzalcoatl abat alors un par un tous les dieux, avant de se sacrifier lui aussi sur le bûcher qu'il a dressé. Au fur et à mesure de leur trépas, les dieux deviennent les étoiles du Ciel. Avant son sacrifice, Quetzalcoatl annonce aux hommes son retour, pour leur enseigner tout ce qu'ils doivent savoir.

Pacifique, respectueux de la vie humaine, Quetzalcoatl interdit aux hommes de sacrifier aux dieux autre chose que des animaux. Il règne à Tula, capitale des Toltèques, jusqu'au moment où, en « l'année-roseau », son frère, Tezcalipoca, dieu de la guerre et de la mort, parvient à lui faire boire un breuvage magique qui le contraint à une errance sans fin.

Tezcalipoca assure le pouvoir sacerdotal de son clergé par l'intermédiaire de son grand prêtre, Hueman, qui s'empresse de rétablir les sacrifices humains. Désormais, le sang des dieux, offert à l'aube du cinquième monde dans la plaine sacrée de Teotihuacan, est remplacé par celui des hommes. Parti en une « année-roseau », Quetzalcoatl avait prédit son retour, depuis l'Est, une année semblable. Or, c'est en « année-roseau » que Cortès arrive au Mexique, venant de l'Est. Pour l'empereur Moctezuma, il sera, pour un temps bref, mais décisif, Quetzalcoatl revenu, et c'est en dieu possible qu'il l'accueille à Tenochtitlan en novembre 1519.

Cortès, avec une armée très réduite, s'empare de l'immense empire aztèque à l'aide des peuples tributaires, mais aussi en utilisant habilement le mythe du retour du roi-dieu civilisateur Quetzalcoatl.

2.   *Extraits commentés*

Le mythe s'ouvre sur la création de l'univers et la naissance des dieux :

> Au commencement, il y avait un dieu, Tonacatecutli, le Père Nourricier, et une déesse, Tonacacihuatl, la Mère Nourricière. De leur union naquit un couteau de silex. Le couteau tomba sur la terre et donna naissance aux mille six cents dieux qui peuplent l'Univers.

R. Escarpit, **Contes et légendes du Mexique**, Nathan, 1963, p. 9.

Puis les différents dieux principaux sont présentés avec leurs diverses attributions :

> Parmi ces dieux, les plus puissants étaient Huitzilopochtli, Tezcalipoca, Tlaloc et Quetzalcoatl. Dieu du feu, de la chaleur et du sang, Huitzilopochtli régnait sur le midi. Le nord appartenait à Tezcalipoca, dieu du froid, de la nuit, de la mort et de la guerre. De l'est au contraire venait l'influence bienfaisante de Tlaloc, dieu de l'eau, de la fertilité, de la jeunesse. À l'ouest enfin se trouvait Quetzalcoatl, le plus sage et le plus grand de tous, dieu de l'air, de la lumière et de la vie, dont la couleur était le blanc.

Ibid., p. 9-10.

Chaque divinité essentielle est associée ici à un point cardinal, et à une couleur qui indique sa nature. Au noir Tezcalipoca s'oppose le blanc Quetzalcoatl.

Mais, rapidement, les dieux entrent en guerre les uns contre les autres pour s'assurer la prééminence et les sacrifices offerts par les hommes, créés à partir de sang divin versés sur des ossements. Vient alors la description des cataclysmes qui ont accompagné la destruction des quatre mondes qui ont précédé le nôtre :

> Quatre fois le monde fut détruit. La première fois, le soleil s'éteignit et un froid mortel s'abattit sur la terre. Seul un couple humain put s'échapper et perpétuer l'espèce. La deuxième fois, un vent magique souffla de l'ouest, et tous les hommes, sauf deux encore, furent transformés en singes. La troisième fois, ce fut le feu qui accomplit l'œuvre de destruction. Les rayons d'un soleil gigantesque firent flamber la planète, tandis que les coups de foudre répondaient aux rugissements des volcans déchaînés. Il y eut deux rescapés, et l'homme ne mourut pas. Enfin vint le quatrième cataclysme, celui de l'eau. Le ciel tomba sur la terre et ce fut le déluge. Tout disparut sous les flots, étoiles, soleils et planètes. L'obscurité s'étendit sur l'abîme. Mais l'homme survivait toujours.

Ibid., p. 10.

Ainsi le monde a connu quatre destructions presque totales, par le froid, la magie, le feu, l'eau. L'humanité survécut à chaque fois miraculeusement par un couple unique, source d'une nouvelle race humaine qui repeuple la terre. Au début de notre monde, le dernier, qui doit lui aussi finir par une catastrophe gigantesque, les dieux sont assemblés à Teotihuacan, l'« Assemblée des dieux », une plaine proche de Mexico. Quetzalcoatl prend alors la parole : ˙

> Mes frères, dit-il, nos querelles doivent cesser. Pour la quatrième fois, le monde est mort par notre faute. C'est à nous de le faire renaître. Et tout d'abord, il faut retrouver le secret de la lumière. Ce n'est pas par la force, mais par le sacrifice que nous le retrouverons. L'un d'entre nous doit accepter de mourir. Le souffle de vie qu'il donnera embrasera dans le ciel le grand luminaire et nous aurons un nouveau soleil. Frères, qui veut mourir pour les autres ? Qui veut devenir le soleil ?

Ibid., p. 11.

Deux dieux se proposent pour le sacrifice, le splendide, jeune et riche Tecciztecatl, et le vieux Nanauatl, couvert de bubons, pauvre et sans gloire. Ce dernier meurt avec courage, donnant l'exemple au lâche Tecciztecatl, qui recule plusieurs fois avant de se jeter à son tour dans le bûcher. Pourtant les deux luminaires, Nanauatl devenu soleil et Tecciztecatl lune, ne bougent pas dans le ciel, et, après avoir consulté le nouveau soleil, Quetzalcoatl explique aux dieux assemblés la raison de leur immobilité et le remède à y apporter :

> Frères, dit-il, le soleil et la lune sont immobiles parce qu'ils sont morts. Le souffles de Nanauatl et de Tecciztecatl ont suffi à les rallumer, mais non à leur donner la vie. Cette vie, c'est nous qui devons la leur donner. Pour que le temps reprenne sa marche et que les nuits succèdent aux jours, il faut que nous mourrions tous ! Alors, prenant son arc et ses flèches, Quetzalcoatl se mit à tuer ses mille six cents frères.

Ibid., p. 16.

Statuette Sifflet – 250-650 apr. J.-C.
Vera-Cruz.

C'est par leur sang versé lors de ce sacrifice primordial que les dieux ont permis au monde nouveau de se dégager de l'abîme, et, pour les Aztèques, c'est en renouvelant ce geste par les sacrifices humains que les prêtres éloignent le chaos toujours menaçant.

Pourtant l'un des dieux, Xolotl, répugne à mourir, et Quetzalcoatl le poursuit avec acharnement :

> Un seul eut peur de mourir. C'était Xolotl, le messager des dieux. Agile, il réussit à esquiver les flèches et se transforma en maïs. Alors Quetzalcoatl se mit à couper le maïs. Alors Xolotl se changea en agave. Quetzalcoatl prit une machette et se mit à trancher les feuilles de l'agave. Finalement, Xolotl se transforma en une salamandre d'eau et se cacha au fond d'une mare. Quetzalcoatl, qui était le frère jumeau de Xolotl, prit la forme d'une salamandre toute pareille et engagea le combat avec lui.

Ibid., p. 16-17.

Xolotl, vaincu, se résigne à mourir et devient l'étoile du soir, symbole du regret de la vie. Quetzalcoatl doit lui aussi mourir. Il se rend sur le rivage de l'est, prépare un bûcher, et adresse aux hommes d'ultimes conseils de sagesse avant de s'y précipiter :

> Voici venu le cinquième et dernier âge du monde. Il peut être heureux si les hommes le veulent, car cette fois les dieux sont morts pour lui. Mais les dieux ne meurent que pour renaître. Il ne tiendra qu'aux hommes d'avoir des dieux vivants et non des dieux morts. Il leur suffira de savoir imiter notre sacrifice. Moi-même, je reviendrai quand il sera temps, et j'enseignerai aux hommes ce qu'ils doivent savoir.

Malheur à eux, alors, s'ils ne m'écoutent pas, car ils auront perdu l'espérance. La flamme du bûcher monta toute droite devant la mer immense. Et aussitôt s'alluma sur l'horizon de l'est l'étoile du matin.

Ibid., p. 17-18.

Selon un autre mythe, Quetzalcoatl quitte la côte sur une embarcation faite de serpents entrelacés, portant un oriflamme blanc, sa couleur, non sans avoir annoncé là aussi son retour.

Cette fin du dernier dieu est à la fois un message plein de menaces et d'espoir. Les hommes sont désormais maîtres de leur destin et de celui du cinquième monde ; à eux de savoir le préserver.

Toutefois, la mentalité aztèque est fortement empreinte du pessimisme le plus noir ; ce dernier monde, comme les autres, est appelé à disparaître. Ce trait de l'esprit aztèque explique pour partie la très grande passivité, la résignation de l'empereur Moctézuma lors de la conquête espagnole, une poignée d'aventuriers parvenant à s'emparer d'un empire immense, extrêmement organisé.

B. LE RÔLE FONDAMENTAL DU SACRIFICE HUMAIN

1. Une menace constante

Les Aztèques divisent leur chronologie en périodes de cinquante-deux années. À la fin de chaque demi-siècle, se déroule la cérémonie de la « ligature des années », au cours de laquelle chacun jette ce qu'il possède, symbole d'un monde révolu, et attend, dans l'angoisse, la confirmation que les dieux accordent aux hommes un nouveau cycle de cinquante-deux ans. C'est en rallumant le feu éteint que le grand-prêtre manifeste l'agrément des dieux.

Les Aztèques vivent en permanence dans un monde menacé, qui peut à tout moment retourner au chaos. Il ne s'agit pas seulement de la « ligature des années », mais de chaque jour, qui doit être gagné sur les forces des ténèbres. Le Soleil de l'eau, celui du déluge de cinquante-deux ans sans interruption, précède notre soleil actuel, le Soleil de Mouvement. Or, on s'en souvient, pour que le sacrifice de Nanauatl ne soit pas vain, pour que le soleil ne soit pas immobile dans le ciel, il a besoin du sang des hommes. Mouvement signifie ici énergie, celle du soleil, alimentée par « l'eau précieuse », le sang, sans lequel le monde se consumerait sans répit.

2. La Xoxiyaoyotl : la « guerre fleurie »

Les Aztèques offrent aux dieux le cœur encore palpitant de la victime sacrifiée, l'ultime battement transmet au soleil son énergie vitale. Pour fournir aux autels les sacrifiés en nombre suffisant, les Aztèques pratiquent, à l'époque de leur domination, la Xoxiyaoyotl, la « guerre fleurie » : le but n'est pas de tuer l'adversaire, mais de le capturer pour l'offrir par la suite en sacrifice. Un tel sort est considéré par les Aztèques comme un honneur, et, pour se procurer les victimes, ils laissent au roi de Tlaxcala, un nahua comme eux, une relative indépendance. Ceci permet de lui livrer régulièrement les assauts de la « guerre fleurie ». Cortès sait jouer de la haine de Tlaxcala contre Tenochtitlan, et s'allie au roi contre les Aztèques. Le mythe de Quetzalcoatl, qui le sert, se double ici d'une alliance militaire et politique. Tout comme le roi-dieu civilisateur, Cortès s'oppose aux sacrifices humains.

C. UN UNIVERS MARQUÉ PAR LA PRÉDESTINATION

1. Une prédestination absolue

C'est dès la naissance que chaque Aztèque est marqué par le *tonalli*, le destin, et ce aussi bien durant sa vie que pour son devenir *post-mortem*. Le **Livre des destins**, ou **Tonalamatl**, livre le signe et le chiffre du nouveau-né, ce qui permet de savoir ce que sera son existence, heureuse ou malheureuse, et son devenir dans l'au-delà. Après s'être livré à une série de calculs extrêmement complexes, le devin indique le nom que portera l'enfant, révélateur du destin qui l'attend. Dès la naissance, la vie de l'Aztèque est entièrement tracée par la volonté du destin.

2. L'au-delà

Le signe de naissance indique déjà la mort qui attend le nouveau-né. Naître sous le signe de la pluie ou de l'eau prédestine à mourir par la noyade. Les Aztèques distinguent trois mondes de l'au-delà : celui des guerriers et des femmes mortes en couches, le Tlalocan et le Mictlan. L'au-delà des guerriers et des femmes mortes en couches est solaire ; les uns et les autres portent le palanquin du soleil, les femmes elles-mêmes devenant des guerriers. Passé un cycle de quatre années au service du soleil, ils reviennent sur terre, sous la forme de colibris, oiseaux-mouches, papillons.

Le Tlalocan est l'au-delà de Tlaloc, dieu de la pluie, de l'eau, de la végétation. Il accueille les noyés et tous ceux qui sont morts d'une maladie ou d'un accident lié à l'élément liquide. Les défunts connaissent là une éternité de joie et de plaisirs, au milieu d'une exubérante végétation.

Le Mictlan accueille tous les autres trépassés, ceux qui ne sont ni guerriers, ni femmes mortes en couches, ni élus de Tlaloc. Après un voyage périlleux, le mort traverse les neuf fleuves des enfers, et gagne les neuf terres de la mort, avec lesquelles il se fond totalement.

D.   LE ROI-DIEU CIVILISATEUR

1.   Quetzalcoatl, le « Serpent à plumes précieuses »

À l'origine, dans son sanctuaire de Teotihuacan, Quetzalcoatl est un dieu de la végétation, serpent au corps paré de plumes vertes de l'oiseau quetzal. Serpent, il est une divinité chtonienne ; vert, il évoque la luxuriance de la végétation.

À Tula, il s'anthropomorphise, et devient le dernier roi-prêtre de la cité toltèque, celui qui amène aux hommes les techniques agricoles, les arts, l'écriture, le calendrier. Jumeau de Xolotl, dieu salamandre de la résurrection, qui joue pour les Aztèques le rôle du phénix, Quetzalcoatl entraîne son frère dans le monde des morts. Ils y trouvent des ossements qu'ils arrosent de leur sang, donnant la vie à l'humanité actuelle. Grand-prêtre de Tula, Quetzalcoatl refuse les sacrifices humains, mais renouvelle son geste de démiurge des hommes en s'infligeant des blessures sacrificielles.

Selon le mythe, il est contraint de fuir Tula par les maléfices de Tezcalipoca, pour gagner la côte du Golfe du Mexique, le pays appelé Tlillan Tlapallan, le « pays du noir, pays du rouge ». Ce sont les deux couleurs utilisées pour l'écriture des pictogrammes. Le dieu se rend donc dans le pays du savoir, de la connaissance.

La fin du récit diverge selon les mythes. Dans le premier cas, parvenu sur la plage, le dieu s'immole sur un bûcher et devient la planète Vénus. Selon une autre version, il monte à bord d'un radeau fait de serpents entrelacés, et disparaît en direction de l'est.

Masque funéraire – 250-750 apr. J.-C. – Teotihuacan, Mexique.

2. *Extraits commentés*

Le mythe reprend avec l'arrivée spectaculaire de Quetzalcoatl, venant de l'est :

> Remontant les eaux tranquilles du fleuve, un fantastique radeau fait de serpents entrelacés avançait lentement vers eux. À l'avant de l'embarcation, quatre hommes chantaient, levant bien haut vers le ciel une bannière blanche. Blanches étaient leurs robes. Derrière eux, sous une sorte de dais fait de plumes multicolores, trônait un immense vieillard. Son visage avait la pâleur de l'aurore et sur sa longue barbe cendrée couraient comme des reflets du soleil levant. Juste au-dessus de sa tête brillait l'étoile du matin. À ce signe, ils reconnurent Quetzalcoatl.

Contes et légendes du Mexique, op. cit., p. 23.

De retour, Quetzalcoatl est à la fois le dieu principal, le roi et le grand prêtre de Tula. Accomplissant sa promesse, il donne aux hommes la civilisation :

> Quetzalcoatl leur enseigna l'usage de la charrue et l'art de l'irrigation. Et surtout il leur fit le plus royal, le plus divin des cadeaux : il leur donna le maïs, la plante-reine aux épis dorés. Il leur montra comment on travaille le métal, comment on file le coton et le chanvre. Des épées flamboyantes remplacèrent les vieux couteaux de silex et les peaux de bêtes cédèrent la place aux beaux vêtements brodés.

Ibid., p. 25.

Mais le règne bienfaisant de Quetzalcoatl provoque l'irritation de Hueman, prêtre de Tezcalipoca, dont les autels ne ruissellent plus de sang humain, sacrifice interdit par le roi-dieu civilisateur. Le dieu jaloux apparaît à son serviteur, et lui indique comment se débarrasser de Quetzalcoatl, afin de faire revenir la nuit et la mort :

> Voici des feuilles coupées au cactus merveilleux qui pousse au-delà de la Grande Plaine Blanche. Fais-les infuser pendant quatre fois quarante jours dans l'eau noire d'un lac de montagne. Puis donne cette potion à boire à Quetzalcoatl et à ses compagnons. Elle a des vertus magiques. Quiconque, mortel ou dieu, en absorbe ne fût-ce qu'une goutte est condamné à errer jusqu'à la fin des temps d'un horizon à l'autre. Il ne peut s'arrêter nulle part. Fais boire Quetzalcoatl, et il faudra bien qu'il s'en aille !

Ibid., p.27.

Ainsi fut fait, et Quetzalcoatl, condamné à une errance sans fin repart, non sans avoir annoncé son terrible et dernier retour :

> Un jour, sur cette mer arriveront de l'est des hommes pâles et barbus comme moi. Je marcherai à leur tête. Et alors les peuples de l'Anahuac connaîtront la servitude et la tristesse. Leurs temples seront renversés et leurs rois emprisonnés. Le signe de ma croix règnera en maître sur cette terre qui me renie. C'est dans la peine et la douleur que les hommes apprendront ma loi d'amour.

Ibid., p.31.

La prophétie du dieu sembla s'accomplir lorsque les Espagnols débarquèrent, pâles et barbus, précédés de la croix du Christ. Même si Moctezuma ne vit pas en Cortès le divin Quetzalcoatl, il ne put s'empêcher de voir en sa venue l'annonce de la fin de son monde.

E. LE PANTHÉON AZTÈQUE

1. Divinités agraires

- Tlaloc :   porte un masque de serpent. Dieu de la pluie et du tonnerre. Protecteur des paysans.

- Chalchiuhtlicue :   compagne de Tlaloc, « celle qui porte une jupe de pierre verte ». Déesse de l'eau.

- Xiuhtecutli :   dieu du feu, du foyer, « le seigneur de turquoise ».

- Centeotl :   dieu du maïs.

- Xochipilli :   dieu du printemps, « prince des fleurs ».

- Coatlicue :   déesse-mère, tellurique, elle enfante les « quatre cents lapins », puis, plus tard, les Aztèques en font la mère de Uitzilopochtli. Elle est « celle qui a une jupe de serpents ».

- Centzon Totochtin : les 400 dieux de l'ivresse due au pulque (sève d'agave fermentée), « les quatre cents lapins ».

2. Divinités astrales

- Uitzilopochtli :   à l'origine représenté par une boule de plumes, il est le « Colibri de gauche », c'est-à-dire « Colibri du sud ». Plus tard anthropomorphisé, c'est le dieu du soleil. Fils de Coatlicue.

- Tezcalipoca :   dieu de la nuit, de la mort, « miroir fumant ». Associé à la Grande Ourse, protecteur des confréries de sorciers, et du jaguar.

- Mixcoatl :   dieu de la chasse, associé à la Voie lactée, le « serpent de nuage ».

- Quetzalcoatl :   le « Serpent à plumes précieuses », serpent, puis homme, lié à l'origine au culte de Tlaloc. Dieu de la connaissance, du savoir, protecteur de l'humanité.

3. Divinités adoptées

- Xipe Totec :   dieu yopi originaire des hauts plateaux qui bordent le Pacifique. Son nom « notre seigneur de l'écorché » renvoie au culte qui lui est rendu, au cours duquel les victimes sont écorchées, leurs peaux revêtues par de jeunes guerriers. Dieu des orfèvres et des maladies de peau.

- Tlazolteotl :   déesse venue de la Huaxteca, au nord de la côte du Golfe du Mexique. Déesse de l'érotisme, elle est vénérée sous son nom, « la déesse de l'immondice », ou sous celui de Tlaelquani, « la mangeuse d'ordures ». Tardivement introduite dans le panthéon aztèque, elle pardonne à ceux qui ne suivent pas une éthique sexuelle, très rigoureuse chez les Aztèques.

F.   PETIT RAPPEL GÉOGRAPHIQUE ET CHRONOLOGIE

1.   Où ?

Au Mexique central, dans une région de hauts plateaux, étagés entre 1 600 et 2 500 mètres, sous une latitude tropicale.

2.   Quand ?

- v. 2000 ans av. J.-C. :   villages lacustres sur le site futur de Mexico.
- v. Ier siècle de notre ère : prédominance de Teotihuacan, à environ 30 km au nord de Mexico.
- v. 100-v. 700 apr. J.-C. :   épanouissement des civilisations classiques.
- v. 500 apr. J.-C. :   les tribus Nahua (Toltèques, Chichimèques, Aztèques), venant de régions qui s'étendent du sud-ouest américain au bassin de San Luis Potosi, s'ébranlent, et arrivent au Mexique central entre le IXe et le XIIe siècles, par vagues.
- 1325 :   les Aztèques fondent leur capitale, Tenochtitlan (Mexico).
- 1427-1428 :   débuts de l'expansion aztèque, constitution d'un immense empire de l'Atlantique au Pacifique, et des montagnes du Michoacan au nord jusqu'au sud du Yucatan.
- 1519 :   conquête espagnole, effondrement de l'empire aztèque.

LES MAYAS

A.   LA CRÉATION DU MONDE

1.   Le mythe et son évolution

C'est dans la péninsule du Yucatan que le dieu primordial Itzamana crée l'univers. Son nom signifie « Maison de l'Iguane », et il est représenté parfois comme un reptile, mais le plus fréquemment comme un homme très âgé, édenté, à la chair flasque et pendante. Itzmana crée le monde en trois parties, le monde supérieur, le monde inférieur, et, entre les deux, la terre.

Le monde supérieur est fait d'une pyramide à sept étages, qui s'élèvent en partant de l'est jusqu'à la septième plate-forme, puis, s'abaissent en direction de l'ouest. Les étages sont occupés par les dieux et les âmes des défunts qui ont été élus, en situation plus ou moins élevée selon leurs mérites. C'est le monde de la lumière, des aigles.

Le monde inférieur est l'inverse du monde supérieur, une pyramide inversée, mais qui ne compte que cinq étages, qui s'abaissent depuis l'ouest jusqu'à la cinquième plate-forme, puis se relèvent en direction de l'est. C'est le monde infernal, féminin quand le monde supérieur est masculin. C'est le lieu des ténèbres et des jaguars, qui vont, à la fin du monde, remonter sur la terre et exterminer les hommes, avant de dévorer le ciel et la lune.

Chaque jour, le soleil gravit les degrés de la pyramide du monde supérieur, puis les descend, avant de passer la nuit en répétant l'opération dans celle du monde inférieur. Entre ces deux mondes se situe la terre, un carré plat, aux quatre points cardinaux duquel quatre géants soutiennent la voûte céleste.

Les trois mondes sont reliés entre eux par un arbre, le yax ché, « arbre vert » ou « arbre primordial ». Les racines dans le monde inférieur, il troue de son tronc le carré plat de la terre, et prolonge ses branches dans le monde supérieur.

Itzmana est aidé dans sa création, lui, dieu-soleil, par sa parèdre, la déesse-lune Ixchel. Cette dernière est à la fois le déluge, les eaux qui dévastent tout, et la bienveillante protectrice des femmes en couches. Elle est représentée en vieille femme, les ongles longs, les pieds nantis d'ergots, la jupe brodée de deux os croisés en signe de mort.

2.   Extraits commentés

Ce que nous savons de la cosmogonie maya provient essentiellement du *Popol-Vuh*, le livre des Mayas Quichés, rédigé probablement dans la première moitié du XVIe siècle pour l'original, intégralement perdu au cours de la conquête espagnole, que nous connaissons grâce à un dominicain, le père Francisco Jimenez, qui réalisa sa transcription en Espagnol à la fin du XVIIe siècle. Ce prodige, cette résurrection ne fut possible qu'avec l'aide des descendants des

Mayas eux-mêmes, qui avaient maintenu une vive tradition orale du *Popol-Vuh*. Le rôle d'Itzmana est alors réparti entre plusieurs démiurges.

À l'origine, rien n'existe encore, mais dans cette totalité de l'incréé, se manifeste pourtant le Ciel et une masse d'eau dont il se différencie mal :

> Voici le récit du temps où tout était en suspension, tout calme, tout en silence, tout immobile, muet et vide dans l'extension du ciel. Ceci est la première expression, la première parole. Il n'y avait encore ni hommes, ni animaux, ni oiseaux, ni poissons, ni crustacés, ni arbres, ni pierres, ni cavernes, ni gorges, ni herbes, ni forêts : seul le Ciel existait.

C'est là que, « sous des plumes vertes et bleues », les futures divinités attendent leur venue au monde :

> La face de la Terre ne se manifestait pas. Seuls étaient la mer calme et le ciel dans son extension. Il n'y avait rien d'assemblé qui fasse de bruit, ni chose qui se meuve, ni qui s'agite dans le Ciel. Il n'y avait rien qui soit sur pied ; seule l'eau en repos, la mer impassible et tranquille. Rien n'émergeait de l'immobilité et du silence, dans l'obscurité de la nuit. Seuls Tzacol, le Créateur ; Bitol, le Formateur ; Tepeu, le puissant ; Gucumatz, Serpent Emplumé, les Géniteurs, étaient dans l'eau, entourés de clarté, cachés sous des plumes vertes et bleues.
>
> **Popol Vuh, Le Livre des Indiens Mayas Quichés**, traduction V. Faurie, Albin Michel, coll. « Spiritualités vivantes », 1991, p. 13.

Nous sommes ensuite renseignés sur leur nature respective, et leur projet immédiat : avant l'aube, ils doivent s'accorder pour penser la création du monde :

> Leur nature était celle de grands sages et de grands penseurs. Ils étaient l'œuvre du Cœur du Ciel, Huracan, qui vint près de Tepeu et Gucumatz dans l'obscurité de la nuit. Ils parlèrent, se consultèrent, et méditant entre eux, ils se mirent d'accord pour assembler leurs paroles, et leurs pensées. Tandis qu'ils méditaient sur l'apparition de l'homme à la venue de l'aube, la clarté se manifesta. Ils disposèrent de la création, et de la croissance des arbres et des lianes, de la naissance de la vie et de la création de l'homme. Tout se mit en place dans les ténèbres et dans la nuit, par le Cœur du Ciel qui se nomme Huracan. Le premier signe se nomme Caculha Hurucan, Maître Géant Éclair ; le deuxième est Chipi Caculha, Trace de l'Éclair ; le troisième est Raxa Caculha, Splendeur de l'Éclair : tous trois sont le Cœur du Ciel. Tous se joignirent à Tepeu et Gucumatz pour tenir conseil sur la vie et la clarté, pour concevoir l'aube et celui qui serait le producteur de l'aliment et de la substance.
>
> *Ibid.*, p. 13-14.

Une fois le conseil tenu, les divinités primordiales créent la substance par le verbe :

> — Que cela soit ainsi ! Que se remplisse le vide ! Que cette eau se retire, et désoccupe l'espace, que surgisse la terre et qu'elle se raffermisse ! que naisse l'aube dans le ciel et sur la terre ! Il n'y aura ni gloire ni grandeur dans notre création et formation jusqu'à ce que naisse la créature humaine, l'homme formé, ainsi dirent-ils.
> — Terre ! dirent-ils, et à l'instant elle parut. Comme la brume, comme le nuage, comme un tourbillon fut la création, lorsque surgirent de l'eau les montagnes, et qu'elles se mirent aussitôt à grandir. C'est seulement par un prodige, par l'art de la

magie que se réalisa la formation des montagnes et des vallées, et qu'aussitôt apparurent avec elles les cyprières et les pinèdes.

Ibid., p. 14-15.

La contemplation du monde qu'ils viennent de nommer, et de créer de ce fait, emplit les démiurges de joie et les incite à parachever leur œuvre :

> Le Serpent Emplumé fut rempli d'allégresse :
> — Bonne est ta venue, Cœur du Ciel ! Huracan et toi, Maître Géant Éclair, Trace de l'Éclair, Splendeur de l'Éclair.
> — Notre œuvre, notre création sera achevée, répondirent-ils.
> Après les montagnes et les vallées, furent conçus les fleuves, qui se divisèrent en rivières, courant librement entre les monts. C'est ainsi que fut créée la terre lorsque Cœur du Ciel, Cœur de la Terre l'engendrèrent, alors que le ciel était en suspension et la terre submergée par les eaux. C'est ainsi qu'ils exécutèrent leur œuvre dans sa perfection, après avoir pensé, et médité sur son heureux achèvement.

Ibid., p. 15.

Le monde, ainsi conçu, ne donne que brièvement satisfaction à ses créateurs. Son immobilité les blesse, il convient d'ajouter des créatures qui se meuvent, et soient capables de produire également des sons :

> Puis ils donnèrent naissance aux animaux des montagnes, les gardiens de toutes les forêts, les génies des montagnes, cerfs, oiseaux, jaguars, pumas, serpents, vipères, gardiens des lianes.
> Les Engendreurs dirent alors :
> — Ne règnera-t-il que le silence et l'immobilité sous les arbres et les lianes ? Il convient qu'il y ait des gardiens.
> À l'instant même où ils méditèrent et les nommèrent apparurent les cerfs et les oiseaux.
> Puis ils répartirent leurs demeures :
> — Toi, cerf, tu dormiras sur le chemin des fleuves et des ravins. Là, tu te tiendras entre les broussailles et les herbes ; dans la forêt tu te reproduiras ; sur quatre pattes tu iras et t'alimenteras.
> Après le cerf, les Engendreurs s'adressent aux oiseaux :
> « Ainsi dit, ainsi fait. Puis ce fut le tour des oiseaux, des plus petits et des plus grands :
> — Vous, oiseaux, vous habiterez sur les arbres et les lianes ; là, vous ferez vos nids et vous vous reproduirez ; vous vous multiplierez entre les branches des arbres et les lianes ».
> Ainsi fut-il dit aux cerfs et aux oiseaux pour qu'ils fassent ce qu'ils devaient, et tous prirent habitation et nid. C'est ainsi que les Engendreurs donnèrent gîte aux animaux de la terre.

Ibid., p. 16-17.

Les animaux peuplent le monde selon la répartition des lieux assignée par les dieux. C'est alors qu'un drame survient, les créateurs s'attendant à être dignement loués par leurs créatures :

Puis Tzacol, Bitol, Alom, Qaholom ayant terminé de les former leur dirent :

— Parlez, criez, gazouillez ; que chacun fasse entendre son langage selon son espèce, sa variété.

Ainsi fut-il dit aux cerfs, oiseaux, jaguars, pumas, serpents.

— Dites désormais nos noms, louangez-nous, nous, votre père, votre mère. Invoquez Huracan, le Cœur du Ciel, Splendeur de l'Éclair, Trace de l'Éclair, Esprit de la Terre, le Créateur, le Formateur, les Géniteurs ; parlez, invoquez-nous, adorez-nous, dirent-ils.

Mais ils ne purent parler comme les hommes. Ils caquetèrent, mugirent, croassèrent sans qu'il se manifeste de forme de langage, chacun criant à sa manière.

Lorsque Tzacol et Bitol virent cela :

— Ils n'ont pas pu dire notre nom, celui de leur Créateur et Formateur. Cela n'est pas bien, dirent-ils entre eux.

Ibid., p. 17.

Le châtiment est à la mesure de la colère et de la déception divines :

— Vous serez changés puisqu'il n'a pas été possible que vous parliez. Nous avons changé d'avis : votre alimentation, votre pâture, votre habitation, vos nids, ce seront les ravins et les forêts, puisqu'il n'est pas possible que vous nous adoriez, ni que vous nous invoquiez. Ceux qui nous adorerons sont encore à venir, nous les ferons dignes de nous. Quant à vous, acceptez votre destin : vos chairs seront broyées, mastiquées sous leurs dents. Ceci sera votre sort.

Un ultime effort des animaux n'y change rien :

Ainsi dirent-ils aux petits et aux grands animaux qui peuplent la face de la terre, quand ils leur firent entendre leur volonté. Mais les créatures voulurent de nouveau tenter leur chance. Ils ne se comprenaient pas les uns les autres, n'obtenaient rien. C'est ainsi que la chair de tous les animaux qui vivent à la surface de la terre fut condamnée à être immolée, vouée à être mangée.

Ibid., p. 18.

Les animaux sont incapables de rendre grâce aux dieux ; ils ne peuvent assurer leur culte, donc leur vie même. Privés d'adoration, de nourritures offertes sur leurs autels, les dieux sont condamnés. Le seul recours consiste à créer l'homme, et à le doter de ce qui manque aux animaux.

B.   LA CRÉATION DE L'HOMME

1.   Des essais aux fortunes diverses

Si le monde, les animaux qui le peuplent en premier, sont aisés à réaliser pour les démiurges, il n'en va pas de même pour l'homme. Il leur faut s'y reprendre à trois fois pour obtenir enfin un homme digne de leur rendre un culte. La première et la seconde création sont englouties dans des cataclysmes.

Le premier homme est fait à partir de boue. Il s'avère incapable de proférer des paroles ayant un sens, et, sous l'effet de l'humidité ou de l'eau, devient mou et se dissout. Mécontents de cette ébauche, les dieux la détruisent.

Le second homme naît à partir du bois. Il est capable de se déplacer, de se reproduire avec sa compagne faite d'un roseau, mais s'il parle, c'est totalement dénué de conscience. Il oublie rapidement les dieux au lieu de les servir, parcourt la surface de la terre pour satisfaire ses besoins. C'est le déluge qui punit ce forfait, en même temps que les animaux se vengent de lui avoir servi de nourriture en le dévorant à son tour.

La troisième mouture de l'humanité est réalisée à partir du maïs et de sa pâte. Toutefois, l'homme est si parfait, dotés de sens exceptionnels, que les dieux en prennent ombrage. Revenant sur les dons inestimables faits aux hommes, les dieux diminuent leurs créatures en amoindrissant leurs sens, en rendant leur esprit moins vif. Leur vue, qui portait à l'infini à la perfection, se réduit ainsi à leur environnement immédiat.

2. Extraits commentés

Le premier homme, façonné de boue, est créé non pour le bonheur d'une humanité à venir, mais pour servir les dieux :

> Le Créateur, le Formateur, les Engendreurs se mirent de nouveau à l'œuvre :
> — Qu'on essaie encore ! Déjà s'approche la levée du jour, l'aurore, créons celui qui nous substantera, nous alimentera ! Comment ferons-nous pour être invoqués, pour qu'on se souvienne de nous sur la terre ? Nous avons déjà fait tentative avec nos premières œuvres, nos premières créatures, et cependant nous n'avons pas pu obtenir d'être louangés et vénérés par elles. Tentons maintenant de créer des êtres obéissants, respectueux, qui nous soutiennent et nous nourrissent, dirent-ils.

> *Popol Vuh*, *op. cit.*, p. 18.

Très vite, les créateurs divins se rendent compte que ce premier homme est non seulement imparfait physiquement — il fond à l'humidité — mais qu'il est totalement incapable de les servir efficacement, étant dépourvu d'une parole claire. Dès lors, il est voué à la destruction immédiate :

> De terre et de boue ils façonnèrent la chair de l'homme. Mais ils constatèrent qu'il n'était pas réussi, il était mou, se défaisait, n'avait pas de mobilité, ni même de force, il tombait, s'amollissait, ne pouvait bouger la tête, ni la relever, sa vue était voilée et il ne pouvait regarder en arrière. Il parla, mais ce qu'il disait était dénué de sens. Très vite il s'humidifia, et ne put tenir debout. Tzacol et Bitol dirent alors :
> — On voit bien qu'il ne peut ni marcher, ni se multiplier. Qu'on tienne conseil à ce propos !
> Ils défirent et détruisirent donc leur œuvre, et création.

> *Ibid.*, p. 19.

Les dieux tiennent conseil, après ce premier échec, et décident de consulter des augures, seuls capables de leur en fournir les raisons. Au nombre de celles-ci figure l'ignorance des hommes au sujet de la volonté des dieux créateurs, mais c'est sur la solidité de cette seconde humanité que se portent les efforts divins. Après la tentative à partir de boue, l'homme est fait de bois :

— Que soient façonnés, sculptés les hommes de bois, qu'ils parlent et conversent à la surface de la terre. Qu'il en soit ainsi !

Et à l'instant même apparurent les mannequins charpentés dans le bois. Ils ressemblaient à l'homme, et comme lui parlaient. Ils peuplèrent la surface de la terre et se multiplièrent, eurent des fils et des filles.

Ibid., p. 20.

Le matériau choisi résiste certes davantage que le précédent, mais l'essentiel manque encore. Dépourvu de toute conscience, cette seconde humanité oublie très vite jusqu'à l'existence même des dieux :

Mais ils n'avaient aucune conscience et ne se souvenaient ni de leurs Créateurs, ni de leurs Formateurs. Ils cheminaient sans but, errant au gré de leur désir. Et oubliant le Cœur du Ciel, ils tombèrent en disgrâce. Ils ne furent qu'une ébauche d'homme. Au tout début ils avaient parlé, puis leur tête s'était desséchée, leurs pieds et leurs mains avaient perdu leur consistance, ils n'avaient ni sang, ni substance, ni humidité, ni graisse ; leurs joues étaient sèches, leurs pieds et leurs mains rigides, et leur chair jaune. Voilà pourquoi ils ne pensaient déjà plus à ceux qui les avaient fait naître, les Créateurs et les Formateurs qui prenaient soin d'eux.

Ce furent les premiers hommes qui en grand nombre peuplèrent la face de la terre.

Ibid., p. 20-21.

Pour la seconde fois, les dieux réduisent à néant l'humanité, l'exterminent par le déluge et la colère des animaux, des choses elles-mêmes qui se retournent contre l'homme pour participer à sa fin (ce point est développé plus loin, *cf. infra*, § C).

C'est alors que le temps qui semble leur être imparti touche à sa fin, peu avant l'aube, que les dieux discutent entre eux et méditent une dernière fois pour trouver le meilleur moyen de créer l'homme.

De cette méditation naît l'idée fondamentale : la chair de l'homme doit être faite à partir du maïs :

Voici la création de l'homme, lorsque l'on se disposa à façonner l'homme, et que l'on chercha ce qui devait entrer dans la composition de sa chair. Les Progéniteurs, les Créateurs, les Formateurs, qui se nommaient Tepeu et Gucumatz, dirent :

— Le temps de l'aube est arrivé ! Il est temps que se termine l'œuvre, et qu'apparaissent ceux qui doivent nous substanter, nous nourrir, les fils éclairés, les vassaux civilisés. Qu'apparaisse l'homme, l'humanité sur la surface de la terre !

Le conseil commence alors :

Ils arrivèrent, s'assemblèrent et célébrèrent un conseil, dans l'obscurité de la nuit. Ensuite ils se mirent à chercher et à discuter, et là, méditèrent. C'est de cette façon que se révéla leur décision, et qu'ils trouvèrent et découvrirent ce qui devait entrer dans la chair de l'homme.

Il manquait peu, avant que ne s'illuminent le soleil, la lune et les étoiles sur les Créateurs et les Formateurs.

De Praxil, Maison sur Pyramides, et de Cayale, Demeure des Poisons, vinrent les épis de maïs jaune et les épis de maïs blanc.

Ibid., p. 117-118.

C'est à certains animaux, le Chat des Montagnes, le Coyote, la Perruche, le Corbeau, que revient l'honneur d'indiquer aux dieux le chemin de Praxil, la « Maison sur Pyramides » et de Cayale, la « Demeure des Poissons », lieux où croissent « les épis des maïs jaune et les épis de maïs blanc ». Les dieux découvrent alors un Jardin d'Eden :

> Voici le nom des animaux qui apportèrent la nourriture : Yac, le Chat des Montagnes ; Utiu, le Coyote ; Quel, la Perruche ; Hoh, le Corbeau. Ceux-ci sont les quatre animaux qui annoncèrent la nouvelle des épis jaunes et blancs, et qui indiquèrent le chemin de Praxil. C'est ainsi qu'ils découvrirent la nourriture qui devait composer la chair de l'homme. Celle-ci fut son sang ; c'est avec elle qu'ont fit le sang de l'homme. Ainsi donc, le maïs entra dans la formation de l'homme par œuvre des Géniteurs.
>
> Ils s'emplirent d'allégresse dès qu'ils eurent découvert cette belle terre, porteuse de délices, abondante en épis jaunes et blancs, en innombrables sapotilles, anones, fruits de jocotes, nances, plantes médicinales et miel.
>
> *Ibid.*, p. 118.

Chaque partie, ou dérivé du maïs, occupe un rôle exact dans la manière dont l'homme est façonné la troisième fois :

> Le lieu nommé Praxil et Cayala était un prodige de savoureux aliments. On y trouvait des fruits de toutes dimensions. Les animaux montrèrent le chemin, et moulant les épis jaunes et blancs Ixmucane en fit neuf boissons. C'est de cet aliment que proviennent la force et l'embonpoint, les muscles et la vigueur de l'homme. Les Géniteurs, Tepeu et Gucumatz, entrèrent en conseil au sujet de la création et de la formation de notre première mère et notre premier père.
>
> De maïs jaune et de maïs blanc on façonna sa chair, avec la pâte de maïs on fabriqua les bras et les jambes de l'homme. La chair de nos pères naquit de la seule farine de maïs.
>
> *Ibid.*, p. 119.

La création de l'homme s'achève réellement lorsqu'il reçoit un nom, et les quatre premiers hommes sont aussitôt nommés :

> Voici le nom des premiers hommes qui furent créés : le premier se nommait Balam-Quitze, Sorcier de l'Enveloppe ; le deuxième, Balam-Acab, Sorcier Nocturne ; le troisième, Mahucutah, Garde-Butin ; le quatrième, Iqui-Balam, Sorcier Lunaire.
>
> On dit que seuls eux furent ainsi créés et formés. ils n'eurent ni mère ni père, et ne furent pas non plus engendrés par le Créateur, le Formateur ou les Progéniteurs. On les nommait hommes. C'est par prodige, par œuvre d'enchantement qu'ils virent le jour, ainsi créés par le Créateur, le Formateur, les Progéniteurs, Tepeu et Gucumatz. Et de la même manière qu'ils avaient l'apparence d'hommes, hommes ils furent.
>
> *Ibid.*, p. 120.

Non seulement cette troisième humanité est infiniment supérieure aux deux précédentes, et ses représentants seuls méritent le nom d'hommes, mais elle est dotée de qualités telles qu'elle est presque semblable aux dieux :

> Ils parlèrent, conversèrent, virent, entendirent, marchèrent, purent saisir les choses. Ils étaient de bons et beaux hommes, et leur figure était une figure d'homme. Ils furent dotés d'intelligence, leur vision s'étendit à l'infini, et ils commencèrent à voir

et à connaître tout ce qu'il y a dans le monde. Lorsqu'ils regardaient, ils percevaient aussitôt tout leur entourage, et contemplaient autour d'eux la voûte du ciel et la face ronde de la terre. Les choses occultées par la distance ne leur étaient pas étrangères ; sans avoir à se mouvoir ils voyaient le monde et eux-mêmes depuis le lieu où ils se tenaient. Grande était leur sagesse, leur vue atteignait les forêts, les rochers, les lacs, les mers, les montagnes et les vallées. Balam-Quitze, Balam-Acab, Mahucutah et Iqui-Balam étaient en vérité d'admirables hommes.

Ibid., p. 121.

Après deux échecs, les dieux sont tout d'abord ravis des hommes, qui correspondent enfin à leur attente. Ils s'assurent qu'ils seront aptes à les nourrir, mais aussi à leur rendre un culte, et les interrogent à cet effet. Les réponses des hommes sont si claires, si parfaites, empreintes d'une connaissance de tout si profonde que les dieux s'en inquiètent et décident de limiter des dons si nombreux :

Mais le Créateur et le Formateur n'entendirent pas cela avec plaisir :
— Ce que disent nos enfants, nos œuvres, n'est pas bien. Ils savent tout, du petit au grand, ont-ils dit.
Et les Progéniteurs célébrèrent un nouveau conseil :
— Que ferons-nous maintenant avec eux ? Que leur vue atteigne seulement ce qui est proche ! Qu'ils ne voient qu'un peu de la face de la terre ! Ne sont-ils pas par nature de simples enfants, nos créations ? Doivent-ils être eux aussi des dieux ? Et s'ils ne procréent pas ni ne se multiplient, quand naîtra l'aube, quand surgira le soleil ? Et s'ils ne se propagent pas ? Réfrénons un peu leurs désirs. Doivent-ils s'égaler à nous, leurs auteurs, nous qui pouvons parcourir de grandes distances, qui connaissons et avons la perception de tout ?
Voilà ce que dirent le Cœur du Ciel, Maître Géant Éclair, Trace de l'Éclair, le Puissant, le Serpent Emplumé, les Progéniteurs, Antique Secret, Antique Cacheuse, le Créateur et le Formateur. Ainsi parlèrent-ils avant de changer la nature de leurs enfants.

Ibid., p. 122.

Pour avoir été créés trop imparfaits, les hommes des deux premières fois ont été détruits par les dieux.

Pour être trop proche d'eux, de la perfection, l'homme de la troisième fois se voit infliger la perte de la connaissance :

Puis le Cœur du Ciel jeta un voile sur leurs yeux, qui aussitôt s'embuèrent comme lorsque l'on souffle sur la lune d'un miroir. Leurs yeux se brouillèrent et ils n'aperçurent plus que ce qui était proche. Seul ce qui les entourait devint clair à leurs yeux.
Ainsi furent défaites la science et toutes les connaissances pratiquées par ces quatres hommes, origine et commencement de la race quiché.

Ibid., p. 122-123.

C'est donc à une humanité réduite à sa condition propre que les dieux donnent vie, et l'erreur commise avec les quatre premiers hommes n'est pas renouvelée pour leurs compagnes, leur don principal étant la beauté :

Leurs femmes furent créées. Les dieux eux-mêmes les façonnèrent avec soin. Elles arrivèrent durant le songe de la nuit, et se placèrent au côté de Balam-Quitze, Balam-Acab, Mahucutah et Iqui-Balam alors qu'ils dormaient. Elles étaient d'une grande beauté. Lorsqu'ils se réveillèrent, elles étaient là, et leur cœur s'emplit de joie de les voir.

Voici leurs noms : Caha-Paluma, Blanche Demeure de la Mer, était l'épouse de Balam-Quitze. Chomiha, Demeure des Homards, était celle de Balam-Acab. Tzunu-niha, Demeure des Colibris, était la femme de Mahucutah. Et Caquixala, Demeure des Aras, était celle de Iqui-Balam.

Ils engendrèrent des hommes, furent à l'origine des petites et des grandes tribus, furent à notre origine, nous, les gens de Quiché.

Ibid., p. 125.

C. LA DESTRUCTION DE LA SECONDE HUMANITÉ

1. Les protagonistes

La première humanité n'est pas détruite par les seuls dieux, faite de boue, elle se liquéfie d'elle-même, s'autodétruit. Le geste divin ne fait qu'accélérer le processus. En revanche, pour la seconde humanité, faite de bois, ce sont bien les dieux qui provoquent sciemment son éradication de la surface de la terre. Les hommes, faits de bois, et les femmes, faites de roseau (ou de bois de sassafra) sont voués à être noyés par le déluge descendu du ciel. Toutefois, ce châtiment ne semble pas suffire, ils vont de plus être proprement anéantis, décapités, les yeux crevés, les chairs dévorées. Tout ce qui rappelle leur appartenance à une humanité ratée, puisque sans conscience, doit disparaître à jamais.

L'acharnement des dieux se double de celui des animaux. Ces derniers viennent se venger des hommes qui les ont sans repentir aucun chassés, tués, puis broyés, mastiqués, pour satisfaire leurs besoins alimentaires. La contradiction d'avec le choix des dieux, qui leur avait assigné ce triste sort aux débuts du monde, déçus de ne pas les entendre parler, donc les louanger, n'est qu'apparente : ces mannequins de bois ne sont pas réellement des hommes.

Les derniers intervenants dans cette mise à mort réglée sont d'une nature plus surprenante. Ce sont les instruments de cuisine, ici les poêles, marmites, qui entendent tirer vengeance des souffrances endurées alors que les hommes les utilisaient, les exposaient à la morsure des flammes.

Les hommes et femmes de bois tentent de fuir, mais nul lieu, nul minéral, végétal, animal, ne leur offre un refuge. Ils disparaissent totalement, à l'exception de quelques individus qui survivent transformés en singes.

2. Extraits commentés

C'est l'ingratitude des hommes de bois qui provoque leur fin prématurée. Dépourvus de mémoire, inconscients de la reconnaissance due aux dieux qui les ont créés, ils doivent disparaître :

Ces mannequins de bois furent donc annihilés, détruits. Le Cœur du Ciel provoqua une innondation, un grand déluge se forma dans le ciel qui brusquement tomba sur la tête de ces hommes taillés dans le bois de *pito*, et de ces femmes charpentées dans le bois de sassafras. Les Créateurs et les Formateurs avaient voulu que le bois entre dans leur composition, mais comme ceux-ci étaient demeurés inutiles, sans parole, sans mémoire, il fut décidé qu'ils seraient mis à mort, noyés. Une résine abondante vint du ciel.

Popol Vub, *op. cit.*, p. 22.

En même temps que le déluge, s'abattent sur les hommes les divinités qui les réduisent à l'état de poudre :

Le nommé Xecotcovach, Creuseur de Faces, vint alors, et leur creva les yeux ; puis Camalotz, Chauve-Souris de la Mort, vint aussi, et les décapita ; quant à Cotzbalam, Sorcier Dindon, il dévora leurs chairs, tandis que Tucumbalam, Sorcier Hibou, broya leurs os et leurs nerfs, puis les moulut et les pulvérisa. Ils furent réduits en poudre pour leur châtiment, pour avoir oublié leur mère et leur père, le Cœur du Ciel, nommé Hurucan. C'est pour ce motif que s'obscurcit la face de la terre, et que s'abattit une pluie noire, une pluie de jour, une pluie de nuit.

Ibid., p. 23.

Poursuivis par l'ire divine, les hommes de bois doivent également affronter les animaux domestiques et les ustensiles de cuisine ; la vie quotidienne elle-même se retourne contre eux :

Arrivèrent les petits et les grands animaux, les bois, les pierres, qui se révoltèrent. Tous se mirent à parler, leurs pots, leurs *comales*[1], leurs écuelles, leurs marmites, leurs chiens, les pierres à moudre, et tous s'élevèrent contre eux pour les frapper.
— Vous nous avez fait souffrir, vous nous avez mangés, maintenant nous allons vous mordre, leur dirent leurs chiens, leurs dindons, faisans et poules de montagne.
Et les pierres à moudre :
— Vous nous avez tourmentées chaque jour, jour après jour, de la nuit à l'aube, sans répit : *Holi ! Holi ! Huqui ! Huqui !* faisaient nos faces. Voici le tribut que vous nous avez payé. Maintenant que vous avez cessé d'être des hommes, vous allez éprouver nos forces. Nous vous moudrons et vous réduirons en poudre, dirent-elles.

Ibid., p. 23.

La colère des animaux et des ustensiles se comprend mieux à la lumière de la duperie dont ils ont été les victimes. Ils ont souffert leur condition croyant avoir pour maîtres des hommes. Ces derniers s'avèrent en réalité de cruels mannequins de bois. Les mauvais traitements endurés ne se justifient alors absolument plus, la matière, animale et végétale, reprend ses droits sur une partie d'elle-même, le bois un moment confondu avec l'humaine condition.

Le reproche est nettement formulé par les chiens. Tout comme les dieux qui accusent les hommes de bois de les avoir oubliés, les chiens n'acceptent pas leur absence de pensée :

---

1. Poêles.

> Alors les chiens dirent :
> — Pourquoi ne nous donniez-vous pas à manger ? À peine étions-nous en train de vous regarder lorsque vous mangiez, que déjà vous nous rouiez de coups, et nous jetiez dehors. Vous aviez toujours un bâton sous la main pour nous battre. Vous nous traitiez ainsi, nous qui étions privés de parole. Peut-être allons-nous vous tuer maintenant ? Pourquoi n'avez vous pas réfléchi ? Pourquoi n'avez vous pas pensé en vous-même ? Maintenant vous allez éprouver les dents qui sont dans notre bouche, nous vous dévorerons, dirent-ils, et ils leur déchiquetèrent la face.

Ibid., p. 23.

C'est au tour des marmites d'évoquer la douleur infligée :

> Puis les comales et les marmites parlèrent aussi :
> — Douleur et souffrance vous nous avez causé. Notre bouche et notre tête étaient charbonnées. Toujours nous étions sur le feu, et vous nous brûliez comme si nous étions insensibles à la douleur. Maintenant vous allez l'éprouver à votre tour, nous vous brûlerons, dirent-elles.

Ibid., p. 24.

Submergés par le déluge, harcelés par les animaux domestiques, dévorés, brûlés par les marmites, les hommes de bois cherchent leur salut dans la fuite et une éventuelle cachette :

> Les pierres de l'âtre qui étaient amoncelées se soulevèrent du feu et se jetèrent contre leurs têtes. Désespérés, ils couraient d'un côté à l'autre. Ils voulaient monter sur le toit des maisons, et les maisons tombaient en les précipitant à terre. Ils voulaient grimper aux arbres, et les arbres les rejetaient au loin. Ils voulaient entrer dans les cavernes, et les cavernes se refermaient devant eux.

Ibid., p. 24.

Inexorables, les éléments, les arbres, ne leur accordent aucun répit, aucune place sûre où se réfugier. Leur existence même aurait été oubliée des hommes si les singes n'avaient été eux aussi formés à partir de bois. Cette similitude lointaine seule permet encore de les évoquer :

> Telle fut la ruine des hommes qui avaient été créés et formés, hommes faits pour être détruits et annihilés ; leurs bouches et leurs têtes à tous furent réduites en cendres. On dit que les singes qui vivent aujourd'hui dans les forêts sont ce qui demeure de ces créatures, signe de leur existence. De bois seul furent façonnées leurs chairs par Tzacol et Bitol. Pour cette raison, le singe ressemble à l'homme, descendance d'une génération d'hommes de bois.

Ibid., p. 24.

D. LE HÉROS CIVILISATEUR

1. Kukulcan, le Quetzalcoatl maya

Comme nous avons largement présenté le Quetzalcoatl aztèque, il nous semble préférable ici de nous borner à retracer les grandes lignes de la figure de son homologue maya, après avoir consacré une place importante à la destruction de la seconde humanité, typique de la geste anthropogonique maya.

Kukulcan est le dieu protecteur des prêtres, à l'origine pour les Toltèques, avant d'être choisi par les Mayas. Tout comme Quetzalcoatl, il amène aux hommes les bienfaits de la civilisation, à savoir l'art de cultiver la terre, de faire croître les plantes nourricières, de bâtir villes et temples afin de se protéger et d'adorer dûment les dieux.

2.   Un rôle eschatologique

La différence la plus notable entre Quetzalcoatl et Kukulcan réside dans leur attitude face aux sacrifices humains. Alors que le premier les prohibe sévèrement, le second les introduit au contraire, afin que le sang des victimes nourrisse les dieux, leur fournisse l'énergie primordiale dont est faite leur vie même. Kukulcan doit revenir, à un moment choisi par lui, pour faire régner la paix entre les hommes. Son apparence, blanc et barbu, constitue une opportunité pour les conquérants espagnols ; les tribus Quichés, celles du Yucatan, les assimilent un temps avec les troupes du dieu, préparant son retour.

LES INCAS

A.   LA CRÉATION : LE MONDE, LES HOMMES

1.   Le mythe et son évolution

Les Incas n'ont pas mis au point de système écrit leur permettant de composer des textes cosmogoniques, et les connaissances qui nous sont parvenues ont été recueillies à l'époque de la conquête espagnole de F. Pizarre. C'est pourquoi le lecteur ne s'étonnera pas de ne pas retrouver ici, les « extraits commentés » usuels pour les autres parties de cet ouvrage.

C'est à partir du XIIe siècle de notre ère que le peuple inca, à l'origine installé dans les Andes méridionales, entreprend d'édifier un immense empire du nom de Tahuantisuyu.

Le choix de Cuzco comme capitale impériale reflète le mythe de création du monde. C'est à proximité de ce lieu, à Pacaritampu que quatre frères et leurs quatre sœurs-épouses sortent de quatre cavernes. L'un d'eux, Ayar Manco, élimine les autres, puis, à l'aide d'une baguette d'or plongée de loin en loin dans le sol, part à la recherche du lieu où s'installer. Il parvient à Cuzco ; la baguette s'enfonce dans le sol ; il décide en conséquence d'y fonder son foyer, avec son épouse Mama Ocllo. Dans une autre version, Ayar Manco est identifié au dieu civilisateur Manco Capac.

Toutefois, cette version de l'époque impériale permet surtout de rendre compte de la suprématie des Incas sur les autres peuples andins. Elle ne constitue pas à proprement parler une création du monde.

Pour cette dernière, les Incas se réfèrent à l'action de divers dieux, se succédant dans l'acte créateur. Quatre démiurges ont ainsi donné naissance à quatre mondes, le nôtre étant le dernier en date. Tout comme les trois précédents, il est destiné à finir dans un gigantesque cataclysme. Le premier monde périt dans les flammes, le second sous les eaux du déluge, le troisième par un tremblement de terre.

C'est le couple divin Kuniraya-Karvillaka qui est à l'origine de notre monde actuel. Le dieu Kuniraya ensemence un fruit, à son tour mangé par la déesse Kawillaka, peu après enceinte de l'humanité. Notre monde vit toutefois depuis sous la menace permanente de la destruction totale. Il serait alors remplacé par l'œuvre d'un nouveau démiurge.

2. Le syncrétisme avec le christianisme

Avec la christianisation, les Incas modifient leur geste cosmogonique en utilisant la Sainte Trinité. Le premier univers est le fait de Dieu le Père, le deuxième celui du Fils, le nôtre, et le monde à venir sera l'œuvre de l'Esprit Saint.

Un mythe quechua — le mythe d'Ancash — transforme le Christ en Teete Manûco, le Père Manuel, qui, après la mort de Dieu le Père, détruit l'humanité précédente pour la remplacer par la nôtre, sa propre création.

Ainsi qu'il est loisible de le constater, la naissance du monde est présentée simultanément dans les mythes avec celle de l'espèce humaine.

B. LE HÉROS CIVILISATEUR

1. Manco Capac : le mythe populaire

Dans cette première version, la plus ancienne, Manco Capac est l'un des quatre frères Ayar, sortis des cavernes à Pacaritampu : Manco, Kachi, Uchu, Ahuka. Trois des frères commencent, avec leur épouse respective, une errance qui s'achève par leur transformation en blocs de pierre. Manco Capac, sa compagne Mama Ocllo, après une quête, parviennent à Cuzco et s'y établissent. Manco Capac est ici un autre nom donné à Ayar Manco.

2. Manco capac : le mythe impérial

Selon ce dernier, plus récent, Manco Capac et son épouse sont issus du lac Titicaca. Au cours des pérégrinations qui les mènent à Cuzco, ils sont confrontés à une humanité en pleine sauvagerie, marquée par des pratiques telles l'anthropophagie, l'inceste, le meurtre.

Le couple divin se fixe à Cuzco et entreprend son œuvre civilisatrice. Après avoir rassemblé les diverses peuplades, il leur enseigne les techniques de l'agriculture, leur donne le goût de la paix, met en place un système de parenté reconnu pour éliminer l'inceste.

Ce mythe fait la part belle à l'empire inca lui-même, le Tahuantisuyu, hors duquel le reste du monde n'est que barbarie. Manco Capac y est l'ancêtre divin de l'Inca régnant, qui poursuit son œuvre de civilisation et de protection des peuples soumis.

La mythique impériale, rattachant l'Inca à Manco Capac, est d'autant plus forte que le décès du souverain provoque l'irruption d'un double chaos. Fils du soleil, il entraîne par sa mort le monde dans les ténèbres, et ce chaos escatologique s'ajoute à celui créé par l'absence de toute règle de succession. La disparition de l'Inca est suivie d'une période d'incertitude politique, au cours de laquelle ses plus proches parents masculins luttent pour s'emparer du trône.

C. LES PRINCIPALES DIVINITÉS

1. Viracocha

Viracocha est le plus ancien et le plus grand des dieux. Né dans les eaux du lac Titicaca, il se comporte d'abord en démiurge, forme le monde, l'homme, puis les deux grands luminaires, le soleil et la lune. Son œuvre de création achevée, il se dirige vers la côte et disparaît, vers l'Ouest, dans l'océan. Tout comme le Quetzalcoatl aztèque, il doit revenir pour instaurer son royaume. À leur arrivée, les conquistadores, blancs comme Viracocha, sont assimilés aux troupes divines.

Le destin de Viracocha est assez particulier ensuite : longtemps *deus otiosus*, « dieu oisif », après sa phase créatrice, il ne trouve pas de place dans le christianisme, aucun élément équivalent ne lui étant donné.

En l'absence de tout syncrétisme, il s'efface peu à peu du souvenir commun. Actuellement, le nom même de Viracocha est devenu une épithète laudative, employée pour désigner tout homme blanc important.

2. Inti

Après Viracocha, la principale divinité du panthéon inca est le dieu soleil Inti. Il est représenté sous la forme d'un disque à visage humain. Un culte lui est rendu à Cuzco, au temple de la Corikancha, centre mythique de tout l'empire aztèque, le Tahuantisuyu.

Associé à sa parèdre, la déesse lune Killa, Inti reçoit dans tout l'empire un culte qui est aussi celui de l'Inca régnant, son lointain descendant. Rejoignant leur père solaire après leur trépas, les Incas se fondent en lui, image transposée sur terre par l'usage d'incorporer à l'or de la statue du dieu la cendre du cœur du monarque défunt.

3. Illapa

Dieu de la foudre, des éclairs, du tonnerre, Illapa est représenté comme un homme. Il brandit de la main droite une fronde, avec laquelle il envoie la foudre, et de la gauche une massue. Les éclairs sont produits par le vêtement du dieu, qui étincelle à chaque mouvement, notamment celui du lancer de foudre.

Illapa remplit un double rôle dans le panthéon inca, celui de dieu de la guerre repose sur son aspect destructeur, celui de dieu bienfaisant, de la fertilité de la terre, sur la pluie qu'il apporte.

4. Pachamama

Pachamama est la Terre-Mère primordiale, dont le culte est célébré surtout par les agriculteurs. Il ne s'agit pas d'une déesse bienveillante. Tout au contraire, son mauvais caractère, ses sautes d'humeur contraignent les hommes à se la concilier en permanence par de multiples rites propitiatoires : offrande d'alcool avant d'ensemencer, de coca pendant la germination, etc.

Sacrifice devant le dieu maya Kukulkan – British Museum, Londres.

IV. INDE : LE PLUS RICHE DES PANTHÉONS

A.   RAPPEL CHRONOLOGIQUE ET SOCIAL

Il est pratiquement impossible d'approcher les grands mythes fondateurs de l'Inde comme il a été pratiqué jusqu'ici. Leur complexité extrême est liée à un phénomène chronologique, la succession en Inde d'une période védique, puis bouddhique et enfin musulmane. Nous laisserons volontairement de côté l'Inde musulmane, les mythes, la religion étant importés, et étrangers à la structure propre de la mythologie indienne. En revanche, les relations étroites, et conflictuelles, entre hindouisme et bouddhisme, aboutissant à l'éviction de ce dernier de sa terre natale, seront évoquées ici, sous l'aspect du mythe s'entend, et en conservant la place principale à l'hindouisme.

Ganesh – Bronze dravidien du XIVe siècle.

1. Quelques éléments de chronologie et de peuplement

• Les textes

v. 1500-1000 :   les **Veda**.
v. 1000-600 :   **Brahmana. Upanishad. Mahâbhârata** (début).
272-231 :   les **Jataka**.
320-535 :   **Râmâyana**.

À l'exception des **Jataka**, qui relatent les naissances antérieures du Bouddha Çakyamuni, les autres textes sacrés sont hindouistes.

• Les peuples

v. 3000 :   Mohenjo Daro, Harappa, Civilisations de l'Indus.
v. 1500 :   Arrivée des Aryens, venus de l'actuel Iran.
v. 1000 :   Les conquérants Aryens se répandent en Inde du Nord.
327-325 :   Alexandre le Grand atteint les rives de l'Indus.
Xe siècle :   Conquête musulmane.
1526-1707 :   Apogée de l'Inde « musulmane », avec l'empire moghol.

2. Les contenus des textes sacrés et mythico-littéraires

2.1. Les Vedas (ou le Veda)

Veda signifie « savoir », « connaissance ». Les **Veda** sont divisés en quatre parties distinctes, livres techniques, liturgiques (formules, mélodies), magiques.

• Le **Rig-Veda :**   comprend 1 028 hymnes. Il est le fruit de révélations, de visions qui définissent les fondements du brahmanisme.

• Le **Yajour-Veda :**   recueil de formules liturgiques.

• Le **Sama Veda :**   recueil de mélodies liturgiques.

• L'**Atharva Veda :**   recueil de formules magiques destiné aux prêtres Atharvans.

2.2. Les autres textes védiques

• Les **Shrautasûtra :** à la fois exercice de mémoire pour la liturgie et prescriptions du rite.

• Les **Brahmana :**   commentaires, exégèse du rituel.

• Les **Aranyaka :**   ou « Traités forestiers », sont destinés à guider les retraites des solitaires dans les forêts.

• Les **Upanishad :**   ou « Approches », traitent des rapports entre l'âme individuelle et l'Âme Universelle, l'absolu personnel et l'Absolu Cosmique.

2.3. Les règlements traditionnels

• Sûtra :   ensemble des prescriptions du rite (des rites) présentées sous une forme facile à mémoriser.

• Grihyasûtra :   les règlements liés à la pratique du culte domestique.

• Dharmasûtra :   règles de la vie personnelle sous tous ses aspects.

2.4. Les grandes épopées

- Le *Mahâbhârata :* récit à la fois mythique et littéraire des combats menés par les Pandavas, les cinq fils du roi Pandu pour maintenir l'ordre cosmique.
- La *Bhagavad Gîta :* fait partie du *Mahâbhârata*, relate l'intervention de Vishnou sous la forme de son avatar Krishna (le noir). Bhagavad Gîta signifie « Chant du Seigneur », celui du prince Krishna définissant à l'un des cinq Pandavas, Arjuna, le combat juste, conforme au Dharma, à l'acte éthique.
- Le *Râmâyana :* l'ordre cosmique, une nouvelle fois menacé, est rétabli par l'incarnation de Vishnou en son avatar, le prince Râmâ, qui vainc le démon Râvana.

2.5. Les *Puranas*

Ce sont les « Récits Anciens » qui regroupent les légendes transmises par la tradition orale. Leur composition débute au IVe siècle de notre ère.

3. Le système social

La particularité certaine du *Rig-Veda*, commune avec le recueil juridique des *Lois de Manu* (vers le Ier siècle de notre ère), est de fonder un système social par une cosmogonie. La création du monde, de l'humanité, s'accompagne de la répartition des hommes en classes fonctionnelles : sacerdotale, combattante, productrice, servante.

La société est divisée de ce fait en quatre castes :
- Les Brahmana (brahmanes) : prêtres.
- Les Kshatrya : guerriers.
- Les Vaishya : producteurs.
- Les Shûdra : serviteurs.

Il faut y ajouter les « Sans-caste », ceux qui ne peuvent accomplir de sacrifice en raison de l'impureté attachée à leur statut social ou à leur profession, par exemple éboueurs, bouchers, équarisseurs, tanneurs, etc., et les « Hors-caste », non-hindouistes.

B. LE PANTHÉON DE L'HINDOUISME

1. Les trois divinités principales : Brahmâ, Vishnou, Shiva

- Brahmâ : il est « le créateur », celui qui est « issu de lui-même ». Antropomorphe, il dispose de quatre visages, quatre bras, chaque main tenant un objet symbolique : cuiller à sacrifice, rosaire, livre, flacon. Il est l'énergie créatrice, époux de la déesse de la musique, de la poésie, Sarasvâti.

• Vishnou : à l'origine dieu solaire, il est « le Suprême ». Également anthropomorphe, il dispose de quatre bras, et est le plus fréquemment représenté assis sur le serpent de l'infini, Ananta. Il est l'énergie de la conservation, et à ce titre descend sur terre, où il s'incarne (les *avatara*, « avatars ») pour préserver l'ordre cosmique menacé (*cf.* ci-après, § 2.). Son épouse est la déesse de la Fortune, Lakshmî.

• Shiva : c'est « le Bienfaisant », protecteur des ascètes. Antropomorphe, il est représenté avec trois yeux et quatre bras, dansant entouré d'un cercle de flammes. Il est l'énergie de la destruction, allié en cela à son épouse Durgâ/Kâli, déesse de la mort, de la guerre, et de la fécondité.

• Les montures célestes : chaque dieu principal chevauche à l'occasion un ou plusieurs animaux consacrés, à savoir :
– le cygne, le flamant, le canard sauvage pour Brahmâ ;
– l'oiseau géant Garudâ pour Vishnou ;
– le taureau blanc pour Shiva.

Brahmâ – Inde du sud.

2.   Les avatars de Vishnou

Selon les traditions, Vishnou se serait incarné entre huit et dix fois, parfois plus, afin de venir porter secours à l'humanité, éviter l'avènement de la destruction et du chaos. Nous présentons ici les huit « descentes sur terre » les plus fameuses de Vishnou, dans les avatars : du poisson, de la tortue, du sanglier, de l'homme-lion, du nain, de Râma à la hache, du prince Râma, du prince Krishna.

• Le poisson :   c'est l'histoire du déluge, le Noé hindou a pour nom Manu. Vishnou s'incarne en poisson pour le prévenir de l'imminence du déluge, lui ordonner de bâtir une arche et d'y abriter un couple de chaque espèce animale.

- La tortue :   flottant sur une mer de lait, la montagne magique la baratte en « beurre d'immortalité ». Menacée de sombrer, elle est soutenue par Vishnou sous la forme d'une tortue.

- Le sanglier :   Vishnou devient sanglier pour pouvoir, à l'aide de ses défenses, arracher la terre du fond des eaux, où elle est retenue, puis la maintenir en l'air.

- L'homme-lion :   les dieux se voient contestés par la force du colosse Bali. Sous la forme d'un nain, Vishnou lui propose un marché de dupe : répartir l'univers en deux zones distinctes. La première, composée de trois pas du nain, est pour les dieux, la seconde, le reste, pour Bali. Ce dernier s'empresse d'accepter, mais Vishnou franchit en trois pas le Ciel, la Terre, les Enfers.

- Râma à la hache :   pour défendre les brahmanes menacés par les combattants qui veulent leur ôter le pouvoir sacerdotal, Vishnou devient un homme, Râma à la hache, et massacre les guerriers.

- Râma :   devenu le prince Râma, assisté du dieu singe Hanuman, de sa fidèle compagne Sîtâ, Vishnou parvient à vaincre le démon Râvana qui menaçait l'ordre cosmique.

- Krishna :   prince également, Krishna (le noir) vient conseiller les cinq Pandavas, plus particulièrement Arjuna, en exposant l'inéluctable victoire de celui dont le combat est juste.

C. LA CRÉATION DU MONDE

1. Le mythe

Dans les textes les plus anciens, c'est le **Rig-Veda** qui fournit les premiers hymnes cosmogoniques. Le démiurge y prend la forme d'un élément ou d'un principe, Agni (le feu), Savitar (le soleil), Tapas (l'ardeur créatrice), ou Varuna (le dieu des eaux) ; ceci en concurrence avec un certain nombre de déesses primordiales, Aditi, « la sans-limite », Vâc, « la parole ».

C'est au Xe livre du **Rig-Veda** qu'apparaît l'Homme Primordial, dont le corps est le cosmos même, le Purusha. Dépecé, il joue à la fois le rôle de victime rituelle, de sacrificateur, et introduit dans les **Veda** le thème fondamental du sacrifice originel, par la suite reproduit par les hommes.

Les **Brâhmana**, composés entre 1000 et 600 avant notre ère, se consacrent pour l'essentiel aux diverses prescriptions rituelles, mais introduisent une dimension cosmogonique avec Prajâpati, « le Maître des Créatures ». Être primordial, il réalise la création par la parole, ordonne le monde en le nommant.

Puis vient le tour des principaux dieux. Enfin, tout comme le Purusha, Prajâpati instaure le sacrifice. C'est en effet la condition essentielle à l'équilibre de l'Univers. Par le don de lui-même, son démembrement, Purusha permet la Création. En donnant aux dieux, puis aux hommes, le sacrifice, Prajâpati leur indique comment maintenir le Dharma, l'ordre cosmique. L'acte sacrificiel, réservé à une ou deux castes, lie les hommes au démiurge qui s'est lui-même sacrifié pour eux. Le sacrificateur se devrait de s'offrir, en retour, afin de conserver les dieux en vie, de préserver l'ordre. Toutefois, le rite définit les offrandes agréées comme substituts.

Dans toute cosmogonie védique, l'acte de création par le sacrifice est une « première fois », destiné à être reproduit indéfiniment par les brahmanes essentiellement. Un autre thème védique rend plus aléatoire la compréhension de la geste cosmogonique des *Veda* et des *Brâhmana*, celui de l'Être et du Non-Être. Ils sont, de toute éternité, indissociables, semblables et différents à la fois, jusqu'à la rédaction des *Upanishad* (vers 1000-600 av. J.-C.), qui en font les aspects de l'Un.

C'est vers le début de l'ère chrétienne, environ cent ans avant ou cent ans après la naissance du Christ, que les *Lois de Manu*, les *Manavadharmaçâstra* développent une nouvelle version de la naissance et de la formation du monde. Là encore, un être primordial s'offre en un démembrement sacrificiel, qu'il s'agisse de Brâhma, puis plus tardivement de Vishnou.

Le bouddhisme, né en Inde, adopte à l'égard des mythes védiques de création du monde une attitude ambivalente. Pour les adeptes les plus stricts, seul compte le cheminement vers l'anéantissement du Nirvâna, qui met fin au cycle douloureux des réincarnations (*Samsâra*). Dans un tel contexte, l'origine importe peu, quelle qu'elle soit, et le bouddhiste se doit de la traiter avec le même détachement que tout ce qui l'éloigne du salut.

Toutefois, un courant plus populaire, par les *Jataka*, fait œuvre mythologique par les récits des 547 vies antérieures du Bouddha. Composés au IIIe siècle avant notre ère, ils connaissent un grand succès.

Bouddha Çakyamouni – Ve siècle – Musée Guimet.

2. Extraits commentés

C'est au Xe livre du **Rig-Veda** qu'apparaît le Purusha, l'homme cosmique, qui est lui-même, en même temps qu'il le crée, l'Univers, et fonde le monde par débordement d'énergie créatrice :

> L'Homme a mille têtes ;
> il a mille yeux, mille pieds.
> Couvrant la terre de part en part
> il la dépasse encore de dix doigts.
>
> L'Homme n'est autre chose que cet univers,
> ce qui est passé, ce qui est à venir.
> Il est le maître du domaine immortel,
> parce qu'il croît au-delà de la nourriture.
> Telle est sa puissance,
> et plus vigoureux encore est l'Homme.
> Tous les êtres sont un quartier de lui ;
> l'Immortel au ciel, les trois autres parts.
>
> Avec trois quartiers, l'Homme s'est élevé là-haut,
> le quatrième a repris naissance ici-bas.
> De là il s'est répandu en tout sens
> vers les choses qui mangent et qui ne mangent pas.
>
> De lui est née l'Énergie (créatrice),
> de l'Énergie (créatrice) est né l'homme.
> Une fois né il s'est étiré au-delà
> de la terre, tant par derrière que par devant.

L. Renou, **Hymnes spéculatifs du Rig Veda**, N.R.F., 1956, p. 57.

Le Purusha n'a de sens, d'existence réelle, qu'à partir du moment où il établit le lien fondamental entre les dieux et les hommes, c'est-à-dire le sacrifice, en l'occurence le sien :

> Lorsque les dieux tendirent le sacrifice
> avec l'Homme pour substance oblatoire,
> le printemps servit de beurre (rituel)
> l'été de bois d'allumage, l'automne d'offrande.
>
> Sur la litière (sacrée) ils aspergèrent l'Homme
> (c'est-à-dire) le sacrifice qui est né aux origines.
> Par lui les dieux accomplirent ce sacrifice
> ainsi que les saints et les voyants.
>
> De ce sacrifice offert en forme totale
> on tira la graisse (rituelle) mouchetée.
> On en fit les animaux qui sont dans l'air
> ceux du désert et ceux des agglomérations.
>
> De ce sacrifice offert en forme totale
> naquirent les strophes, les mélodies ;
> les mètres naquirent aussi de lui,
> la formule (liturgique) en naquit.

De ce (sacrifice) naquirent les chevaux
et toutes bêtes à double rangée de dents.
Les bovins en naquirent,
en sont nées les chèvres et les brebis.

Ibid., p. 59.

Ainsi le démembrement du Purusha donne naissance aux espèces animales, mais aussi à la liturgie, aux formules mnémotechniques sacrées. Non seulement l'espèce humaine est elle aussi issue du Purusha, mais elle vient à l'existence répartie selon le système des castes brahmaniques :

Quand ils eurent démembré l'Homme
comment en distribuèrent-ils les parts ?
Que devint sa bouche, que devinrent ses bras ?
Ses cuisses, ses pieds, quel nom reçurent-ils ?

Sa bouche devint le Brâhmane,
le Guerrier fut le produit de ses bras,
ses cuisses furent l'Artisan,
de ses pieds naquit le Serviteur.

Ibid., p. 62.

C'est enfin le tour des luminaires et des éléments, pour que soient « réglés les mondes » :

La lune était née de sa conscience ;
de son regard est né le soleil,
de sa bouche Indra et Agni,
de son souffle est né le vent.

Le domaine aérien sortit de son nombril,
de sa tête le soleil évolua,
de ses pieds la terre, de son oreille les orients ;
ainsi furent réglés les mondes.

Ibid., p. 63.

Dans ce même X^e livre du *Rig-Veda*, quelques dizaines d'hymnes après celui qui présente le mythe du Purusha, la spéculation sur les origines ultimes prend un tour plus philosophique, considérablement plus abstrait. Avant même Purusha apparut l'Un, le vide, né de l'Ardeur, précédé d'une entité complexe, où n'existent ni l'Être, ni le Non-Être :

Ni le Non-Être n'existait alors, ni l'Être.
Il n'existait l'espace aérien, ni le firmament au-delà.
Qu'est-ce qui se mouvait puissamment ? Où ? Sous la garde de qui ?
Était-ce l'eau insondablement profonde ?

Il n'existait en ce temps ni mort, ni non-mort ;
il n'y avait pas de signe distinctif pour la nuit ou le jour.
L'Un respirait de son propre élan, sans qu'il y ait de souffle.
En dehors de cela, il n'existait rien d'autre.

À l'origine les ténèbres étaient cachées par les ténèbres.
Cet univers n'était qu'onde indistincte.
Alors, par la puissance de l'Ardeur, l'Un prit naissance,
(principe vide) et recouvert de vacuité.

Ibid., p. 64.

Après les **Veda**, la naissance du monde est développée dans les **Brâhmana**. Ce n'est pas là leur propos principal, consacré aux diverses prescriptions rituelles à observer avec exactitude, mais une reprise du mythe du Purusha, qui est alors appelé « Maître des Créatures », Prajâpati :

Au commencement, en vérité, il n'y avait qu'eau, que liquide. Les (eaux) formèrent un désir : « En vérité, comment pourrions-nous engendrer ? ». Elles firent effort, accroissant leur ardeur interne, et tandis qu'elles accroissaient cette ardeur, en elles se forma un œuf d'or. L'année n'était pas encore née ; donc l'œuf d'or, jusqu'à la limite d'une année, flotta çà et là.

Au cours de l'année, un homme en naquit. Cet (homme) était Prajâpati (Maître des Créatures). Voilà pourquoi c'est dans l'espace de l'année que la femme, la vache et la jument mettent bas ; car c'est dans l'espace d'une année qu'est né Prajâpati. Il brisa l'œuf d'or. Il n'y avait alors aucun point d'appui. Donc l'œuf d'or, le portant, flotta çà et là jusqu'à la limite d'une année ».

Çatapatha Brâhmana (XI, 1-2),
cité *in* : **La Naissance du monde**, *op. cit.*, p. 339.

L'on retrouve ici un autre grand thème des cosmogonies hindoues, l'œuf primordial qui flotte à la surface d'une masse d'eaux indifférenciées. C'est en le brisant que le Prajâpati vient à naître au monde. En attente de naître, il est déjà l'ordonnateur du temps, avant de devenir celui de l'espace, puisque son séjour d'un an détermine les périodes de gestation de « la femme, la vache et la jument ».

Cette année lui permet de créer la terre, le ciel, les saisons, les mondes, par la parole, avant sa naissance, « âgé de mille années » :

Au cours de l'année, il voulut parler : « Bhûr », prononça-t-il : et cette terre apparut. « Bhuvar » dit-il et cet éther apparut. « Svar », dit-il et ce ciel apparut. Voilà pourquoi c'est au cours d'une année que l'enfant désire parler, car, au cours d'une année, Prajâpati a parlé.

Comme, parlant pour la première fois, Prajâpati n'a proféré que des (mots) d'une ou deux syllabes, en parlant pour la première fois, l'enfant ne dit que (les mots) d'une ou deux syllabes.

De ces cinq syllabes, il fit alors les cinq saisons ; de la sorte, celles-ci sont bien les cinq saisons. Au cours de l'année, Prajâpati voulut se tenir debout sur les mondes ainsi produits. Voilà pourquoi c'est dans le cours d'une année que l'enfant désire se mettre debout, car, au cours d'une année, Prajâpati s'est mis debout.

Il naquit, âgé de mille années. De même que l'on regarde au loin la rive opposée d'un fleuve, de même il contemplait au loin la rive de son âge.

Ibid., p. 339-340.

Par la suite, Prajâpati « émet » cinq divinités, ses fils, auxquels il enseigne le sacrifice védique, qu'ils accomplissent chacun à leur tour.

Nous ne citerons ici qu'un bref extrait des *Upanishad*, lesquels mettent en avant le Brahman, le principe impersonnel réel, opposé à notre monde, produit pur de la Maya, de l'illusion. Le Brahman des *Upanishad* correspond à une spéculation avancée sur les commencements et les fins :

> Au commencement, il n'y avait rien. Tout était enveloppé par Mrityu[1], par la faim, car la faim, c'est la mort. Alors il eut cette pensée : « Puissé-je être pourvu de Soi ! » Ainsi proférant des louanges, il se mut. Et, comme il proférait des louanges, les eaux naquirent...
>
> ... Ce qui est la crème des eaux se prit en masse ; ce fut la terre. Sur celle-ci, il (Mrityu) fit effort. Et comme, faisant effort, il s'échauffait, le feu surgit qui est de l'essence de l'ardeur.
>
> Il fit de lui-même trois parties : lui, puis le soleil pour un tiers et le vent pour l'autre. Il est le souffle, divisé en trois.

Ibid., p. 344.

Ce sont les *Lois de Manu*, contemporaines des débuts de l'ère chrétienne, donc largement postérieures aux textes précédemment cités, qui réalisent une première vision syncrétique des mythes de naissance du monde. Il convient de ne pas se tromper sur la valeur exacte du terme de « syncrétisme » : les *Lois de Manu* n'assimilent pas les mythes antérieurs ; ce recueil juridique, dans le récit cosmogonique précédant les lois elles-mêmes, juxtapose, regroupe, n'élimine en aucun cas.

Les mythes premiers y voisinent avec les spéculations et les explications étymologiques :

> Il y avait Cela, fait de ténèbres, indistinct, sans caractéristiques, indéfinissable, inconnaissable et comme entièrement assoupi.
>
> Alors apparut le seigneur Svayambhu (l'Autonome), l'Inévolué qui fait évoluer la totalité du Cela, depuis les éléments grossiers. C'est lui qui, déployant son énergie, dissipe les ténèbres.
>
> Lui qui n'est jamais perceptible à ce qui s'arrête au sensible, subtil, inévolué, éternel, fait de tous les éléments, inconcevable, c'est Lui, qui, de Lui-même, apparut.
>
> Il médita, désireux de créer les créatures de toutes sortes. Au commencement, il ne créa que les eaux, puis, en celles-ci, il émit sa semence.

De la semence naît l'œuf primordial. Comme dans de nombreux mythes, il symbolise à la fois le monde clos et l'expansion de l'univers lorsqu'il s'ouvre :

> Et ce devint un œuf d'or, revêtu de l'éclat du (soleil) aux mille rayons ; et, dans cet (œuf), naquit, de soi-même, Brahmâ, l'ancêtre de tous les mondes.
>
> Parce qu'il a eu les (eaux) pour refuge, on l'appelle Nârâyana (celui dont les eaux sont le refuge) ; et on appelle les eaux *humaines* (nârâs) car elles sont les enfants de l'Homme (cosmique) (*Nara*).
>
> Ce qui est la cause inévoluée, durable, dont l'essence est (à la fois) l'Être et le Non-Être, voilà l'Homme créé, célébré dans le monde sous le nom de Brahmâ.

---

1.   Mrityu : personnification de la mort.

Dans cet œuf, le Seigneur a résidé toute une année. Puis, de lui-même, par sa propre méditation, il sépara cet œuf en deux. Des deux hémisphères, il fit le ciel et la terre ; au milieu, l'éther, les huit régions cardinales et le séjour éternel des eaux.

« Lois de Manu », Chap. I, *in : **La Naissance du monde**, op. cit.*, p. 346-347.

Le dieu Revanta – Uttar Pradesh, région de Sarnath.
VIIe siècle.

D. LA CRÉATION DE L'HOMME

1. Une dimension cosmique

Tenter de comprendre la vision indienne de la création de l'homme dans la tradition védique requiert qu'on maîtrise au préalable quelques notions :

• *Atman* : le soi individuel (soi-même) ;

• *Brahman/Atman* : le Soi universel, l'Un qui transcende Être et Non-Être.

• *Karman* : l'acte.

Selon l'*Aitareyaranyaka* et le *Rig-Veda*, Prajapâti (Purusha) est le macrocosme à partir duquel viennent à l'existence les espèces animales et l'homme.

Ce passage du macrocosme au microcosme se fait en plusieurs étapes : la semence de Prajapâti forme les dieux, qui créent la pluie, permettant ainsi la naissance du monde végétal. De ce dernier sourd une semence nouvelle, origine de toutes les créatures, dont l'homme. Le soi individuel (*Atman*) est une parcelle du Soi universel (*Brahman* ou *Atman*), c'est-à-dire que le Soi universel s'incarne, se manifeste dans le corps de l'homme par le soi individuel, qui n'est pas le pâle reflet de la réalité.

À cette vision mythique de la création de l'homme se joint une dimension philosophique : le lieu central de la créature humaine est le cœur, où siège l'esprit. C'est ce même esprit qui produit la parole, qui conditionne à son tour l'acte (*Karman*).

L'homme ainsi créé se différencie fondamentalement de ses semblables organiques, fréquents dans les autres systèmes cosmogoniques. Il est avant tout un être psychique, caractérisé par une parole née de l'esprit, laquelle se prolonge éventuellement par un acte. Ce qui détermine l'homme, c'est l'acte psychique, le passage de l'esprit à la parole, et non l'acte physique, le passage de la parole à sa concrétisation. L'essentiel, en d'autres termes, n'est pas l'action elle-même, mais l'intention, dont on peut dire qu'elle pétrit l'homme.

2. *Extraits commentés*

Nous utiliserons ici comme support des passages issus des *Lois de Manu*. Le caractère psychique de l'homme y est mis en valeur par la place tenue par le souffle dans la création. Les premiers êtres sont, avant la naissance de l'homme, déjà « faits de souffle et d'agir » :

> Mais Lui, au commencement, à partir des seuls sons (qui composent) le Veda, il créa les noms et les activités respectives de tous (les êtres), ainsi que leur nature parti-culière.
>
> Et le Seigneur émit la troupe des dieux et celle des *Sâdhyâs* (êtres) impondé-rables, (tous également) faits de souffle et d'agir ; il créa aussi le sacrifice impérissable.

« Loi de Manu », Chap. I, *in : **La Naissance du monde**, op. cit.*, p. 348.

Vient ensuite la création proprement dite, celle de créatures capables à leur tour d'engendrer. Mais, pour qu'elles soient conformes à leur nature réelle, il est indispensable que leur esprit détermine la qualité des actions, soit capable de choix :

> Puis, désirant produire les créatures engendrées, il émit l'ardeur interne et la parole, ainsi que la faculté de jouir, le désir et aussi la colère.
>
> Pour discriminer les actions, il sépara le juste de l'injuste et il assujettit les créa-tures aux couples des contraires, tels le plaisir et la douleur.
>
> Avec les parcelles périssables des cinq éléments, avec ces atomes, tout ce (monde) apparaît, en succession.
>
> Mais à quelque activité que le Seigneur, tout d'abord, ait astreint une sorte d'(êtres), celle-ci, par la suite, en se reproduisant encore et encore, de soi-même, assume cette activité. Violence et non-violence, douceur et cruauté, justice et injustice, vérité et mensonge, tout ce que, lors de la création, il assigna à un (être), cela, de soi-même, (cet être) s'en saisit. De même que, d'elles-mêmes, les saisons, dans le déroule-ment même des saisons, s'attribuent leurs marques respectives, de même, les êtres incarnés se saisissent de leurs activités propres.

Ibid.

Le démembrement de l'Homme macrocosme produit l'homme microcosme intégré au système védique des quatre castes :

> Pour la prospérité des mondes, il tira de sa bouche, de ses bras, de ses cuisses et de ses pieds, (les quatre castes) Prêtre, Guerrier, Commerçant et Serf.

Ibid.

E.   L'AVATAR CIVILISATEUR : KRISHNA

1.   La descente de Krishna

Selon la tradition, Krishna serait descendu du ciel, en avatar de Vishnou, sur les bords du fleuve Bhîmâ. Il se présente sous les traits d'un enfant noir, nu, d'un jeune bouvier. Sa première rencontre humaine importante se fait avec le brigand Pundalik, qui a renoncé spontanément à sa vie de rapines et s'est mis au service des autres. Émerveillé par un changement aussi radical, le dieu vient lui rendre visite. Afin de connaître un exemple admirable d'amour filial, Pundalik avait en effet modifié son comportement après avoir pris conscience de la douleur infligée à ses parents. Par la suite, Krishna rencontre sur sa route de nombreux ascètes, qu'il aide à accomplir leur réalisation vers la sainteté.

Mais l'essentiel de la mission de Krishna consiste à révéler la *Gita*, ou doctrine du nouvel âge, à la fois à l'un des cinq frères Pandava[1], Arjuna, et par la même occasion à Indra.

Il s'agit d'une répartition nouvelle des rôles entre les dieux. Ceux qui sont issus des grands textes védiques, comme Indra, le roi des dieux, s'effacent au profit de l'avatar de Vishnou, le divin Krishna. Les dieux plus anciens et les divinités nouvelles continuent à protéger le monde, mais sur des plans différents, même s'ils existent en même temps. Cette passation de pouvoir, d'Indra à Krishna, est manifeste dans le *Harivâmsha*, puisqu'un passage du texte décrit le couronnement de Krishna par Indra lui-même.

Après avoir vaincu les démons, protégé les bouviers et écarté toute menace sur leurs troupeaux, Krishna prend femme et quitte peu après le monde terrestre par une ascension.

Son rôle civilisateur se manifeste sous deux aspects, celui de protecteur des bouviers, de conseiller des sages en voie vers la sainteté, et celui de nouveau maître d'un panthéon qui reprend à son compte l'héritage du règne précédent d'Indra.

2.   Extraits commentés

C'est un poète du XVIIᵉ siècle, Toukârâm, qui nous a transmis la tradition des chants voués à Krishna. Illétré, il les tenait de sa mémoire et les enseignait à son tour. Le premier extrait nous permet de voir l'enfant dieu dans sa nudité d'amour et de candeur :

> D'un enfant gracile et nu
> mon Dieu sombre prit le visage.

> Parmi ses vaches et leurs gardiennes
> Il a visité Poundalik.
> Ah, nudité radieuse !

---

1.   Ce sont les fils de Pandhû qui, dans la *Bhâgavad Gita*, combattent les démons pour assurer l'ordre du monde.

Les mains posées sur les hanches,
naïf et silencieux, debout,
il attend notre amour.

Il ignore toute feinte,
debout sur sa brique, les pieds joints,
les mains aux hanches, tout simple.

Pour nourriture, du riz et du caillé,
sur son épaule un étui pour sa flûte,
dans sa main, le gourdin du bouvier.

Toukârâm, XIV, *in : **Les Grands mythes de l'Inde**,* G. Deleury, Fayard, 1992, p. 40.

L'extrême beauté de Krishna se révèle en grandissant, au milieu des bouviers, et après les avoir sauvés, ainsi que leurs troupeaux, des eaux du déluge, il en reçoit un culte. Les exploits du jeune dieu attirent les femmes des bouviers, et ses attraits deviennent alors des charmes invincibles ; Krishna s'unit aux bouvières :

Il rassembla, la nuit, les jeunes bouvières, et, fier de sa jeune virilité, il les lutina.

Les charmantes épouses des bouviers ne pouvaient détacher dans la nuit leurs yeux de son charmant visage : elles s'y désaltéraient comme à un nectar de lune.

Éblouissant de soie jaune teintée à l'orpiment, Krishna les affolait de son charme.

Avec sa couronne, ses bracelets et ses colliers de fleurs sauvages, le bouvier divin éclaboussait de sa beauté tout le corral.

Les bouvières, qui avaient vu de leurs yeux son extraordinaire exploit [de soulever la montagne], comblaient de leurs faveurs leur héros ceint de sa corde.

Elles le pressaient, ces femmes ardentes, contre leurs seins opulents, le dévoraient de leurs yeux égarés.

Pères, mères et frères les retenaient en vain : elles couraient toutes, dans la nuit, emportées par leur passion, vers Krishna.

Rangées en cercle autour de lui, les jeunes bouvières prenaient leur plaisir à chanter deux à deux ses hauts faits.

Harivamsha, LXIII, 11-25, *in : **Les Grands mythes de l'Inde**, op. cit.,* p. 48-49.

Protecteur des bouviers, Krishna est associé à la mousson bienfaisante, à la suite de laquelle les troupeaux paissent une herbe grasse et nourrissante, rôle qu'il partage, en fonction du mois de la mousson, avec Indra. Pour recevoir l'hommage des bouviers, Krishna se transforme en montagne, et, satisfait des offrandes, promet sa protection à ses adorateurs :

Désormais, si vous aimez vos vaches, c'est à moi que vous adresserez vos hommages.

Je suis pour vous le premier des Dieux ; j'exaucerai tous vos désirs et vous serai bienveillant. Par ma puissance, vous jouirez de milliers de vaches !

Je vous comblerai de mes faveurs si vous me manifestez votre amour en toute forêt. Je prendrai mon plaisir parmi vous comme au ciel.

Harivamsha, LX, 24-26, *in : **Les Grands mythes de l'Inde**, op. cit.,* p. 53.

Indra prend ombrage de l'attitude de Krishna : l'hommage pour la mousson lui est dû en totalité ; il n'admet pas qu'une partie en soit détournée par les bouviers au profit de Krishna. Il décide donc de les punir en leur envoyant les eaux du Ciel. Krishna, devenu montagne, se soulève et sert d'abri à ses fidèles pendant sept jours. Vaincu, Indra quitte le ciel et vient en personne reconnaître son vainqueur comme nouveau souverain en lui décernant le titre de Govinda :

> Je t'ai reconnu, lui dit-il, sous ton habit de bouvier : pour les hommes tu es le Dieu unique, pour les dieux le seul Éternel. [...] Je suis certes l'Indra des Dieux : tu seras toi l'Indra des vaches et les hommes te loueront éternellement sous le titre de Govinda.[...] Accepte donc l'onction royale dont je vais t'honorer.[...]
>
> Indra prit donc les cruches pleines de lait divin et, selon les rites appropriés, il consacra Govinda.
>
> Voyant qu'il recevait l'onction royale, les vaches, accompagnées de leurs taureaux, oignirent l'Inaltérable des flots qui coulaient de leur pis.
>
> Les nuages du ciel se mirent à pleuvoir de l'ambroisie pour oindre l'Inaltérable.
>
> Les arbres des forêts suintèrent leur sève blanche comme un rayon de lune. Des fleurs tombèrent du ciel et l'on entendit de célestes musiques.

Harivamsha, LXII, 19-61, *in : **Les Grands mythes de l'Inde**, op. cit.*, p. 54.

Le grand texte sacré consacré à l'ensemble du cycle de Krishna est la *Bhâgavad Gita*, elle-même partie du *Mahâbhârata*.

Vishnou. Muthana Uttar Pradesh – Art Gupta.
Ve siècle apr. J.-C. – Musée National de New Delhi.

V. EN CHINE : UNE UNIQUE COSMOGONIE

A. LA CRÉATION DU MONDE

1. Un mythe tardif

Contrairement aux civilisations jusqu'ici abordées, la Chine semble s'être peu préoccupée des origines du monde, en dehors de récits mythiques transmis oralement. Nous sommes abondamment renseignés sur l'évolution de la civilisation chinoise, les étapes suivies par l'agriculture, les arts et métiers, les progrès de la pensée, mais un seul mythe véritable, celui de P'an-Kou nous présente une cosmogonie.

Il s'agit des débuts de l'univers selon une conception née en Chine méridionale, qui laisse une place centrale à l'œuf primordial, œuf cosmique formé d'un chaos mêlant Ciel et Terre. P'an-Kou vient à l'existence de lui-même, dans cet œuf, où il séjourne 18 000 ans. Vient ensuite la période de la croissance, égale à celle de la gestation, donc de nouveau 18 000 ans, au cours desquels Ciel, Terre et P'an-Kou croissent.

D'origine cosmique, P'an-Kou, lors de sa mort, devient, en fonction des parties de son corps, divers lieux du monde : « ses yeux devinrent le soleil et la lune ».

Temple du Wuta si, Beijing – 1473 – Époque Ming.

Selon une source mythique plus ancienne, bien attestée au deuxième siècle de notre ère, donc antérieure d'au moins un siècle à la version de P'an-Kou, l'origine du monde est attribuée au couple primordial Fou-hi et Niu-Koua. Tantôt ils forment un couple véritable et leur descendance peuple la terre, tantôt Niu-Koua seule façonne l'espèce humaine dans la terre jaune (pour les aristocrates) ou la boue (pour le peuple).

Selon un autre récit, le monde ne peut-être considéré comme créé qu'à partir du moment où il forme un tout ordonné, échappe au chaos originel et s'en distingue fondamentalement. Or, à la suite du déluge, les eaux ont tout envahi, et Ciel et terre se confondent, comme à l'époque de l'œuf cosmique. C'est à l'un des ministres de l'empereur Yao, nommé Yu, que la Chine, donc le monde doit son salut : il dompte les eaux, les canalise. Ce faisant, Yu agit en démiurge véritable, et, à partir des travaux hydrauliques qu'il a réalisés, prend une dimension surhumaine, ce qui lui vaut dans certains récits d'être divinisé.

2. *Extraits commentés*

Dès le IIIe siècle de notre ère, à l'époque des Trois Royaumes, le mythe de P'an-Kou fournit un cadre à l'origine de l'univers et à sa première expansion :

> Au temps où le Ciel et la Terre étaient un chaos ressemblant à un œuf, P'an-Kou naquit dans celui-ci et y vécut durant dix-huit mille années. Et lorsque le Ciel et la Terre se constituèrent, les purs éléments yang formèrent le Ciel, les grossiers éléments yin formèrent la Terre. Et P'an-Kou, qui était au milieu, chaque jour se transformait neuf fois, tantôt dieu dans le Ciel, tantôt saint sur la Terre. Le Ciel, chaque jour, s'élevait d'un tchang[1], et la Terre s'épaississait chaque jour d'un tchang. Il en fut ainsi durant dix-huit mille années et alors le Ciel atteignit à l'extrême de la hauteur, et la Terre à l'extrême de la profondeur, et P'an-Kou à l'extrême de la longueur.

> *In : **La Naissance du monde**, op. cit.*, p. 456.

Le nombre de dix-huit mille semble fixer la mise en place du monde, Ciel et Terre ayant acquis leur dimension propre, ainsi que P'an-Kou. Ce dernier donne naissance à la première vie, celle des « dix mille êtres » qui peuplent l'univers. Sa tâche accomplie, il meurt, et les éléments de son corps se confondent avec les parties du monde créé, selon le *Chou yi ki*, texte du VIe siècle :

> Les êtres vivants commencèrent avec P'an-Kou, lequel est l'ancêtre des dix mille êtres de l'univers. Lorsque P'an-Kou mourut, sa tête devint un pic sacré, ses yeux devinrent le soleil et la lune, sa graisse les fleuves et les mers, ses cheveux et ses poils les arbres et autres végétaux. Les anciens savants affirmaient que les larmes de P'an-kou avaient formé le Fleuve Bleu et le Fleuve Jaune, que son souffle était le vent, sa voix le tonnerre ; la pupille de ses yeux faisait jaillir la foudre, le ciel était clair quand il était content et sombre quand il se mettait en colère. Selon une croyance de l'époque des Ts'in et des Han, la tête de P'an-Kou devint le pic sacré de l'Est, son ventre le pic du Centre, son bras gauche le pic du Sud, son bras droit le pic du Nord, ses pieds le

---

1. Tchang : environ trois mètres.

pic de l'Ouest. Dans les pays (méridionaux) de Wou et de Tch'ou, on raconte que P'an-Kou et son épouse sont l'origine du Yin et du Yang.

Ibid., p. 457.

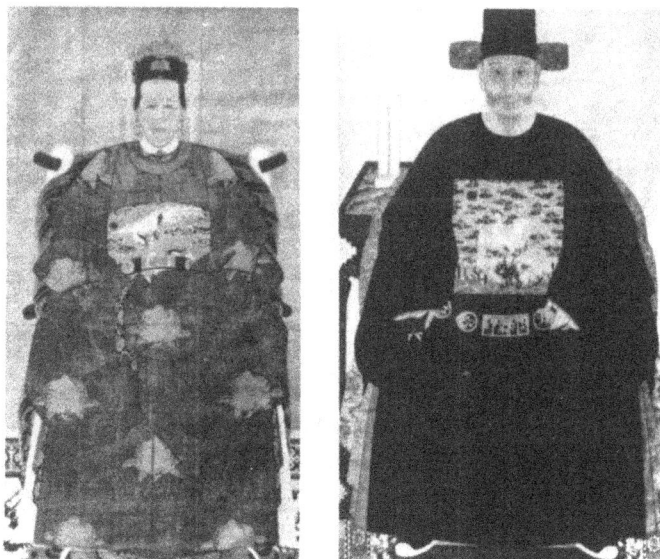

Portraits d'aïeux, peints sur soie – Chine, époque Ch'ien Lung (1736-1796).

Si l'on suit la version du *Fong sou t'ong yi*, réalisé au IIe siècle après J.-C., la naissance du monde est le fait du couple primordial Fou-hi et Niu-Koua. Cette dernière, après la création du Ciel et de la Terre, entreprend de donner naissance à l'humanité :

> Selon la légende populaire, lorsque le Ciel et la Terre furent créés, il n'y avait pas encore d'humanité. Niu-koua commença à modeler des hommes avec de la terre jaune. Mais elle trouva la tâche trop lourde pour ses forces ; elle alla donc puiser de la boue dont elle se servit pour faire des hommes. C'est ainsi que les nobles furent des hommes formés avec de la terre jaune ; les gens pauvres, de condition vile et servile, sont des hommes tirés de la boue.

Ibid., p. 459.

Dès leur modelage, les hommes sont voués à l'inégalité ontologique, ceux issus de la terre jaune, fruit des efforts prolongés de la Mère primordiale, sont distincts du peuple, aisément façonné dans la boue.

Compris en terme d'organisation, et non plus de création seule, l'acte créateur revient à Yu le Grand, par son action sur les eaux envahissantes du déluge :

> Yu était un homme actif, serviable, capable et diligent : sa vertu n'évitait pas la peine ; sa bonté le rendait digne d'affection ; sa parole était digne de foi. Sa voix était l'étalon des sons ; son corps était l'étalon des mesures de longueur ; les mesures des poids dérivaient de lui ».

C'était sous l'empereur *Yao* : « Les eaux débordées s'élevaient jusqu'au Ciel ». L'empereur avait chargé Kouen, père de Yu, de les réprimer, mais il n'eut pas de succès et fut banni ; Yu, qui n'était encore que ministre, fut chargé de lutter contre l'inondation. Contrairement à Kouen, qui construisait des digues, Yu « ouvrit le cours des neuf fleuves et les conduisit aux quatre mers ; il approfondit les canaux et les conduisit aux fleuves ».

Mémoires Historiques de Se-ma Ts'ien, trad. Chavannes, I, p. 99 et 154, *in* : ***La Naissance du monde***, *op. cit.*, p. 460.

Un lointain écho des préoccupations cosmogoniques se retrouve dans la philosophie taoïste, mais P'an-Kou ou le couple primordial sont écartés au profit du Tao, origine universelle, principe suprême :

Le Tao donna naissance à Un.
Un donna naissance à Deux.
Deux donna naissance à Trois.
Trois donna naissance aux dix-mille êtres.
Les dix-mille êtres portent le Yin sur le dos et embrassent le Yang.

Lao tseu, 42, *in* : ***La Naissance du monde***, *op. cit.*, p. 463.

B.   LA CRÉATION DE L'HOMME

1.   Des mythes divers

Nous avons déjà vu (*cf. supra*, § A.2.) que, selon le *Fong sou t'ong yi* (IIe siècle apr. J.-C.), c'est la femme primordiale, Niu-Koua, qui modèle les hommes. Toutefois, le ***Heou Han Chou***, rédigé pendant la dynastie des Han Orientaux (ou Postérieurs), soit entre 23 et 220 de notre ère, donne aux Yao, aux chinois méridionaux, une autre origine.

Selon ce récit mythique, l'empereur aurait, en récompense de ses exploits militaires sur ses ennemis, donné à son chien, aux pouvoirs surnaturels, sa fille en épouse. De cette union naquirent les hommes du Sud.

2.   Du macrocosme P'an-Kou au microcosme humain

C'est à partir du démembrement *post-mortem* de P'an-Kou que se constitue le monde en parties distinctes. L'homme, à son tour, dans sa dimension corporelle, est un microcosme, soumis à la Voie (Tao, Dao), régit par les influences yin (obscurité, froid, passivité, femme) et yang (lumière, chaleur, activité, homme) mêlées.

Tout élément du corps humain renvoie directement à l'existence de la partie du macrocosme qui lui correspond. Nous ne citons ici que quelques exemples :

– tête/Ciel ;
– pieds/Terre ;
– yeux/Soleil, lune ;
– souffle/vent ;
– sang/pluie.

À cela, il convient d'ajouter la nature yin ou yang de la partie du corps concernée : la gauche du corps est yin, la droite yang. Cette distinction se retrouve dans les deux âmes humaines, l'âme céleste, le souffle, appelée *hun*, et l'âme terrestre, le *po*. Après le décès, le *hun* retourne au Ciel sous la forme d'un esprit des airs ; le *po* demeure à proximité de la sépulture, ou se rend au pays des défunts, les Sources jaunes.

C.   LA DESTRUCTION

1.   Les voies empruntées

En Chine, la tentative de destruction de l'humanité par les dieux courroucés se fait par le déluge. Les eaux sont envoyées par le dieu du Tonnerre ou le dragon noir Kong-kong. Elles envahissent le monde, et, tandis que serpents et dragons y prolifèrent, les hommes sont contraints de chercher refuge sur des parcelles de terres émergées de plus en plus restreintes.

Selon les versions, soit le couple primordial se réfugie dans un tambour, une gourde, qui flotte à la surface des eaux, soit la Mère primordiale Niu-koua tue Kong-kong et place les terres à l'abri, ou alors Yu le grand construit les ouvrages hydrauliques permettant l'écoulement des eaux canalisées.

2.   Extraits commentés

Le mythe du déluge est relaté dans deux ouvrages, le *Lie tseu* au IIIe siècle av. J.-C. et le *Houai nan tseu*, datant, lui, du IIe siècle avant notre ère. Une même version y est présentée, celle de l'action salvatrice de la première femme, Niu-koua, qui n'hésite pas à combattre le dragon Kong-kong, le vainc, puis édifie des digues faites de « cendres de roseau » :

> Niu-koua répara le Ciel azuré avec des pierres de cinq couleurs, coupa les pattes d'une grande tortue pour dresser quatre piliers aux quatre pôles, tua le dragon noir (Kong-kong) pour sauver le monde, accumula des cendres de roseau pour arrêter les eaux débordées…

La Naissance du monde, *op. cit.*, p. 458.

Une description des effets du déluge nous est fournie par Mong-tseu, au nom latinisé en Mencius, ainsi que les modalités de l'action de Yu le Grand. Contrairement aux dits poétiques, Mong-tseu ne situe pas l'origine de Yu au Ciel, mais il lui fait accomplir des actions héroïques par leur ampleur et l'importance fondamentale de leurs résultats sur l'avenir du monde. Tout en n'étant pas ici divinisé, fût-ce par son origine, Yu accomplit une tâche de mise en ordre du monde qui l'assimile à un démiurge :

> La naissance du monde remonte loin, et (depuis ce temps) les périodes d'ordre et de désordre se sont succédées. Au temps de Yao, les eaux coulaient de façon désordonnée, elles inondaient les pays du milieu, serpents et dragons y habitaient, et les

hommes n'avaient pas de lieu où se fixer ; dans les terrains bas, ils se faisaient des nids, dans les terrains hauts, ils se faisaient des grottes. Le *Chou* (*king*) dit : « Les eaux débordées me faisaient peur ». Les eaux débordées, c'étaient les vastes eaux. On chargea Yu de les mettre en ordre ; Yu creusa la terre et fit écouler (les eaux) vers les mers, il chassa serpents et dragons, et les repoussa dans les marais. Les eaux alors coulèrent au milieu des terres, ce furent le Kiang, le Houai, le Ho et le Han : les obstructions furent écartées, les oiseaux et les bêtes qui nuisaient aux hommes disparurent, et dorénavant les hommes acquirent les terres de plaines et les habitèrent.

Ibid., p. 461.

Écran des Neuf Dragons (Jiulong bi) – Beihai, Beijing – 1417 – Époque Ming.

D.   LES HÉROS CIVILISATEURS :
LES TROIS AUGUSTES, LES CINQ EMPEREURS, YU LE GRAND

1.   Les Trois Augustes

Les Trois Augustes sont Fou-hi, Niu-koua et Shennong. Nous avons déjà présenté Fou-hi et Niu-koua comme le couple primordial, et leur rôle civilisateur s'est manifesté lors du déluge. Il se poursuit dans leurs attributs respectifs et les savoirs qu'ils transmettent aux hommes. Fou-hi a pour attribut l'équerre, c'est-à-dire la connaissance du monde religieux, de la magie ; elle est aussi symbole de masculinité, du carré.

À Niu-koua revient le compas féminin, le rond, le ciel. Au cours d'un règne de 120 ans, ils amènent aux hommes la chasse, la pêche, ainsi que les rudiments du calcul et de l'écriture future (les huit trigrammes).

Le dernier des Trois Augustes, Shennong, vient au monde après que sa mère a été touchée par la tête d'un dragon céleste. Il est Shennong, c'est-à-dire Le Divin Laboureur, et ce titre indique clairement les bienfaits dont il comble l'espèce humaine : la charrue, l'art des travaux agricoles, les cinq céréales, le commerce et les 64 hexagrammes. Shennong ne leur a pas apporté le feu, connu des hommes depuis peu lors de son arrivée parmi eux, mais il leur en fait don au demeurant, car il leur apprend sa valeur par l'institution du sacrifice au foyer. Maître des plantes cultivées, il l'est également des variétés sauvages, dont il connaît les effets sur les malades, ce qui en fait le créateur de la première pharmacopée. Certains textes le présentent sous le nom de Yandi, L'Empereur rouge.

Notre présentation successive des Trois Augustes dans l'ordre Fou-hi, Niu-koua, Shennong, ne doit pas être interprétée comme chronologique. Selon les textes consultés, cet ordre est totalement différent, parfois même seul Shennong est évoqué.

2. Les Cinq Empereurs

2.1. Huangdi

C'est le propre frère de Shennong, Huangdi, l'Empereur jaune, qui lui succède, après ses cent vingt ans de règne. L'épisode aurait pris place au III\e millénaire av. J.-C. Sa naissance n'est pas moins miraculeuse que celle de son frère : sa mère tombe enceinte dans un nuage d'éclairs tonnants. La gestation dure vingt ans, mais dès la naissance, Huangdi peut parler.

Au cours de ses cent années de règne, Huangdi combat les innondations avec l'aide de sa fille Niou-ba, la sécheresse personnifiée, mais aussi les rebelles, son propre ministre, le monstre du vent Chi-Yu. Il est le père de la médecine, de la divination, de l'art militaire. À la fois justicier et conquérant, il est le symbole du Centre par sa couleur, le jaune, celle de la Terre. Pour les taoïstes, Huangdi est le fondateur de la doctrine, tout en ne laissant pas de livre. Il faut attendre Lao tse (IV\e siècle av. J.-C.) et le *Tao-te-king*, « Classique de la Voie et de la Vertu », pour cela.

2.2. Zhuan Xu

À Huangdi succède pour cent ans Shaohao, inventeur de l'arc et des flèches, dont nous ne savons à peu près rien par les récits mythiques. C'est donc Zhuan Xu qui est considéré comme le successeur véritable de Huangdi. Son apparition sur terre est spectaculaire : il naît équipé en guerrier, bouclier et lance à la main. Son règne dure soixante-dix huit ans, et voit la fin des rapports entre le Ciel et la Terre, désormais séparés.

2.3. Diku

Peu d'attention est accordée au troisième empereur, connu seulement par la discorde régnant entre ses fils.

2.4. Yao

Successeur de Diku, Yao, Sieur de Tao-tang, il est l'exemple de la vertu couronnée. Né des amours de sa mère avec un dragon rouge, enfanté après 14 mois, il monte sur le trône à l'âge de 20 ans. Il se signale alors par son goût pour l'instruction et sa grande sagesse, qui le conduit notamment à préférer le ministre Shun comme successeur, plutôt que l'un de ses fils. Il parachève l'œuvre de création en répartissant le temps et l'espace en unités précises, permettant aux hommes activité régulière et moments consacrés au rituel.

Génie de la richesse (Ho-ho) – Époque Qianlong, XVIIIᵉ siècle.

2.5. Shun

Associé à l'empereur Yao à la fin de son règne, le ministre Shun est désigné comme successeur officiel, et épouse ses deux filles. À la mort de Yao, survenue après soixante-treize ans de règne, Shun devient seul empereur, et il fait montre des mêmes perfections que son prédécesseur. Ceci à tel point que Yao et Shun sont les archétypes impériaux selon Confucius.

3.   Yu le Grand

Répétant le geste dont il avait été le bénéficiaire, l'empereur Shun aurait nommé Yu au poste de ministre des Travaux Publics dans un premier temps, puis, après sa victoire sur les eaux du déluge (*cf. supra* § D.1.), en aurait fait son successeur désigné.

Par son ascendance, Yu appartenait déjà à la maison impériale — il est petit-fils de Zhuanxu —, et le choix des dieux se manifeste dans sa conception, après que sa mère eut avalé des graines de lotus. Son règne dura quarante-cinq ans, et il est le fondateur de la première dynastie, celle des Xia, vers 2200 avant notre ère.

Yu le Grand est considéré, à la différence des Cinq Empereurs, comme un personnage semi-mythique, en dépit des caractères zoomorphes et anthropomorphes mêlés dans son apparence.

VI. LE JAPON : UNE MYTHOLOGIE IMPÉRIALE

Avertissement préalable

Le Japon se partage, pour la mythologie et la religion, entre deux grands courants de pensée, le Bouddhisme, transmis par la Chine vers le VIᵉ siècle, et le Shintô, proprement japonais, intimement lié au culte impérial, à caractère nettement national. C'est pourquoi nous n'avons retenu ici que la mythologie de la « Voie des Dieux », traduction du terme Shintô.

A. LA CRÉATION DU MONDE

1. Les livres du Shintô

• Le *Kôjiki* : ou « Recueil des choses anciennes », relate les événements survenus depuis la création du monde jusqu'en 628, à la fin du règne de l'impératrice Suiko. Le *Kôjiki* a été conçu entre la fin du VIIᵉ siècle et le début du VIIIᵉ par deux auteurs, Hiyeda no Are puis O no Yasumaro. Il est notre source principale pour les récits mythiques.

• Le *Nihongi* ou *Nihonshoki* : ou « Chroniques du Japon », suit un plan d'ouvrage proche de celui du *Kôjiki*, alternant mythes et points chronologiques. Il est réalisé, sous forme d'œuvre collective, vers 720.

• L'*Engishiki* : ou « Règlements de l'ère Engi », se compose de 50 livres, les dix premiers traitant des aspects du rituel et de la liturgie. Il date des environs de l'an 900.

2. Le mythe de création du monde

C'est le *Kôjiki* qui fournit le premier récit mythique de la création. À l'origine est le Chaos primordial, où tout est indistinct, sans qu'il soit possible d'y discerner une vie, fût-elle en simple gestation. C'est pourtant de ce Chaos que sont issus les sept premiers couples divins, représentant les sept premières générations. Les démiurges véritables du Shintô forment le septième et dernier couple, le frère Izanagi, la sœur Izanami.

Leur premier souci est de trouver une terre où poser le pied. Tout autour d'eux s'étend toujours la masse aqueuse et informe du Chaos. Izanagi et Izanami reçoivent des dieux la lance sacrée, et, sur leur conseil, se hissent sur le

« pont du Ciel ». C'est depuis celui-ci qu'ils lardent le Chaos de coups de lance, provoquant la formation de la toute première île de l'archipel japonais.

Désormais pourvus d'une terre, frère et sœur s'y installent, s'y unissent, et Izanami y donne naissance, successivement, aux huit autres îles principales, puis aux dix dieux des forces naturelles, vent, mer, pluies, etc. C'est en donnant naissance à son dernier fils, le dieu du feu, qu'Izanami meurt des brûlures, provoquées par l'accouchement. Fou de douleur, Izanagi décapite son fils[1]. Le sang issu de cet acte devient les huit divinités premières.

3.   Extraits commentés

La première génération de divinités, de Kamis, ouvre la section de genèse du *Kôjiki* :

> Les noms des Kamis qui devinrent dans la Plaine des Hauts-Cieux (Takama-no-hara) lorsque commencèrent le Ciel et la Terre sont Ame-no-minaka-nushi-no-kami (Kami maître de l'auguste Centre du Ciel), ensuite Taka-mi-musubi-no-kami (Auguste haut Kami qui produit), ensuite Kami-musubi-no-kami (Divin Kami merveilleux qui produit.

J. Herbert, La Cosmogonie Japonaise, Dervy-Livres, 1977, p. 18.

En revanche, si l'on se réfère au *Nihongi*, le chaos primordial est assimilé à la cosmogonie de l'œuf premier, qui contient en gestation la totalité de tous les devenirs. La séparation de la « partie la plus pure » d'avec « l'élément plus lourd et plus grossier » produit le Ciel et la Terre :

> Jadis, le Ciel et la Terre n'étaient pas séparés et l'In et le Yô n'étaient pas encore divisés. Ils formaient une masse chaotique, comme un œuf dont les limites étaient obscurément définies, et qui contenait des germes. La partie la plus pure et la plus claire en fut extraite et forma le Ciel, tandis que l'élément plus lourd et plus grossier se déposa et forma la Terre. L'élément plus fin devint facilement un corps uni, mais la consolidation de l'élément lourd et grossier s'accomplit avec difficulté.
> C'est pourquoi le Ciel fut formé d'abord et la Terre fut établie ultérieurement.

Ibid., p. 26-27.

La version du *Nihongi* présente un univers différent, où la Terre flotte sur l'océan primordial, lorsque vient à l'existence, entre Terre et Ciel, une « pousse de roseau », plus tard devenue Kami du Soleil :

> On rapporte que lorsque le monde commença d'être créé, la matière terrestre dont la Terre était formée flottait d'une manière que l'on pourrait comparer au flottement d'un poisson qui joue à la surface de l'eau. À ce moment, un certain objet fut produit entre le Ciel et la Terre. Par sa forme, il ressemblait à une pousse de roseau.

Ibid., p. 28.

Les Kamis primordiaux apparaissent ensuite, et, à son tour, le dernier couple céleste, Izanagi et Izanami. Leurs aînés leur confient une mission, « faire

---

1.   Ou, selon les textes, le démembre.

naître et faire consolider cette terre [qui va] à la dérive », c'est-à-dire créer la toute première île de l'archipel japonais, à partir des eaux boueuses de l'Océan primordial.

Pourvu d'une terre, le couple peut songer à s'unir et procréer les autres îles principales :

> Étant descendus du Ciel sur cette île, ils procédèrent à l'érection d'un auguste pilier céleste... [et] d'une salle (ou d'un palais) [long] de huit brasses. Alors [Izanagi] demanda à... Izanami : « Comment est fait ton corps ? ». Elle lui répondit : « Mon corps s'est développé en croissant, mais il y a une partie qui ne s'est pas développée [de façon] continue ». Izagani dit alors : « Mon corps s'est développé en croissant, mais il y en a une partie qui s'est développé [de façon] superflue. Ne serait-il pas bien que j'introduise la partie de mon corps qui s'est développée [de façon superflue] dans la partie de ton corps qui ne s'est pas développée [de façon] continue et que nous procréions des terres ? ». En réponse Izanami dit : « Ce serait bien ».

Ibid., p. 40-41.

Une circumambulation autour du pilier, axe du monde, reliant Ciel et Terre, précède la procréation :

> Alors Izanagi dit : « Afin qu'il puisse en être ainsi, que toi et moi fassions le tour de ce... pilier céleste et, nous rencontrant, procédions à un auguste coït avec [nos] augustes parties [sexuelles] ». Cela étant convenu (ou juré), [Izanagi] dit : « Fais le tour en partant par la droite ; je ferai le tour en partant par la gauche ». Ayant achevé la circumambulation comme convenu, Izanami, s'exclama la première : « Quel aimable et beau jeune homme ! » Après quoi Izanagi s'exclama : « Quelle aimable et belle jeune fille ! ».

Ibid., p. 41.

Toshusaï Sharaku – L'acteur Tsuneyo II dans un rôle féminin de la pièce *Koi-Nyobo Somewake-Tazumä* jouée au théâtre Kawarazaki-a le 5ᵉ mois de 1794.

Enfin les deux époux s'unissent et leurs premiers descendants viennent au monde :

> Après qu'ils eurent fini de prononcer ces paroles, [Izanagi] s'adressa à sa sœur et lui dit : « Il n'est pas convenable que la femme parle la première ». Néanmoins ils commencèrent [l'œuvre de procréation] et donnèrent naissance à un enfant appelé Hiru-ko. Ils placèrent cet enfant dans une barque de roseaux et la laissèrent aller à la

dérive. Puis ils donnèrent naissance à l'île d'Awa. Celle-ci non plus n'est pas comptée au nombre de leurs enfants.

Ibid.

Le premier accouplement est présenté différemment dans l'une des versions du *Nihongi*. Izanagi et Izanami ne savent comment il faut s'y prendre et sont sauvés par un couple d'oiseaux qui leur en fait la démonstration :

> Lorsqu'ils voulurent s'unir sexuellement, ils ne savaient pas comment faire. Or il y avait des hoche-queues qui s'approchèrent en volant et secouèrent la tête et la queue. Lorsque les deux Kami les virent, ils les imitèrent et ainsi ils purent s'unir sexuellement.

Ibid.

C'est en accouchant de son dernier fils, le Kami du feu Kagu-tsuchi, qu'Izanami meurt prématurément :

> La naissance de cet enfant (Kagu-tsuchi) brûla les parties sexuelles d'Izanami, qui tomba malade et s'étendit.

Ibid., p. 48.

Écrasé de douleur, Izanagi donne libre cours à ses larmes, excrétions divines d'où naissent d'autres Kamis :

> Ô Ton Altesse ma belle jeune sœur ! Oh ! que je t'aie échangée contre cet unique enfant ! ». Et Tandis qu'il rampait autour de son auste oreiller et pleurait, il naquit de ses augustes larmes le Kami... qui a pour nom Naki-saha-me-no-kami (Déesse qui pleure et qui crie).

Ibid.

Mais, très vite, la colère prend le dessus, et, cédant à son ire, perdant toute retenue, Izangi décapite son fils Kagu-tsuchi, ou le démembre entièrement, selon les versions. Le sang dégoutte de son sabre et, en coulant sur la terre, donne naissance à de nouvelles divinités en contact avec le monde chtonien, comme les montagnes.

B.   LA CRÉATION DE L'HOMME :
LE MYTHE IMPÉRIAL OU LA DESCENDANCE D'AMATERASU

Parmi les Japonais, les membres de la famille impériale sont, jusqu'en 1946, moment de la laïcisation de l'État, considérés comme divins. C'est vrai au premier chef de l'empereur, le Tennô, mais également de ses collatéraux, par leur descendance commune du premier souverain, Ninighi, petit-fils de la déesse du soleil, Amaterasu-Omikami, « La grande et auguste divinité qui brille dans le Ciel ».

Ils participent ainsi de la même nature que les Kamis, les divinités du Shintô.

Selon le mythe, c'est sur l'île de Kyushu que Ninighi se pose en venant du Ciel. Il apporte avec lui les trois objets symboles d'Amaterasu, qui vont devenir les emblèmes du pouvoir impérial : le miroir, le sabre, le joyau. Après lui, c'est son fils divin qui règne à son tour, et il faut attendre son petit-fils pour que le premier empereur humain monte sur le trône. Il s'agit de l'empereur Jimmu, le Jimmu-Tennô, c'est-à-dire « L'impérial guerrier divin ». Il fonde le royaume de Yamato. C'est l'ancêtre direct de l'actuelle dynastie impériale japonaise, par lequel elle remonte directement, en quelques générations, à la déesse Amaterasu. Ce lignage se retrouve dans les appelations hiko (prince) et hime (princesse), c'est-à-dire « enfant-soleil » et dans le nom donné collectivement aux souverains qui se succèdent : ama-tsu-hi-tsugi, ou « succession céleste solaire ».

C. UNE DESTRUCTION ÉVITÉE

1. La colère d'Amaterasu

La naissance d'Amaterasu, fille d'Izanagi, tout comme celle des principales divinités (les Kamis) se fait à partir du corps même du dieu primordial, elle est issue de son œil gauche, cependant que le dieu de la lune Tsukiyomi naît de l'œil droit.

Déesse bienvaillante et protectrice, Amaterasu règne paisiblement sur le monde des origines. Elle doit toutefois compter avec l'un de ses frères, Susanowo, « l'auguste mâle impérieux », dieu de l'océan, issu du nez d'Izanagi.

Alors qu'Amaterasu civilise le monde en aménageant des canaux d'irrigation, en délimitant des rizières, Susanowo prend un malin plaisir à saccager tous ses travaux. Amaterasu le tolère jusqu'au jour où, au cours d'une de ses offenses coutumières, Susanowo lui occasionne une blessure avec sa propre navette à tisser.

Ulcérée, la déesse décide de punir l'impudent, et se réfugie dans une caverne secrète, dont elle obstrue l'orifice. Désormais, le soleil est caché, aucune lumière n'éclaire ni ne réchauffe le monde. Les dieux eux-mêmes sont dans les ténèbres, et les 800 myriades divines tiennent conseil sur le moyen de faire fléchir la déesse. C'est le sage Omoi-kame-no-Kami qui fournit la solution : devant la grotte, des tréteaux sont dressés, un immense feu est allumé, et la déesse Ame-no-Uzume commence à danser, presque nue. Le spectacle en lui-même ne peut intriguer Amaterasu, qui ne le voit pas, mais les bruyantes manifestations des dieux qui y assistent le font. Curieuse, elle passe la tête hors de la caverne, et s'aperçoit dans un miroir, tendu par les dieux. Surprise, elle avance d'un pas, le dieu de la force s'empare d'elle et la contraint à quitter son refuge. Vaincue, Amaterasu reprend sa place dans le monde, mais obtient le châtiment de Susanowo, à la fois déporté sur terre, chassé du monde divin, et qui voit la descendance d'Amaterasu fonder l'empire à sa place.

Casque de Samouraï.

2. Extraits commentés

Jaloux de la préférence manifeste de leur père Izanagi pour sa sœur Amaterasu, Susanowo entreprend de saccager tout ce qu'elle crée, en commençant par les rizières :

> Quand Amaterasu-ô-mi-kami eut créé d'augustes rizières dans les champs célestes étroits et dans les champs célestes en longueur, Susano-wo, lorsque les graines eurent été semées au printemps, abattit les diguettes entre les sections des rizières, et en automne il [y] lâcha les célestes poulains pie et les fit se coucher au milieu des rizières.

La Cosmogonie Japonaise, *op. cit.*, p. 72.

Devant l'absence de réaction de sa sœur, Susanowo se livre à des provocations plus grossières encore :

> Lorsqu'arriva pour Amaterasu-ô-mi-kami le moment de célébrer la fête des premiers fruits [de la récolte], Susanowo en cachette lâcha des excréments (ou de l'urine) sous son auguste siège dans le Nouveau Palais. Ne le sachant pas, la Déesse du Soleil s'y rend directement et s'y assit. Aussi se releva-t-elle et elle vomit.

Ibid.

Il faut la blessure faite de sa propre navette, dans l'affolement provoqué par le jet, d'un trou fait au toit, d'un poulain écorché, pour qu'Amaterasu se retire du monde dans une caverne :

> Alors toute la Plaine des Hauts Cieux fut obscure et le Pays Central des Plaines de Roseaux fut assombri. Pour cette raison, il régna la nuit éternelle. Alors les voix de méchants Kami furent comme les mouches au cinquième mois et il s'éleva une myriade de mauvais augures. « Une obscurité continue régna de toutes pàrts et l'alternance du jour et de la nuit fut inconnue ».

Ibid., p. 76.

La fin du monde semble proche, et les Kamis se réunissent pour tenter de fléchir la Déesse solaire, mais rien de ce qu'ils fabriquent pour elle, miroir, étoffes, ni le chant des oiseaux ne la font revenir. C'est alors que les Kamis, et à leur tête Ame-no-uzume, entament une danse rituelle :

> Elle installa un baquet sens dessus dessous comme coffre de résonnance devant la porte de la Céleste Caverne de roc. Elle frappa [ce coffre] de ses pieds jusqu'à ce qu'il résonne et agit comme si elle était possédée par un Kami. Elle alluma des feux de joie sacrés et prononça des paroles divinement inspirées. Elle sortit les bouts de ses seins et abaissa les cordons de sa jupe jusqu'à son sexe. En compagnie des autres Kami, elle exécuta une danse religieuse inspirée[1].

Ibid., p. 84.

C'est l'immense rire qui secoue les huit cents myriades de dieux qui pousse Amaterasu, intriguée, à sortir. Le piège du miroir fonctionne alors, introduit dans la caverne, la déesse s'y voit mal et le suit quand il recule :

> Comment se fait-il donc qu'Ame-no-uzume manifeste de la joie et que de même les huit cents myriades de Kami rient tous ? Alors Ame-no-uzume parla et dit : « Nous nous réjouissons et nous sommes contents parce qu'il y a un Kami plus illustre que Ton Altesse ». Tandis qu'elle parlait ainsi, Ame-no-koyane et Futo-tama avancèrent le Miroir et le montrèrent respectueusement à Amaterasu-ô-mi-kami. Alors Amaterasu-ô-mi-kami, de plus en plus stupéfaite, sortit peu à peu de la porte et le contempla.

Ibid.

Le mouvement vers l'extérieur est suffisant pour que le Kami de la force, Ame-no-tajikara-wo, puisse saisir Amaterasu :

> Ame-no-tajikara-wo, qui se tenait dissimulé, prit l'auguste main d'Amaterasu-ô-mi-kami et la tira au-dehors. Alors Futo-tama tendit la corde-liée-par-en-bas derrière son auguste dos et parla, disant : « Tu ne dois pas reculer plus loin que ceci ».

Ibid.

Le retour du globe solaire rétablit l'harmonie du monde, dissipe la confusion des ténèbres :

> Lorsqu'Amaterasu-ô-mi-kami fut sortie, la Plaine des Hauts Cieux et le Pays central des Plaines de roseaux furent naturellement de nouveau éclairés. Amaterasu-ô-mi-kami, en sortant de la Céleste Caverne de roc, illumina... le Ciel et par conséquent les spectateurs purent de nouveau distinguer le visage les uns des autres.

Ibid., p. 87.

Le mythe se clôt par le châtiment de Susanowo, expulsé du Ciel.

D.   LES HÉROS DIVINISÉS : DE L'HOMME AU KAMI

Ainsi que nous l'avons dit plus haut, les dieux japonais sont les Kamis. Cette traduction commode ne rend pas compte de la réalité complexe de ce qu'est un Kami. Le terme signifie, au sens premier, « haut », « élevé », « supérieur », et à

---

1. Selon J. Herbert, *op. cit.*, « En exposant à la Déesse du Soleil, qui octroie au monde la lumière et la vie, les parties de l'anatomie féminine en rapport avec l'enfantement, Ame-no-uzume lui rappelait évidemment ses devoirs envers le monde, devoirs qu'apparemment elle était disposée à négliger » (p. 84).

ce titre concerne les divinités du ciel et de la terre, les forces de la nature. Mais les Kamis sont également des humains, des animaux, des végétaux, à partir du moment où ils sont perçus comme supérieurs, effrayants, redoutables.

Il s'agit alors notamment des empereurs qui se sont succédés sur le trône, les plus fameux d'entre eux recevant un culte plus prononcé, comme le tout premier souverain, le Jimmu Tennô, et l'empereur du Meiji (1868-1912). Certains humains obtiennent donc de devenir des héros, puis dépassent la dimension héroïque pour être divinisés. C'est le cas de l'empereur Ojin (v. 201-310) : dès la gestation de sa mère, l'impératrice Jingô, son instinct guerrier se fait jour, et il commande la conquête de la Corée, et ne naît qu'après trois années, une fois cette dernière achevée. Il devient un Kami en la personne du dieu de la guerre Hachiman, « le dieu des huit bannières ».

Au IXe siècle, c'est le ministre Suguraha Michizane (847-901) qui se venge de sa disgrâce en devenant un Kami de la foudre.

E.   L'ÉTERNEL RETOUR

1.   La descente d'Izanagi aux enfers

Après la mort tragique de son épouse Izanami, brûlée en donnant naissance au dieu du feu, Izanagi ne peut se consoler d'une perte aussi irréparable. Le fait d'avoir décapité son fils ne l'apaise nullement. Il entreprend alors un voyage au Pays de la Source Jaune, aux Enfers, pour y reprendre sa sœur-épouse. Hélas, celle-ci a déjà accepté de la nourriture des divinités infernales, et tout retour semble à jamais impossible. L'insistance, les supplications d'Izanagi sont telles que le Kami des Enfers se laisse fléchir : Izanagi pourra récupérer sa bien-aimée le jour suivant, mais ne doit en aucun cas tenter de le faire au cours de la nuit. Incapable d'attendre, Izanagi se met à sa recherche avec une torche. Il découvre alors avec horreur qu'elle n'est plus qu'un cadavre décharné, rongé par la vermine.

Terrifié, Izanagi tente de s'enfuir des Enfers, mais il est poursuivi à la fois par Izanami, transformée en furie véritable, et les Affreuses Mégères du Pays de la Nuit. Ces huit déesses sont arrêtées un moment par une ruse : Izanagi jette à terre son couvre-chef, et une vigne apparaît. Les furies se gavent de raisins, mais reprennent la poursuite. Elles sont successivement retardées par un champ de bambous et un fleuve, et Izanagi peut quitter le monde infernal, pense-t-il. C'est alors qu'Izanami, accompagnée des huit Kamis du Tonnerre et des 1 500 Guerriers du Pays de la Nuit le talonne. Parvenu à la frontière entre monde des vivants et monde des morts, Izanagi a juste le temps de l'obstruer par un rocher. Furieuse, Izanami prophère une terrible menace, celle d'entraîner dans son royaume mille personnes chaque jour. Pour conjurer ce sort jeté à l'humanité toute entière, Izanagi promet alors 1 500 naissances quotidiennes, et sauve ainsi l'espèce humaine.

Toutefois, le séjour aux Enfers a pollué Izanagi, qui doit se laver de ses multiples souillures. Il se baigne donc, et, au cours de ce bain, pendant qu'il se lave, de son corps et de ses vêtements naissent les grands dieux japonais. Les principaux sont issus de sa précieuse tête : Amaterasu de son œil gauche, Tsukiyomi de l'œil droit.

2. Extraits commentés

Izanagi arrive aux Enfers et y retrouve sa sœur-épouse, qui consent à le suivre pour regagner le monde des vivants à la condition qu'il ne la regarde pas en chemin :

> Lorsque, de la porte levée du palais, elle (Izanami) sortit à sa rencontre, il parla et dit : « Ton Altesse ma belle jeune sœur ! les pays que toi et moi avons faits ne sont pas achevés. Reviens donc ». Alors Izanami répondit en disant : « Il est déplorable en vérité que tu ne sois pas venu plus tôt. J'ai mangé [de la nourriture] du fourneau de Yomi. Néanmoins, comme j'éprouve du respect [pour le fait que] Ton Altesse mon beau frère aîné sois venu ici, je désire retourner [avec toi au pays des vivants]… Je vais en discuter… avec les Kamis de Yomi. Ne me regarde pas ! » Ayant ainsi parlé, elle rentra dans le palais.

La Cosmogonie Japonaise, op. cit., p. 50.

Mais Izanagi ne peut respecter la promesse faite ; l'attente du retour d'Izanami lui pèse trop, et il use d'un artifice pour tenter de l'apercevoir :

> Izanagi ne défèra pas à son désir. (Comme) Elle s'attardait trop longtemps dans le palais des Kamis de Yomi, il ne put attendre. Il prit donc l'une des dents terminales du peigne [aux dents] multiples et serrées fiché dans son auguste chignon gauche, la cassa, l'alluma, entra et regarda.

Ibid., p. 51.

C'est une vision d'horreur que lui octroie la flamme ainsi improvisée :

> Des vers grouillaient [sur le cadavre] et [elle] pourrissait… Du pus avait jailli et les vers grouillaient ».

Ibid.

Izanagi s'enfuit, poursuivi par les habitants des Enfers, conduits par sa propre épouse. C'est à grand peine qu'il parvient à la limite du monde des morts. Izanami lance alors une malédiction contre l'humanité, et c'est la réponse sotériologique d'Izanagi qui lui permet d'exister encore :

> « Mon cher Seigneur et mari, si tu dis cela, j'étranglerai les habitants du pays que tu gouvernes, mille par jour ». Alors Izanagi répondit en disant : « Ma belle sœur cadette, si tu dis cela, j'en ferai naître chaque jour mille cinq cents ». Puis il dit : « Ne viens pas plus loin ».

Ibid., p. 53-54.

Sain et sauf, Izanagi se livre aux ablutions rituelles destinées à le purifier de son séjour infernal, et de ces dernières naissent les grands luminaires :

Le nom du Kami qui naquit lorsqu'il lava son auguste œil gauche est Amaterasu-ô-mi-kami (Grand Auguste Kami qui brille dans le Ciel). Le nom du Kami qui naquit ensuite lorsqu'il lava son auguste œil droit est Tsuki-yomi-no-kami (Kami-lune posses-seur de la nuit). Le nom du Kami qui naquit lorsqu'il lava son auguste nez est Take-haya-susano-wo-no-mikoto (Son Altesse mâle courageuse, rapide et impétueuse).

Ibid., p. 56.

Kichijoten, déesse du bonheur.
Peinture murale du temple Yakushiji près de Nara – vers 770.

VII. LES MYTHES DU MONDE GERMANO-NORDIQUE

Nos sources

La mythologie germano-nordique est connue par les **Edda**. « On désigne sous le nom d'Edda (ou Eddas) un ensemble de poèmes rédigés en langue norroise au cours du XIIIe siècle et contenus, pour la plupart, dans l'**Edda poétique** et, dans quelques cas, dans l'**Edda de Snorri** » (R. Boyer, Article « Eddas », **Encycl. Universalis**, t. VII, 1990, p. 917).

• **Edda poétique** : ensemble de poèmes, sacrés ou profanes, rédigés pour la première fois au début du XIIIe siècle, complétés vers 1270 dans le **Codex Regius**.

• **Edda de Snorri** : ou **Edda Snorra**, rédigée par le chef islandais Snorri Sturluson (1197-1241) entre 1220 et 1240. Après le prologue, l'ouvrage se compose de trois parties :

- la « Fascination de Gulfi » (« Gulfaginning »), relate la naissance du monde et des dieux ;
- la « Poétique » (« Skaldskaparmal »), explication de la forme et du fond principal des poèmes ;
- le « Dénombrement des Mètres » (« Hattatal »), énumère les 102 mètres poétiques utilisables.

A. LES DIEUX DE LA FORCE ET LES DIEUX DE LA FERTILITÉ

Le panthéon du monde germano-nordique évolue entre deux groupes de divinités, les dieux de la force, ou Ases, et ceux de la fertilité, ou Vanes.

1. Les Ases

ODIN

Principal dieu du panthéon germanique. Fourbe, cruel, il est borgne depuis qu'il a voulu accéder à la connaissance : le géant Mimir garde en échange son œil.

Fils du géant Burr et de Bestla, il est frère de Vili et de Vé. C'est avec ces derniers qu'il tue le géant Ymir et le dépèce pour former les diverses parties du monde.

Son épouse est Frigg, son fils Baldr. Il habite la Valhöll (le Walhalla), paradis des guerriers morts au combat. C'est là que, trônant sur Hlidskajf, il contemple l'univers.

- Ses attributs :
    - l'épieu Gungnir, qu'il jette dans un camp pour lui donner la victoire ;
    - l'anneau Draupnir, qui par magie se multiplie par 8 toutes les 9 nuits ;
    - le cheval Sleipnir, doté de 8 pattes.
- Ses fonctions :
    - dieu psychopompe, il accueille les âmes des guerriers élus au Walhalla ;
    - dieu du savoir, il connaît les runes (caractères écrits) et maîtrise la magie ;
    - dieu de la guerre.

FRIGG

Épouse d'Odin. Mère de Baldr, elle peut se changer en faucon. Pour protéger son fils Baldr, elle exige des animaux, végétaux, minéraux, l'engagement de ne jamais lui nuire, en oubliant le gui.

THOR

Dieu du tonnerre, il est fils d'Odin et de Jörd. Son épouse, Sif, lui donne deux fils, Magni (Force) et Modi (Courage). Son palais est le Bilskirnir, aux 540 portes.

Thor voyage sur un char tiré par deux boucs, Grince Dents et Dents Luisantes.

- Ses attributs :
    - le marteau Mjöllnir, qui est utilisé contre les Géants ;
    - les gants de fer, sans lesquels Mjöllnir ne peut être saisi ;
    - la ceinture magique qui double sa force.

Prompt à la colère, Thor est le protecteur de l'humanité, le destructeur de Géants.

TYR

Fils d'Odin, ou parfois du géant Hymir. Dieu de la justice, protecteur de l'ordre, il est Odin de la guerre, quand le combat est celui du juste contre l'injuste, de l'ordre contre le chaos.

C'est ce qui l'amène à perdre une main dans la gueule du loup Fenrir, pour éviter que le chaos ne croisse.

BALDR

Fils d'Odin et de Frigg, son nom signifie « Seigneur ». Son surnom, « Le Bon », indique ses qualités, reconnues par tous les Ases. De son épouse Nanna il a un fils, Forseti.

Doué du pouvoir de divination, Baldr prévient les Ases des catastrophes qui les menacent, mais il s'aliène la jalousie de certains. Le serment obtenu par sa mère Frigg ne le met pas à l'abri de tous les végétaux, il meurt transpercé par une jeune pousse de gui. Prototype du chef secourable, il est brûlé sur son bateau. Son frère Hermodr tente en vain de fléchir la déesse Hel qui préside au royaume des morts, Baldr ne peut revenir parmi les vivants. Son retour s'effectuera après la fin des temps.

LOKI

Fils du géant Farbauti et de Laufey (ou Nal ?). Époux de Sigyn, il a pour fils Narfi. De ses amours avec la géante Angroboba naissent :
- Fenrir, le loup monstrueux ;
- Hel, la déesse des Enfers ;
- Loermungandr (le serpent de Midgardr), serpent cosmique qui provoque les tremblements de terre en déroulant ses anneaux.

Petit, apparenté à l'air et au feu, Loki est le mal, le voleur, le destructeur. Il amène le chaos et le malheur aux hommes et aux dieux.

Instigateur du meurtre de Baldr, les Ases le châtient d'une terrible manière : lié à une pierre par les intestins de son fils, on lui jette régulièrement au visage une coupe de venin qui provoque d'atroces brûlures.

Goya : *Le Géant* – encre – v. 1820.

2. Les Vanes

NJÖRDR

Dieu des vents, de la mer et du feu. Époux de la géante Skadi qui donne son nom à la Scandinavie. il a pour descendants Freyr et Freyja. Il est le protecteur des marins et de la navigation.

FREYR

Fils de Njördr, frère de Freyja, son nom signifie « Seigneur ». Principal dieu vane, il protège les récoltes, assure la paix aux hommes. Époux de la géante Gerdr, il réside avec elle dans le monde des Elfes, l'Alfheimr.

- Ses attributs :
  - le bateau magique Skidbladnir, qu'il utilise dans le Monde des Elfes ;
  - le sanglier Gullinborsti ;
  - le porc et l'étalon lui sont consacrés.

FREYJA

Fille de Njördr, sœur de Freyr, son nom signifie la « Dame ». Principale déesse vane, elle réside dans sa demeure Céleste de Sessrumnir. C'est là qu'elle officie en qualité de souveraine des morts.

Épouse d'Odr, elle est mère d'un fils, Hnoss et d'une fille, Gersimi. Déesse de l'amour, de l'érotisme, de la poésie, elle se déplace sur un char tiré par des chats.

3. Le Destin

Bien au-delà, au-dessus des dieux, Ases ou Vanes, et des hommes, la force agissante du monde est le Destin. Maître de tout ce qui est et de tout ce qui sera, il domine le Bien et le Mal. Les divinités, qui ne sont pas dans ce cas, devront inéluctablement s'affronter au cours du Ragnarök, le « Jugement des Puissances », véritable apocalypse, illustrée par le *Crépuscule des Dieux* de R. Wagner.

Le déroulement du Ragnarök :
- trois hivers de désolation se succèdent ;
- les trois Coqs des Enfers, Fjalarr, Gullinkambi, Coq de Suie, annoncent l'apocalypse ;
- Fenrir rompt ses chaînes, avale le soleil et la lune ; la terre tremble, la mer envahit les terres ;
- les géants attaquent le Walhalla, y parviennent en escaladant l'arc-en-ciel ;
- dieux et géants s'entretuent, le monde entier se consume dans les flammes.

Après cette fin du monde, le Destin préside à la naissance du nouveau ; une nouvelle terre est issue des eaux ; certains dieux ont survécu ; un couple humain est appelé à repeupler les lieux, Lif et Lifthrasir.

B.   LA CRÉATION DU MONDE

1.   Le mythe

La mythologie germano-scandinave explique l'existence du monde en plaçant à l'origine de toute chose un Ginnungagap, espace vide, avec un Niflheim, région de brume, de glace et de neige, au Nord, et un Muspelheim, région de chaleur et de soleil, au Sud.

La glace fondant et s'égouttant dans Ginnungagap, il finit par s'y former une accumulation de matière, d'où sort Ymir, le géant, qui donne naissance à Reimthursen, le gel. Il a pour nourrice Audhumbla, la vache, qui lèche la glace pour se nourrir ; ce léchage fait apparaître Buri, père de Burr, père d'Odin. Vili et Vé, frères d'Odin, l'aident à renverser la tyrannie d'Ymir et de Reimthursen.

La chair, le sang et les os d'Ymir deviennent la terre, la mer et les montagnes, et son crâne, son cerveau, les cieux et les nuages.

Dans Joetunheim (demeure des Joetuns ou Géants) sont maintenus les géants, et les sourcils d'Ymir servent de muraille entre eux et les habitants de la terre.

Odin, dieu de la guerre, est père de Saga, déesse de la poésie. Dans Midgard (le monde moyen, entre Muspelheim et Niflheim) se trouve Asgard, demeure de la race d'Asa, à savoir Odin et les douze Ases. Les dieux vivent dans le palais appelé Gladsheim, et les déesses dans celui nommé Vingolf.

2.   Extraits commentés

C'est la *Gulfaginning*, le récit des commencements, qui expose, au moyen d'un dialogue, la genèse du monde scandinave. Le début du mythe présente le Vide Béant, Ginnungagap, et l'apparition du géant Ymir :

> Gangleri dit : « Comment les choses étaient-elles arrangées avant que ne surgissent les diverses espèces et que l'espèce humaine ne prospère ? »
>
> Alors Hár dit : [en substance : des eaux primitives ou Élivágor formèrent le Vide Béant ou Ginnungagap, d'où surgit, par contact du froid et du chaud, une vie] « qui prit forme humaine et que l'on appela Ymir, mais les géants du givre l'appellent Aurgelmir et de lui proviennent toutes les races de géants du givre, comme il est dit dans la *Völuspá brève* » [...].
>
> Alors Gangleri dit : « Comment les espèces trouvèrent-elles leur origine et comment se fit-il qu'il y eut d'autres humains, et croyez-vous à ce dieu dont vous venez de parler ? ».
>
> *Gulfaginning*, cité in : **Mythes et croyances du monde entier**,
> Lidris-Brepols, 1985, t. I, p. 126.

Ymir est venu à l'existence de lui-même ; aucun démiurge ne préside à la création :

> Alors répondit Jafnhár : « Nous n'admettons nullement que ce soit un dieu ; il était mauvais, lui et toute sa parentèle. Nous les appelons géants du givre. Mais l'on

a dit que, lorsqu'il dormait, il transpira, et alors lui poussèrent sous le bras gauche un homme et une femme, et l'un de ses pieds engendra de l'autre un fils, et c'est de là que proviennent les familles : c'étaient des géants du givre. Le vieux géant du givre, nous l'appelons Ymir ».

Alors Gangleri dit : « Où Ymir habitait-il et de quoi vivait-il ? »

Hár répond : « Sur ce, il se fit que, lorsque les gouttes du givre tombaient, il en surgit une vache qui s'appelait Audhumbla, et il coulait quatre fleuves de lait de ses pis, et elle nourrit Ymir ».

Ibid.

Suit la présentation de la première génération divine :

Alors Gangleri dit : « De quoi se nourrissait cette vache ? »

Hár dit : « Elle lécha les pierres couvertes de givre qui étaient salées, et, le premier jour qu'elle léchait ces pierres, il en sortit, vers le soir, les cheveux d'un homme, puis, le lendemain, une tête ; le troisième jour, l'homme était sorti en entier. Il s'appelait Buri ; il était beau à voir, fort et grand. Il engendra un fils qui s'appelait Borr, lequel épousa une femme qui s'appelait Bestla, fille du géant Bölthorn et ils eurent trois fils : l'un s'appela Ódhinn, le second, Vili, le troisième, Vé ».

Ibid.

Si l'on se réfère à l'*Edda poétique*, la Völuspa, le Vide est toujours à l'origine du monde futur :

C'était au premier âge
Où il n'y avait rien,
Ni sable, ni mer,
Ni froides vagues ;
De terre point n'y avait
Ni de ciel élevé,
Béant était le vide
Et d'herbe nulle part.

Ibid., p. 132.

De la même façon, le corps du géant Ymir est dépecé, démembré pour former les lieux principaux :

De la chair d'Ymir
La terre fut façonnée
Et de ses os, les montagnes,
Le ciel, du crâne
Du géant froid comme le givre
Et de son sang, la mer.

Vafthrudhrísmál, strophe 21, *Edda poétique*,
Mythes et croyances du monde entier, *op. cit.*, p. 132.

C. LA CRÉATION DE L'HOMME

1. Le récit

L'univers issu du démembrement d'Ymir est fait de trois cercles concentriques. Au centre le monde divin, puis celui des hommes, enfin, à la périphérie, celui des géants, des défunts, où s'activent les forces du mal.

Pour peupler le second cercle, celui de l'humanité, le premier couple est créé à partir d'un frêne (*askr*) et d'un sarment de vigne (*embla*), éponymes pour tous deux. Après Askr et Embla sont forgés les astres.

2. Extrait commenté

> Jusqu'à ce que trois Ases
> Sortirent de la troupe,
> Puissants et bienveillants :
> Revenant à la maison.
> Trouvèrent sur le sol,
> De peu de force doués
> Askr et Embla
> Privés de destinée.
>
> Ils n'avaient pas d'esprit,
> Ils n'avaient pas de sens,
> De sang ni de son
> Ni de saines couleurs ;
> Ódhinn donna l'esprit,
> Hoenir donna le sens,
> Lódhurr donna le sang
> Et les saines couleurs.

Völuspá, strophes 17-18, ***Mythes et croyances du monde entier***, *op. cit.*, p. 132.

Le monde du premier couple humain est loin d'être celui de l'ordre, les forces chaotiques y ont encore leur place, et s'y donnent libre cours. C'est l'exemple du loup sauvage Fenrir qui cherche à dévorer le soleil et la lune.

Plus graves encore sont les attaques contre Yggdrasill, l'arbre qui relie la Terre au Ciel, véritable *axis mundi* :

> Je sais que se dresse un frêne,
> S'appelle Yggdrasill,
> L'arbre élevé, aspergé
> De blancs remous ;
> De là vient la rosée
> Qui dans le vallon tombe,
> Éternellement vert il se dresse
> Au-dessus du puits d'Urdhr.

Völuspá, strophe 19, ***Mythes et croyances du monde entier***, *op. cit.*, p. 132.

Femme sur la bête devant l'arbre de vie – Gérone –
Planche du *Monde des symboles*.

D.   LA DESTRUCTION DU MONDE

1.   La tentative de Fenrir

C'est l'***Edda en prose*** qui relate le combat des dieux contre le loup Fenrir. Né de Loki et de la géante Angerboda, Fenrir est élevé par Tyr, seul des Ases à pourvoir l'approcher sans crainte.

Fenrir grandit, et sa force colossale effraie de plus en plus les Ases, d'autant plus que Baldr les prévient que Fenrir pourrait être cause de la fin du monde, digne héritier des forces mauvaises animant son père Loki.

Après deux échecs pour prendre Fenrir au piège, les dieux demandent aux nains de tisser une chaîne de soie à partir d'éléments impossibles à créer ou trouver :

- des bruits de pas de chat ;
- de la barbe de femme ;
- des racines de montagnes ;
- des nerfs d'ours ;
- des haleines de poissons ;
- des crachats d'oiseaux.

Les nains y parviennent cependant. Méfiant, Fenrir refuse de prouver sa force en se laissant enchaîner par un lien qu'il prétend pourtant facile à rompre. Il finit par y consentir, à condition que l'un des dieux laisse une main dans sa gueule. Fenrir pense ainsi qu'au cas où il demeurerait prisonnier, les dieux seraient contraints de le libérer.

Seul Tyr accepte. Fenrir est lié. Plus il multiplie les efforts pour se dégager, plus la chaîne magique se resserre. Vaincu, il abandonne, mais Tyr y a sacrifié sa main droite.

2. Extraits commentés

Le mythe de Fenrir s'ouvre sur sa monstrueuse croissance, les inquiétudes qu'elle provoque, et les deux tentatives déjà faites pour essayer d'enchaîner le loup redoutable :

> Les Ases élevèrent le loup [Fenrir] chez eux, Tyr était le seul qui fût assez hardi pour aller à lui et lui donner à manger. Mais, quand les dieux virent à quel point il grandissait chaque jour, et que toutes les prophéties disaient qu'il était destiné à provoquer leur perte, ils prirent le parti de fabriquer une chaîne extrêmement forte qu'ils appelèrent Loedhing, ils allèrent au loup avec elle [...] La première fois que le loup s'arc-bouta, la chaîne se rompit. Ainsi se délivra-t-il de Loedhing.

Une seconde manœuvre n'a pas plus de succès :

> Ensuite, les Ases fabriquèrent une seconde chaîne deux fois plus forte, qu'ils appelèrent Drómi, demandèrent au loup d'essayer cette chaîne et dirent qu'il serait très renommé pour sa force si un ouvrage d'une telle importance ne pouvait le retenir. [...]. Il les laissa poser cette chaîne. Quand les Ases dirent qu'ils en avaient fini, le loup s'ébroua, plaça la chaîne sur son dos, se raidit fortement et s'arc-bouta, et la chaîne se brisa si bien que les morceaux volèrent au loin. Ainsi se libéra-t-il de Drómi [...].

Mythes et croyances du monde entier, *op. cit.*, p. 130.

Un conseil profitable est mis à éxécution. Certains nains vont être chargés de tisser une nouvelle chaîne, d'apparence peu solide, semblable à la soie, mais capable d'opposer une résistance aux forces de Fenrir :

> Après cela, les Ases craignirent de ne pouvoir enchaîner le loup. Alors, Alfödhr envoya un messager, qui s'appelle Skírnir, serviteur de Freyr, à Svartálfaheimr, chez certains nains, et leur fit fabriquer une chaîne qui s'appelle Gleipnir. Elle fut faite de six parties : des bruits de pas de chat, de barbe de femme, de racines de montagnes, de nerfs d'ours, d'haleines de poissons et de crachats d'oiseaux ; et quoique tu n'aies jamais appris ces choses jusqu'à présent, tu éprouveras bientôt qu'en vérité on ne t'a pas menti. Tu as sûrement remarqué que les femmes n'ont pas de barbe et on n'entend aucun bruit quand court le chat, et il n'y a pas de racines aux montagnes, mais je peux t'assurer que tout ce que j'ai dit est vrai tout de même, quoiqu'il y ait bien des choses que tu ne puisses expérimenter.

Ibid., p. 131.

Vient ensuite le passage le plus délicat, celui où les nains doivent convaincre Fenrir de se laisser lier. Ce dernier, échaudé par les deux essais précédents, se montre plus que réticent à l'idée d'en tenter un troisième. L'appel même à sa vanité semble demeurer sans effet :

> Alors, Gangleri dit : « Je puis assurément comprendre que cela est vrai ; je peux imaginer ces choses que tu as nommées. Mais comment fut fabriquée cette chaîne ? »
>
> Hár dit : « Je peux te le dire clairement. La chaîne était douce et lisse comme un ruban de soie, mais solide et forte, comme tu vas le voir. Quand elle eut été remise aux Ases, ils remercièrent beaucoup le messager d'avoir rempli sa mission. Ensuite, ils s'en allèrent sur un lac qui s'appelle Amsvartnir, jusqu'à un îlot qui s'appelle Lyugvi et crièrent au loup de les accompagner, lui montrèrent le lacet de soie et lui demandèrent de le déchirer. Ils dirent qu'il était un petit peu plus solide qu'il le paraissait à son épaisseur, et ils se le tendirent de l'un à l'autre en essayant la force de leurs bras : il ne se rompit pas, mais ils dirent que, tout de même, le loup pourrait certainement le déchirer ». Fenrir est peu convaincu de l'utilité de l'épreuve :
>
> Alors le loup répond : « Ce ruban-ci me paraît tel que je ne gagnerai jamais aucun renom à rompre une cordelette aussi étroite, mais s'il est fait par ruse et artifice, puisqu'il a l'air si mince, je ne me laisserai pas mettre aux pieds cette entrave ». Les Ases dirent qu'il pourrait sûrement rompre promptement un mince lacet de soie, lui qui venait de briser de massives chaînes de fer, « mais si tu ne peux pas mettre en pièces ce ruban, tu ne peux sûrement pas effrayer les dieux et nous te remettrons en liberté.

Ibid.

Fenrir se décide enfin, mais pose sa condition, et Tyr sacrifie sa dextre pour sauver le monde des forces du chaos :

> Le loup dit : « Si vous m'attachez et que je ne puisse me délivrer, vous êtes si inconstants que je pourrai bien attendre longtemps votre aide. je ne suis pas enclin à me laisser passer ce cordonnet. Mais, de peur que vous ne disiez que je n'ai pas de courage, que l'un d'entre vous mette sa main dans ma gueule en gage de ce que tout se passera sans trahison ».
>
> Les Ases s'entre-regardèrent ; l'affaire prenait un tour embarrassant, et nul ne voulut avancer la main. Alors Tyr tendit la dextre et la plaça dans la gueule du loup. Quand celui-ci s'arc-bouta, le lacet se tendit, et plus il se démena, plus le lacet se raidit. Alors, les Ases éclatèrent de rire, tous, sauf Tyr : il venait de perdre la main.

Gylfaginning, chapitre 33, ***Mythes et croyances du monde entier***, *op. cit.*, p. 131.

E.   L'APOCALYPSE DES HOMMES ET DES DIEUX : LE RAGNARÖK

1.   La rupture de l'équilibre

Les textes cosmogoniques évoquent tout de suite la notion de finitude de notre monde. Les dieux scandinaves sont incapables de maintenir l'équilibre entre l'ordre et le chaos. C'est par leur comportement même qu'ils vont provoquer l'apocalypse, et si Loki en est l'agent exécuteur, il n'est en fin de compte qu'une personnification de tous les défauts des autres dieux.

Le meurtre de Baldr constitue le prologue à la fin des temps. Après que sa mère Frigg ait reçu l'assurance que rien ne nuira à son fils, les divinités Ases jouent à lancer sur lui tout ce qu'elles veulent.

Loki, métamorphosée en vieillarde, trompe la confiance de Frigg et apprend de celle-ci qu'une seule plante, une jeune pousse de gui, n'a rien promis, Frigg ne lui a pas demandé de la faire. Loki s'en empare, la donne à Hödr l'Aveugle, frère de Baldr, et le dirige pour le lancer. Baldr, transpercé, meurt.

Après cet événement, suit de près le Ragnarök, le Destin des Puissances, combat des dieux et des Géants (*cf. supra*, § A.3.). C'est ce même Baldr qui revient, après l'apocalypse, pour aider au développement d'une humanité nouvelle.

2. *Extraits commentés*

La rupture entre le monde ordonné et le chaos est annoncée par l'intrusion du temps, l'assemblée des dieux crée par le verbe et délimite par les années :

> Alors tous les dieux montèrent
> Sur les sièges du jugement,
> Divinités suprêmes,
> Et se consultèrent ;
> À la nuit et à l'absence de lune,
> Ils donnèrent un nom,
> Ils nommèrent le matin
> Et le milieu du jour,
> La fraîche et la brune,
> Et comptèrent le temps par années.

Völüpsa, strophe 6, *in* : **Mythes et croyances du monde entier**, *op. cit.*, p. 133.

La strophe 45 de la *Völüpsa* décrit l'extrême brutalité des combats au cours du Ragnarök :

> Les frères s'entre-battront
> Et se mettront à mort,
> Les parents souilleront
> Leur propre couche ;
> Temps rude dans le monde,
> Adultère universel,
> Temps des haches, temps des glaives,
> Les boucliers sont fendus,
> Temps des tempêtes, temps des loups
> Avant que le monde s'effondre ;
> Personne
> N'épargnera personne.

Ibid., p. 133.

Pourtant, un nouveau couple primordial, Lif (Vie) et son épouse Lifthrasir (Vivace) ont survécu à l'apocalypse, et, sous la protection de Baldr et de son frère, vont donner naissance à une humanité neuve :

Elle voit émerger
Une seconde fois
Une terre de l'onde,
Éternellement verte ;
Coulent les cascades,
Au-dessus plane l'aigle
Qui dans les montagnes
Pourchasse les poissons [...].

Sur les champs non ensemencés
Croîtront les récoltes,
Tous les maux seront réparés,
Baldr va revenir ;
Hödhr et Baldr habiteront
Les lieux de victoire de Hroptir [= *Ódhinn*] »

Strophes 59 et 62, *Ibid.*, p. 133.

F.   LA DESCENTE AUX ENFERS D'HERMODR

La mort brutale de Baldr consterne les Ases, sa mère Frigg est inconsolable. Hermodr, frère de Baldr, se propose alors pour descendre aux Enfers et obtenir le retour de son frère. Pendant neuf jours et neuf nuits, il chevauche sans arrêt Sleipnir, le coursier d'Odin, avant de franchir la rivière Gjöll et la clôture des Enfers, grâce aux pouvoirs magiques de son cheval. Parvenu à la résidence de la déesse des Enfers, Hel, Hermodr lui expose le désespoir des Ases et leur vœu de voir revenir Baldr.

Hel consent à laisser Baldr quitter son royaume, à condition que tous, Dieux, hommes, animaux, végétaux, minéraux, pleurent son trépas et implorent son retour. C'est ce qui est fait, mais Loki ne peut supporter cette idée. Méta-morphosé en une vieille sorcière, du nom de Thökk, il refuse obstinément de pleurer, et Baldr doit demeurer dans le monde infernal.

VIII. LES MYTHES DE L'ANTIQUITÉ CLASSIQUE : LA GRÈCE, ROME

En raison de l'héritage grec reçu par Rome, nous traiterons ici des mythes de l'antiquité classique en présentant leur version grecque, accompagnée, si nécessaire, des variantes ou modifications apportées ultérieurement par le monde romain.

A. LA CRÉATION DU MONDE

1. Du chaos au monde organisé

À l'origine du monde se trouve Chaos, étendue non identifiée, proche du vide, d'où vont naître successivement Gaia (la Terre), le Tartare (les Enfers), l'Érèbe (les Ténèbres) et Nyx (la Nuit). Cette version de l'origine ultime, la plus fréquente, diffère dans les chants homériques, où Oceanos, l'Océan, est père de tous les dieux. Nous suivons ici la *Théogonie* d'Hésiode.

Venue à l'existence la première, Gaia enfante seule Ouranos, le Ciel, puis s'accouple avec lui. De leur union naissent les Titans, les Titanides : Cronos, Rhéa, Océan.

Ouranos a un frère, conçu lui aussi par la seule Gaia, Pontos (le Flot), et leurs sœurs sont les montagnes élevées.

Par la suite, Ouranos et Gaia augmentent leur descendance des trois premiers cyclopes (Brontés, Stéropés, Argès) et des Géants aux Cent Bras, les Hécatonchires.

Gaia n'est pas la seule à réaliser les débuts de la cosmogonie, l'Érèbe et Nyx s'unissent et ont pour descendance Héméré (le Jour) et Aether (le Ciel supérieur).

L'entente entre Ouranos et sa mère-épouse Gaia est de courte durée. Il éprouve un dégoût violent pour certains de leurs enfants, Cyclopes et Hécatonchires. Incapable de supporter leur vue même, il contraint Gaia à les absorber de nouveau, et ce retour au sein maternel déchire la malheureuse. Afin de mettre un terme à ses souffrances, Gaia complote avec son fils Cronos. Armé d'un silex tranchant, il est chargé d'émasculer son père Ouranos, au moment même où il se prépare à s'accoupler avec Gaia.

Ouranos subit son terrible sort, et le sexe tranché est projeté dans la mer. Aspergeant la terre de sang, il donne le jour à la race des Géants, aux Érinyes (les Furies) et aux Méliades (les nymphes). Le sexe lui-même flotte sur les eaux marines, et, non loin de Paphos, se mêle à l'écume pour donner naissance à la déesse Aphrodite. Le nom même de cette dernière indique sa venue au monde : elle est née d'aphros, l'écume en Grec.

Après le meurtre de son père Ouranos, Cronos gouverne les dieux, et, tout aussi horrifié que lui de leur aspect, précipite les Cyclopes et les Hécatonchires dans les Enfers (le Tartare). Son caractère ne tarde pas à s'aigrir, à devenir soupçonneux à l'extrême, quand Gaia lui révèle l'avenir : tout comme il a supplanté Ouranos, l'un de ses enfants le remplacera comme roi du monde divin. Époux de sa sœur Rhéa, Cronos, pour conjurer la prédiction, dévore ses enfants dès leur naissance. Rhéa est contrainte de les lui présenter encore emmaillotés dans leurs langes.

Révoltée, Rhéa décide de sauver son dernier-né, Zeus, et lange à sa place une pierre que Cronos avale. Zeus est dissimulé à Lyctos, en Crète, île qui serait celle de sa naissance, sur le mont Ida, selon les Crétois.

Devenu homme, Zeus entreprend de renverser le tyrannique Cronos et sollicite l'aide de la Titanide Métis. Elle est chargée de lui présenter une boisson émétique, et alors que le vomissement saisit Cronos, il restitue les frères et sœurs de Zeus dévorés, Poséidon, Hadès, Déméter, Hestia, Héra.

La pierre même qui servit de substitut au festin de Cronos est placée à Delphes. Elle y marque l'*omphalos*, l'ombilic, le centre du monde.

Dix années de guerre s'en suivent, opposant d'une part Cronos et certains de ses frères Titans à Zeus, et ses alliés : ses frères Poséidon et Hadès, les cyclopes, les Hécatonchires, les trois géants Cottos, Briarée et Gyès. Cronos vaincu est condamné, avec les Titans, à demeurer au Tartare, où les Hécatonchires sont leurs gardiens.

Les difficultés de Zeus ne sont toutefois pas terminées. Il doit affronter l'ire de sa grand-mère Gaia, mécontente du sort réservé à ses fils, les Titans. Elle s'unit au Tartare pour faire naître le monstrueux Typhon et les Géants. Après de nouveaux combats, Zeus les défait et oblige Gaia à avaler les Géants ; Typhon est emprisonné au Tartare.

L'Univers enfin pacifié, Zeus, Poséidon et Hadès se partagent sa souveraineté, en s'en remettant au sort. Le tirage confie le ciel à Zeus, la mer à Poséidon, le monde souterrain à Hadès. Pourtant, en raison de ses victoires multiples, sur Cronos, Typhon, les Géants, Zeus obtient la prééminence.

La cosmogonie se poursuit avec la génération de divinités issues des deux épouses de Zeus, successivement Métis et Héra. Le dieu suprême est menacé comme le furent Ouranos et Cronos par sa propre descendance, issue de Métis. Cette dernière doit donner le jour à l'enfant qui renversera Zeus. Pour éviter sa propre perte, Zeus ne peut se comporter avec la cruauté d'Ouranos et de Cronos, il choisit donc d'avaler son épouse, qui demeure en gestation dans sa tête, avant de naître spontanément sous la forme d'Athéna, venue au monde équipée de pied en cap en guerrier.

La seconde épouse importante de Zeus est sa sœur Héra, dont il a pour enfants Arès, Hébé et Ilithye.

Métis et Héra sont la première et dernière épouse du dieu, qui s'unit par ailleurs à :

- Léto, mère d'Artémis et Apollon ;
- Thémis, qui enfante les Heures et les Moires (Destinées) ;
- Eurynomé, mère des Grâces ;
- Déméter, dont il eut Perséphone ;
- Mnémosyme (la Mémoire), et procrée avec elle les neuf Muses.

Avec ces nouvelles générations divines, l'Univers est en place. Les hommes peuvent venir à leur tour à l'existence.

Titien (Vecelli ou Vecellio Tiziano, dit Le) : *Jupiter et Antiope* – 1576.

2. La descendance d'Abîme

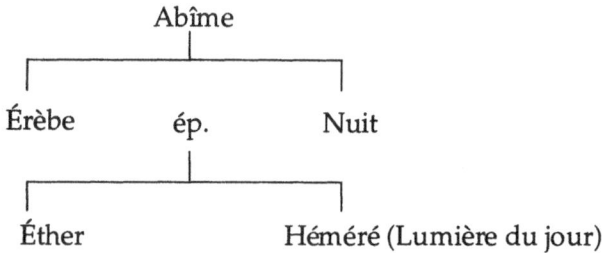

```
                    Abîme
          ┌───────────┴───────────┐
       Érèbe        ép.          Nuit
          ┌───────────┴───────────┐
       Éther              Héméré (Lumière du jour)
```

3.   *Extraits commentés*

Dans la ***Théogonie***, Hésiode présente la venue à l'existence des premiers dieux et la double filiation, issue de Gaia, celle qui descend d'Abîme :

> Donc avant tout fut Abîme (Chaos) ; puis Terre (Gaia) aux larges flancs, assise sûre à jamais offerte à tous les vivants, et Amour (Éros), le plus beau parmi les dieux immortels, celui qui rompt les membres et qui, dans la poitrine de tout dieu comme de tout homme, dompte le cœur et le sage vouloir.
>
> D'Abîme naquirent Érèbe et la noire Nuit (Nyx). Et de Nuit à son tour, sortirent Éther et Lumière du Jour (Héméré). Terre, elle, d'abord enfanta un être égal à elle-même, capable de la couvrir tout entière, Ciel Étoilé (Ouranos), qui devait offrir aux dieux bienheureux une assise sûre à jamais. Elle mit aussi au monde les hautes Montagnes, plaisant séjour des déesses, les Nymphes, habitantes des monts vallonnés. Elle enfanta aussi la mer inféconde aux furieux gonflements, Flot (Pontos) — sans l'aide du tendre amour.

Hésiode, Théogonie, trad. P. Mazon, CUF, p. 98.

Il est à noter que le démiurge, Gaia dans un cas, Abîme dans l'autre, génère les premiers dieux ou éléments seul. Il faut par la suite que Gaia s'unisse à son fils Ouranos pour que voie le jour une génération divine née d'un couple, le fruit de ses amours. Puis Gaia donne la vie aux Cyclopes et aux Hécatonchires (Géants aux Cent Bras) :

> Mais ensuite, des embrassements de Ciel, elle enfanta Océan (Océanos) aux tour-billons profonds, — Coios, Crios, Hypérion, Japet — Théia, Rhéia, Thémis et Mnémosyne, — Phoibè, couronnée d'or, et l'aimable Thétys. Le plus jeune après eux, vint au monde Cronos, le dieu aux pensers fourbes, le plus redoutable de tous ses enfants ; et Cronos prit en haine son père florissant.
>
> Elle mit aussi au monde les Cyclopes au cœur violent, Brontès, Stéropès, Arghès à l'âme brutale, en tout pareil aux dieux, si ce n'est qu'un œil était placé au milieu de leur front. Vigueur, force et adresse étaient dans tous leurs actes.
>
> D'autres fils naquirent encore de Ciel et Terre, trois fils grands et forts, qu'à peine on ose nommer. Cottos, Briarée, Gyès, enfants pleins d'orgueil. Ceux-là avaient chacun cent bras, qui jaillissaient terribles de leurs épaules, ainsi que cinquante têtes, attachées sur l'épaule à leurs corps vigoureux. Et redoutable était la puissante vigueur qui complétait leur énorme stature.

Ibid., p. 100.

Ouranos refuse d'accepter cette descendance, et contraint les nouveaux-nés rejetés à regagner le sein maternel, provoquant à Gaia d'insupportables douleurs. Cette dernière envisage alors le meurtre de son fils-époux, forge l'arme du crime futur, et recherche parmi ses enfants un exécuteur des basses œuvres :

> Car c'étaient de terribles fils que ceux qui étaient nés de Terre et de Ciel, et leur père les avait en haine dès le premier jour. À peine étaient-ils nés qu'au lieu de les laisser monter à la lumière, il les cachait tous dans le sein de Terre, et, tandis que Ciel se complaisait à cette œuvre mauvaise, l'énorme Terre en ses profondeurs gémissait, étouffant. Elle imagine alors une ruse perfide et cruelle. Vite elle crée le blanc métal

acier ; elle en fait une grande serpe, puis s'adresse à ses enfants, et, pour exciter leur courage, leur dit, le cœur indigné : « Fils issus de moi et d'un furieux, si vous voulez m'en croire, nous châtierons l'outrage criminel d'un père, tout votre père qu'il soit, puisqu'il a le premier conçu œuvres infâmes ».

Cronos seul ose braver le Ciel étoilé, Ouranos :

> Elle dit, la terreur les prit tous, et nul d'entre eux ne dit mot. Seul, sans trembler, le grand Cronos aux pensers fourbes réplique en ses termes à sa noble mère : « C'est moi mère, je t'en donne ma foi, qui ferai la besogne. D'un père abominable je n'ai point le souci, tout notre père qu'il soit, puisqu'il a le premier conçu œuvres infâmes ».

Ibid., p. 101.

Profitant de l'ardent désir d'Ouranos pour Gaia, Cronos se dissimule, et émascule brusquement son géniteur :

> Il dit, et l'énorme Terre en son cœur sentit grande joie. Elle le cacha, le plaça en embuscade, puis lui mit dans les mains la grande serpe aux dents aiguës et lui enseigna tout le piège. Et le Grand Ciel vint, amenant la nuit ; et, enveloppant Terre, tout avide d'amour, le voilà qui s'approche et s'épand en tout sens. Mais le fils, de son poste, étendit la main gauche, tandis que de la droite, il saisissait l'énorme, la longue serpe aux dents aiguës ; et brusquement il faucha les bourses de son père, pour les jeter ensuite, au hasard, derrière lui.

Ibid.

Le sexe jeté au loin éclabousse la Terre de sang, et le pouvoir procréateur d'Ouranos s'illustre une dernière fois par de multiples venues au monde, Géants, Érinyes, Nymphes...

> Ce ne fut pas pourtant un vain débris qui lors s'enfuit de sa main. Des éclaboussures sanglantes en avaient jailli ; Terre les reçut toutes, et, avec le cours des années, elle en fit naître les puissantes Érinyes, et les grands Géants aux armes étincelantes, qui tiennent en leurs mains de longues javelines, et les Nymphes aussi que l'on nomme Méliennes, sur la terre infinie. Quant aux bourses, à peine les eut-il tranchées avec l'acier et jetées de la terre dans la mer au flux sans repos, qu'elles furent emportées au large, longtemps ; et tout autour, une blanche écume sortait du membre divin... et surtout Aphrodite :
> De cette écume une fille se forma, qui toucha d'abord à Cythère la divine, d'où elle fut ensuite à Chypre qu'entourent les flots ; et c'est là que prit terre la belle et vénérée déesse qui faisait autour d'elle, sous ses pieds légers, croître le gazon et que les dieux aussi bien que les hommes appellent Aphrodite, pour s'être formée d'une écume, ou encore Cythérée, pour avoir abordé à Cythère, Amour (Éros) et le beau Désir (Himéros) sans tarder, lui firent cortège, dès qu'elle fut née et se fut mise en route vers les dieux. Et du premier jour, son privilège à elle, le lot qui est le sien, aussi bien parmi les hommes que parmi les immortels, ce sont les babils de fillettes, les sourires, les piperies ; c'est le plaisir suave, la tendresse et la douceur.

Ibid., p. 102.

La première grande génération divine est à ce moment en place, et de leurs unions naissent les dieux de l'Olympe, plus directement au contact de l'humanité.

B.   LA CRÉATION DE L'HOMME

1.   *L'alliance de Prométhée et d'Athéna*

La création de l'homme, telle qu'elle est relatée par Hésiode dans la *Théogonie* et par Eschyle dans le *Prométhée enchaîné*, n'est pas due aux dieux seuls.

Leur auteur en est le titan Prométhée, dont le nom signifie en grec « le prévoyant ». Il démontre cette qualité en conseillant à ses frères Titans de ne pas affronter Zeus directement, mais d'employer la ruse, préférable à la force face au maître des dieux. Ne recevant aucun soutien, Prométhée rallie le camp de Zeus, et évite de ce fait d'être précipité au Tartare.

Selon la *Théogonie*, c'est lui qui façonne les hommes à partir d'une argile de Béotie. Immortel, Prométhée n'est toutefois pas un démiurge : sans le souffle, ses figurines de terre ne peuvent s'animer. Il reçoit alors l'aide de la déesse Athéna, fille de Zeus, qui vient leur insuffler la vie.

Par la suite, Prométhée doit continuer à protéger l'humanité ainsi créée de la colère de Zeus, qui entend les priver du feu pour les anéantir.

2.   *Extraits commentés*

Avant la venue de l'homme actuel sur la terre, d'autres grandes races l'y ont précédé, suivant *Les Travaux et les Jours* d'Hésiode : les hommes de l'âge d'or, ceux de l'âge d'argent, de l'âge de bronze, enfin les héros et demi-dieux. L'humanité n'est en conséquence que la race de fer, la plus tardivement apparue, vouée, contrairement à celles plus tôt venues à l'existence, à connaître les affres des misères proprement humaines.

Le premier âge est celui de Cronos, des hommes d'or voués à la permanence de la félicité, dont Zeus fait plus tard de bienfaisantes divinités :

> Si tu le veux, je couronnerai mon récit par un autre, comme il convient et doctement. Et toi, mets-le en ton esprit.
>
> D'or fut la première race d'hommes périssables que créèrent les Immortels, habitants de l'Olympe. C'était aux temps de Cronos, quand il régnait encore au ciel. Ils vivaient comme des dieux, le cœur libre de soucis, à l'écart et à l'abri des peines et des misères : la vieillesse misérable sur eux ne pesait pas ; mais, bras et jarret toujours jeunes, il s'égayaient dans les festins, loin de tous les maux. Mourant, ils semblaient succomber au sommeil. Tous les biens étaient à eux : le sol fécond produisait de lui-même une abondante et généreuse récolte, et eux, dans la joie et la paix, vivaient de leurs champs, au milieu de biens sans nombre. Depuis que le sol a recouvert ceux de cette race, ils sont, par le vouloir de Zeus puissant, les bons génies de la terre, gardiens des mortels, dispensateurs de la richesse : c'est le royal honneur qui leur fut départi.

Hésiode, *Les Travaux et les Jours*, trad. P. Mazon, C.U.F., p. 152.

Vient ensuite une race d'argent, déjà bien inférieure à la précédente. Après une enfance de cent ans auprès de sa mère, l'homme de l'âge d'argent perd vite toute raison, et mécontente les dieux de l'Olympe en ne leur rendant pas le culte attendu. Zeus se décide à les exterminer, ils sont ensevelis par la terre et deviennent divinités du monde chtonien :

> Puis une race bien inférieure, une race d'argent, plus tard fut créée encore par les habitants de l'Olympe. Ceux-là ne ressemblaient ni pour la taille ni pour l'esprit à ceux de la race d'or. L'enfant, pendant cent ans, grandissait en jouant aux côtés de sa digne mère, l'âme toute puérile, dans sa maison. Et quand, croissant avec l'âge, ils atteignaient le terme qui marque l'entrée de l'adolescence, ils vivaient peu de temps, et, par leur folie, souffraient mille peines. Ils ne savaient pas s'abstenir entre eux d'une folle démesure. Ils refusaient d'offrir un culte aux Immortels ou de sacrifier aux saints autels des Bienheureux, selon la loi des hommes qui se sont donné des demeures. Alors Zeus, fils de Cronos, les ensevelit, courroucé, parce qu'ils ne rendaient pas hommage aux dieux bienheureux qui possèdent l'Olympe. Et, quand le sol les eut recouverts à leur tour, ils devinrent ceux que les mortels appellent les Bienheureux des Enfers, génies inférieurs, mais que quelque honneur accompagne encore.

Ibid.

À la race d'argent succède la race de bronze. Sa caractéristique principale est une force colossale, accompagnée d'un instinct guerrier qui les pousse à se combattre jusqu'à leur propre extinction :

> Et Zeus, père des dieux, créa une troisième race d'hommes périssables, race de bronze, bien différente de la race d'argent, fille des frênes, terrible et puissante. Ceux-là ne songeaient qu'aux travaux gémissants d'Arès et aux œuvres de démesure. Ils ne mangeaient pas le pain ; leur cœur était comme l'acier rigide ; ils terrifiaient. Puissante était leur force, invincibles les bras qui s'attachaient contre l'épaule à leur corps vigoureux. Leurs armes étaient de bronze, de bronze leurs maisons, avec le bronze ils labouraient, car le fer noir n'existait pas. Ils succombèrent, eux, sous leurs propres bras et partirent pour le séjour moisi de l'Hadès frissonnant, sans laisser de nom sur la terre. Le noir trépas les prit, pour effrayants qu'ils fussent, et ils quittèrent l'éclatante lumière du soleil.

Ibid.

Derniers venus avant l'humanité actuelle, les héros et les demi-dieux sont, tout comme les hommes de bronze, créés par Zeus. Ils fondent des mythes plus proches, entretiennent encore un contact direct et régulier avec les Dieux, forment l'essentiel des héros de la guerre de Troie :

> Et, quand le sol eut de nouveau recouvert cette race, Zeus, fils de Cronos, en créa encore une quatrième sur la glèbe nourricière, plus juste et plus brave, race divine des héros que l'on nomme demi-dieux et dont la génération nous a précédés sur la terre sans limites. Ceux-là périrent dans la dure guerre et dans la mêlée douloureuse, les uns devant les murs de Thèbes aux sept portes, sur le sol cadméen, en combattant pour les troupeaux d'Œdipe ; les autres au-delà de l'abîme marin, à Troie, où la guerre les avait conduits sur des vaisseaux, pour Hélène aux beaux cheveux, et où la mort, qui tout achève, les enveloppa. À d'autres enfin, Zeus, fils de Cronos et père des dieux, a donné une existence et une demeure éloignées des hommes, en les établissant aux confins de la terre. C'est là qu'ils habitent, le cœur libre de soucis, dans les Iles des Bienheureux, aux bords des tourbillons profonds de l'Océan, héros fortunés, pour qui le sol fécond prote trois fois l'an une florissante et douce récolte.

Ibid.

Les hommes qui peuplent cette terre sont les derniers représentants des volontés divines de création. Faibles, menacés, ils n'ont plus aucune des qualités de leurs divers prédécesseurs, ne bénéficient pas de la vie facile de l'âge d'or ou de la force hors du commun des hommes de bronze.

Eux aussi doivent disparaître, et ce moment s'accompagne de la terrible prédiction du règne absolu et sans partage des maux les plus accablants :

> Et plût au ciel que je n'eusse pas à mon tour à vivre au milieu de ceux de la cinquième race, et que je fusse ou mort plus tôt ou né plus tard. Car c'est maintenant la race du fer. Ils ne cesseront ni le jour de souffrir fatigues et misères, ni la nuit d'être consumés par les dures angoisses que leur enverront les dieux. Du moins trouveront-ils encore quelques biens mêlés à leurs maux. Mais l'heure viendra où Zeus anéantira à son tour cette race d'hommes périssables : ce sera le moment où ils naîtront avec des tempes blanches.
>
> *Ibid.*

Les manifestations d'inhumanité des derniers hommes doivent être telles que Conscience et Vergogne (Honneur) préfèrent regagner l'Olympe, anéantissant tout espoir d'atténuation :

> Le père alors ne ressemblera plus à ses fils ni les fils à leur père ; l'hôte ne sera plus cher à son hôte, l'ami à son ami, le frère à son frère, ainsi qu'aux jours passés. À leurs parents, sitôt qu'ils vieilliront, ils ne montreront que mépris ; pour se plaindre d'eux, ils s'exprimeront en paroles rudes, les méchants ! et ne connaîtront même pas la crainte du Ciel. Aux vieillards qui les ont nourris ils refuseront les aliments. Nul prix ne s'attachera plus au serment tenu, au juste, au bien : c'est à l'artisan de crimes, à l'homme tout démesure qu'iront leurs respects ; le seul droit sera la force, la conscience n'existera plus.
>
> Alors commencera le règne du mal sans remède :
>
> Le lâche attaquera le brave avec des mots tortueux, qu'il appuiera d'un faux serment. Aux pas de tous les misérables humains s'attachera la jalousie, au langage amer, au front haineux, qui se plaît au mal. Alors, quittant pour l'Olympe la terre aux larges routes, cachant leurs beaux corps sous des voiles blancs, Conscience et Vergogne, délaissant les hommes, monteront vers les Éternels. De tristes souffrances resteront seules aux mortels : contre le mal il ne sera point de recours.
>
> *Ibid.*

C. LA COLÈRE DE ZEUS, LA DESTRUCTION DE L'HUMANITÉ

1. Le déluge

Quatre générations d'hommes et une de demi-dieux, dans la *Théogonie*, se succèdent en fonction des âges, depuis l'âge d'or, l'âge d'argent, l'âge de bronze, celui des héros, jusqu'à l'âge de fer qui est le nôtre.

Les hommes, nos prédécesseurs, mécontentent Zeus par leur impiété, le bruit de leurs clameurs qui monte jusqu'à l'Olympe.

Aidé d'Hermès, le roi des dieux entreprend alors de détruire cette envahissante humanité en lui envoyant le déluge. Tous sont exterminés, à l'exception d'un couple, dont les noms varient en suivant le mythe pris en considération, Philémon et Baucis ou Deucalion et Pyrrha.

Selon le premier, Zeus et Hermès, alors que les eaux du déluge commencent leur œuvre dévastatrice, sont pris de remords. Ils descendent sur terre, à la recherche d'éventuels hommes qui mériteraient le salut.

Pour ne pas révéler leur condition divine, ils sont devenus d'humbles voyageurs, et parcourent la terre en demandant le gîte et le couvert. Partout ils sont durement refoulés, jusqu'au moment où ils atteignent la Phrygie, et la maison de Philémon et Baucis. Ce couple de paysans âgés, profondément unis, reçoit les deux dieux du mieux qu'il peut, se prépare à sacrifier leur maigre avoir pour les honorer et les restaurer. Reconnaissants, Zeus et Hermès se révèlent sous leur apparence véritable, et enlèvent le couple pour le mettre à l'abri des inondations, sur le sommet d'une montagne.

Leur maison, épargnée, devient un temple dédié à Zeus, qui les intronise prêtre et prêtresse. Un ultime vœu de Philémon et Baucis sera comblé quelques années plus tard : mourir ensemble, au même moment. Ils sont alors transformés par Zeus en un chêne et un tilleul.

C'est le poète Ovide, dans le premier livre des *Métamorphoses*, qui nous a transmis le second mythe du déluge et l'avènement d'une humanité nouvelle, créée par Deucalion et Pyrrha.

Deucalion est le fils du titan Prométhée, qui, prévenu des intentions destructrices de Zeus, lui ordonne de construire une embarcation, et d'y prendre place avec son épouse Pyrrha. Le déluge dure neuf jours et neuf nuits, mais la barque résiste et finit par échouer au sommet du mont Parnasse. Le couple en descend, et offre un sacrifice à Zeus, en reconnaissance de la survie accordée. Ils s'aperçoivent alors qu'ils sont les seuls humains vivants et s'en désolent. Zeus a agréé le sacrifice offert, et envoie Hermès chargé d'accéder à l'un de leurs vœux.

Deucalion et Pyrrha réclament la naissance d'une nouvelle humanité. Hermès leur explique comment y parvenir : la ceinture dénouée, la tête recouverte d'un voile, ils devront jeter les ossements de leur mère (ou grand-mère) par-dessus les épaules.

Horrifiés à l'idée de commettre un semblable sacrilège, Deucalion et Pyrrha s'y refusent dans un premier temps. Puis Deucalion comprend le sens exact des paroles du messager des dieux, la mère dont il s'agit est la mère universelle de tous les hommes, c'est-à-dire la Terre. Les os à jeter sont par conséquent des pierres, ce qui est fait. Naissent alors des hommes, issus des pierres jetées par Deucalion, et des femmes, nées elles de celles de Pyrrha. Une nouvelle humanité remplace ainsi la précédente.

2. Extrait commenté

Ce sont les *Métamorphoses*, d'Ovide, qui nous fournissent en latin une reprise du mythe grec de Deucalion et Pyrrha. L'extrait présenté prend pour point de départ les jets de pierres effectués par les deux époux pour expliquer la résistance des hommes :

> C'est ainsi qu'en un court espace de temps, par la volonté des dieux, les pierres lancées par la main de l'homme prirent la figure d'hommes, et des pierres lancées par la femme naquit de nouveau la femme.
>
> Et depuis lors nous sommes une race dure, à l'épreuve du labeur, et nous montrons de façon probante de quelle origine nous sommes issus.

Ovide, **Les Métamorphoses**, *in :* V. Grigorieff,
Mythologies du monde entier, Marabout, 1987, p. 92.

D.   LE HÉROS CIVILISATEUR

1.   Prométhée enchaîné par amour des hommes

Prométhée, avec l'aide d'Athéna, a donné naissance à l'humanité, mais il redoute la destruction de sa créature par Zeus. Ce dernier a décidé non seulement de les priver du feu, mais également de leur retirer la nourriture. Pour ce faire, le dieu exige que lui soit offert en sacrifice la meilleure part des animaux abattus, soit la viande, laissant aux hommes les entrailles et la peau.

Pour déjouer ce plan, Prométhée a recours à la ruse. Les hommes convient Zeus à venir lui-même choisir ce qui doit lui revenir du sacrifice. Deux offrandes sont présentées : la première est recouverte, selon le rite, d'une riche et épaisse graisse, la seconde enveloppée dans la peau du bœuf abattu. Zeus choisit le premier paquet, et n'y trouve que les os, l'habile Prométhée avait dissimulé les chairs sous la peau. Désormais, les dieux devront se contenter, lors des sacrifices, du fumet des graisses et des entrailles brûlées, la viande rôtie reviendra aux hommes.

Fou de colère, Zeus regagne l'Olympe et reprend le feu aux hommes. Prométhée le lui dérobe en volant une étincelle à la forge d'Héphaïstos, et le ramène sur terre. Son châtiment est à la mesure de l'offense : enchaîné sur une haute montagne, le Caucase (?), l'aigle de Zeus déchiquette chaque jour un foie qui repousse toutes les nuits et le dévore. Le titan est finalement délivré par un héros, Héraclès, fils de Zeus et de la néréide Thétis. Héraclès abat l'aigle d'une flèche, et son intervention est récompensée par les conseils de Prométhée pour réaliser l'un de ses travaux, s'emparer des pommes d'or du jardin des Hespérides.

2.   Extraits commentés

La querelle entre le souverain des dieux et Prométhée s'ouvre sur la répartition exacte de ce qui doit revenir aux divinités, et ce que conserveront les hommes lors du sacrifice :

> C'était aux temps où se réglait la querelle des dieux et des hommes mortels, à Mécône. En ce jour-là Prométhée avait, d'un cœur empressé, partagé un bœuf

énorme, qu'il avait ensuite placé devant tous. Il cherchait à tromper la pensée de Zeus : pour l'un des deux partis, il avait mis sous la peau chairs et entrailles lourdes de graisse, puis recouvert le tout du ventre du bœuf ; pour l'autre, il avait, par ruse perfide, disposé en un tas les os nus de la bête, puis recouvert le tout de graisse blanche. Sur quoi, le père des dieux et des hommes lui dit : « O fils de Japet, noble sire entre tous, tu as, bel ami, été bien partial en faisant les lots ».

Ainsi railleur, parlait Zeus aux conseils éternels. Et Prométhée aux pensers fourbes lui répondit avec un léger sourire, soucieux de sa ruse perfide : « Zeus très grand, le plus glorieux des dieux toujours vivants, choisis donc de ces parts celle que ton cœur t'indique en ta poitrine ».

Hésiode, ***La Théogonie***, *op. cit.*, p. 98.

La ruse de Prométhée induit Zeus en erreur, et c'est la part la moins noble qui désormais reviendra aux dieux dans le sacrifice :

Il dit, le cœur plein de fourbe, et Zeus aux conseils éternels comprit la ruse et sut la reconnaître. Mais déjà, en son cœur il méditait la ruine des mortels, tout comme en fait il devait l'achever. De ses deux mains il souleva la graisse blanche, et la colère emplit son âme, tandis que la bile montait à son cœur, à la vue des os nus de la bête, trahissant la ruse perfide. — Et aussi bien est-ce pourquoi, sur la terre, les fils des hommes brûlent aux Immortels les os nus des victimes sur les autels odorants. — Et, indigné, l'assembleur de nuées, Zeus, dit : « Ah ! fils de Japet, qui en sais plus que nul au monde, je le vois, bel ami, tu n'as pas encore oublié la ruse perfide ».

Ibid., p. 99.

Provoquer Zeus, fût-on un Titan, est chose dangereuse. Prométhée, en le dupant sur la part sacrificielle, avantage les hommes et se substitue ainsi aux divinités, seules chargées de régler le cours de la vie humaine.

Décidé à mettre fin à l'humanité, Zeus la prive alors du feu :

Ainsi, irrité, parlait Zeus aux conseils éternels ; et, dès lors, de cette ruse gardant toujours le souvenir, il se refusait à diriger sur les frênes l'élan du feu infatigable pour le profit des mortels, habitants de cette terre. Mais le brave fils de Japet sut le tromper et déroba, au creux d'une férule, l'éclatante lueur du feu infatigable ; et Zeus, qui gronde dans les nues, fut mordu profondément au cœur et s'irrita en son âme, quand il vit briller au milieu des hommes l'éclatante lueur du feu.

Ibid.

Puisqu'il ne peut éliminer les hommes, Zeus utilise les armes mêmes de Prométhée, surtout la ruse, pour infliger à ces derniers un mal durable. Pour sa conception, les Olympiens prêtent main forte à leur souverain, et chacun dote et pare la nouvelle créature :

Aussitôt, en place du feu, il créa un mal, destiné aux humains. Avec de la terre, l'illustre Boiteux modela un être tout pareil à une chaste vierge, par le vouloir du Cronide. La déesse aux yeux pers, Athéna, lui noua sa ceinture, après l'avoir parée d'une robe blanche, tandis que de son front ses mains faisaient tomber un voile aux mille broderies, merveille pour les yeux. Autour de sa tête elle posa un diadème d'or forgé par l'illustre Boiteux lui-même, de ses mains adroites, pour plaire à Zeus son père : il portait d'innombrables ciselures, merveille pour les yeux, images des bêtes que par milliers nourrissent la terre et les mers ; Héphaïstos en avait mis des milliers — et un charme infini illuminait le bijou — véritables merveilles, toutes semblables à des êtres vivants.

Ibid., p. 100.

Enfin prêt, le piège des dieux est livré aux hommes, et Prométhée lui-même ne saurait le combattre ou empêcher les hommes d'y succomber, la femme fait son apparition parmi eux :

Et quand, en place d'un bien, Zeus eut créé ce mal si beau, il l'amena où étaient dieux et hommes, superbement paré par la Vierge aux yeux pers, la fille du dieu fort ; et les dieux immortels et les hommes mortels allaient s'émerveillant à la vue de ce piège, profond et sans issue, destiné aux humains. Car c'est de celle-là qu'est sortie la race, l'engeance maudite des femmes, terrible fléau installé au milieu des hommes mortels.

Ibid.

Une fois les hommes châtiés, Zeus entend tirer vengeance plus éclatante encore de Prométhée, et Héphaïstos, à regret, doit forger les chaînes qui le rivent au Caucase, lieu de son tourment :

HÉPHAISTOS – Pouvoir et Force, la mission de Zeus pour vous est achevée : rien ne vous retient plus. Mais moi, le cœur me manque pour enchaîner de force un dieu, mon frère, à ce pic battu des tempêtes. Et, pourtant, il m'en faut trouver le courage : négliger l'ordre d'un père est faute lourdement punie. (*À Prométhée*) Fils aux pensers hardis de la sage Thémis, c'est malgré moi autant que malgré toi que je te vais clouer à ce roc désolé dans des nœuds inextricables d'acier. Là, tu ne connaîtras plus ni voix ni visage humains, mais, brûlé des feux flamboyants du soleil, tu sentiras la fleur de ton teint se flétrir ; avec joie, toujours, tu verras la nuit dérober la lumière sous son manteau d'étoiles, le soleil à son tour fondre le givre de l'aurore, sans que la douleur d'un mal toujours présent jamais cesse de te ronger, car nul libérateur n'est encore né pour toi.

Eschyle, ***Prométhée enchaîné***, les Belles Lettres, 1963, p. 161.

Le forgeron divin reproche à Prométhée son abusive intervention, et lui promet une éternité de plaintes poussées en vain vers un Zeus inflexible :

Voilà ce que tu as gagné à jouer le bienfaiteur des hommes. Dieu que n'effraie pas le courroux des dieux, tu as, en livrant leurs honneurs aux hommes, transgressé le droit : en récompense, tu vas sur ce rocher monter une garde douloureuse, debout toujours, sans prendre de sommeil ni ployer les genoux. Tu pourras alors lancer des plaintes sans fin, des lamentations vaines : le cœur de Zeus est inflexible ; un nouveau maître est toujours dur.

Ibid.

Resté seul, accablé d'un mal dont on ne peut le délivrer, Prométhée se lamente et justifie le vol du feu. C'est pleinement conscient qu'il l'a dérobé, par amour des hommes, sachant fort bien qu'il scellait ainsi son Destin :

PROMÉTHÉE – Mais que dis-je ? Tout entier, d'avance, sais-je pas l'avenir ? Nul malheur ne viendra sur moi que je n'aie prévu. Il faut porter d'un cœur léger le sort qui vous est fait et comprendre qu'on ne lutte pas contre la force du Destin. — Pourtant taire ces maux m'est aussi impossible que ne pas les taire. Oui, c'est pour avoir fait un don aux mortels que je ploie sous ce joug de douleurs, infortuné ! Un jour, au creux d'une férule, j'emporte mon butin, la semence de feu par moi dérobée, qui s'est révélée pour les hommes un maître de tous les arts, un trésor sans prix. Voilà, les fautes dont je paie la peine aux dieux, dans ces liens qui me clouent ici à la face du Ciel !

Ibid., p. 164-165.

Prométhée rappelle ensuite les longues années d'incertain combat entre Cronos et Zeus, ainsi que le choix qu'il finit par faire de rallier le fils contre le père, n'obtenant des Titans nulle considération pour ses avertissements prophétiques :

PROMÉTHÉE – En parler, déjà, m'est douloureux ; mais me taire aussi m'est une douleur : de tous côtés, rien que misères ! Du jour où la colère fut entrée dans le cœur des dieux, tandis que la discorde s'élevait entre eux — les uns voulant chasser Cronos de son trône, afin que Zeus fût désormais leur maître ; les autres, au contraire, luttant pour que Zeus jamais ne régnât sur les dieux — j'eus beau alors donner les plus sages conseils et chercher à persuader les Titans, fils d'Ouranos et de la Terre, je n'y réussis pas. Dédaignant les moyens de ruse, ils crurent, en leur brutalité présomptueuse, qu'ils n'auraient point de peine à triompher par la force. Moi, plus d'une fois, ma mère, Thémis ou Gaia, forme unique sous maints noms divers, m'avait prédit comment se réaliserait l'avenir : à qui l'emporterait non par force et violence, mais par ruse, appartiendrait la victoire ». Prométhée aide Zeus de sa ruse : « Je le leur expliquai avec force raisons : ils ne daignèrent pas m'accorder un regard ! Le mieux, dans ces conjonctures, m'apparaissait dès lors d'avoir pour moi ma mère en m'allant placer aux côtés de Zeus, qui volontiers accueillit le volontaire. Et c'est grâce à mes plans qu'aujourd'hui le profond et le noir repaire du Tartare cache l'antique Cronos avec ses alliés. Voilà les services qu'a obtenus de moi le roi des dieux et qu'il a payés de cette cruelle récompense.

Ibid., p. 168-169.

C'est sur le ton d'une fierté attristée que Prométhée poursuit le récit des soins qu'il consacre à l'humanité naissante. Ici, selon Eschyle, non seulement il est leur créateur, mais il leur transmet tout ce qu'ils doivent connaître pour croître et prospérer :

Écoutez en revanche les misères des mortels, et comment des enfants qu'ils étaient j'ai fait des êtres de raison, doués de pensée. Je veux le conter ici, non pour dénigrer les humains, mais pour vous montrer la bonté dont leur ont témoigné mes dons. Au début ils voyaient sans voir, ils écoutaient sans entendre, et, pareils aux formes des songes, ils vivaient leur longue existence dans le désordre et la confusion. Ils ignoraient les maisons de briques ensoleillées, ils ignoraient le travail du bois ; ils vivaient sous terre, comme les fourmis agiles, au fond de grottes closes au soleil.

Vient le passage de la sauvagerie au monde civilisé :

Pour eux, il n'était point de signe sûr ni de l'hiver ni du printemps fleuri ni de l'été fertile ; ils faisaient tout sans recourir à la raison, jusqu'au moment où je leur appris la science ardue des levers et des couchers des astres. Puis ce fut le tour de celle du

Un temple dorique : le Parthénon.

nombre, la première de toutes, que j'inventai pour eux, ainsi que celle des lettres assemblées, mémoire de toute chose, labeur qui enfante les arts. Le premier aussi, je liai sous le joug des bêtes soumises soit au harnais, soit à un cavalier, pour prendre aux gros travaux la place des mortels, et je menai au char les chevaux dociles aux rênes, dont se pare le faste opulent. Nul autre que moi non plus n'inventa ces véhicules aux ailes de toile qui permettent au marin de courir les mers. — Et l'infortuné qui a pour les mortels trouvé telles inventions ne possède pas aujourd'hui le secret qui le délivrerait lui-même de sa misère présente !

Ibid., p. 176-177.

Les dons multiples de Prométhée ne se limitent pas à l'art de cultiver, d'élever les bêtes, de calculer et d'écrire, il leur enseigne également la médecine afin de prolonger leurs jours :

> Ceux qui tombaient malades n'avaient point de remède ni à manger ni à s'appliquer ni à boire, et, privés de médicaments, ils dépérissaient, jusqu'au jour où je leur montrai à mélanger les baumes cléments qui écartent toute maladie.

Ibid., p. 178.

Éloignés des dieux, dernière humanité après les destructions précédentes, les hommes de ce monde doivent tenter d'interpréter les volontés divines, de satisfaire leurs protecteurs aussi bien que d'apaiser d'éventuelles rancunes. Dans ce but, Prométhée leur prodigue sa science de l'art divinatoire :

> Je classai aussi pour eux les milles formes de l'art divinatoire. Le premier je distinguai les songes que la veille doit réaliser et je leur éclairai les sons chargés d'obscurs présages et les rencontres de la route. Je déterminai fermement ce que signifie le vol des rapaces, ceux qui sont favorables ou de mauvais augure, les mœurs de chacun, leurs haines entre eux, leurs affections, leurs rapprochements sur la même branche ; et aussi le poli des viscères, les teintes qu'ils doivent avoir pour être agréables aux dieux, les divers aspects propices de la vésicule biliaire et du lobe du foie. Je fis brûler les membres enveloppés de graisses et l'échine allongée, pour guider les mortels dans

l'art obscur des présages, et je leur rendis clairs les signes de flamme jusque-là enveloppés d'ombre.

Ibid.

En dépit de ces bienfaits multiples, Prométhée doit subir le contrecoup de l'ire divine. Zeus ne consent pas à lui pardonner et il lui faut attendre sa délivrance d'Héraclès.

E.   LA DESCENTE AUX ENFERS

1.   Le mythe d'Orphée

Orphée occupe, dans le monde grec, une place importante, due notamment à sa double existence : personnage mythique, il est fils d'Apollon et de la muse Calliopé, personnage historique, s'il a jamais existé, il est le fondateur des cultes orphiques.

Jeune homme, Orphée se laisse tenter par l'aventureux Jason et embarque sur le navire Argo, qui donne son nom à l'expédition des Argonautes. Doué par son père Apollon, maître de la lyre, du pouvoir de charmer par son instrument, il tient de sa mère Calliopé, « à la voix harmonieuse », muse de la Poésie épique, l'art du chant.

Ces qualités lui permettent, au cours de la quête de la Toison d'or, d'apaiser la mer déchaînée, de couvrir la voix des sirènes, d'endormir le serpent gardien de l'arbre auquel est suspendue la Toison en Colchide.

De retour, il s'éprend de la naïade Eurydice et l'épouse. Hélas, elle meurt à la suite d'une morsure de serpent. Inconsolable, Orphée erre de par le monde, cesse de chanter et de jouer de la lyre. Parvenu en Laconie, il y trouve le passage reliant le monde des morts à celui des vivants, et entreprend d'aller rechercher son épouse.

Le fleuve des Enfers, le Styx, lui barre le passage, et il doit affronter le terrible Cerbère, chargé justement de dévorer tout défunt qui tenterait de quitter le monde des morts. Pour traverser le Styx, Orphée doit emprunter la barque du nautier Charon. Ce dernier commence par refuser, seuls les trépassés pouvant devenir ses passagers, puis, charmé par les sons divins de la lyre du poète, accepte. Ce sont les mêmes accents qui adoucissent Cerbère, monstrueux chien à trois têtes.

Orphée parvient ainsi devant les maîtres du lieu, Hadès et son épouse Perséphone, qu'il parvient à subjuguer à leur tour. Sa requête est acceptée, Eurydice lui sera rendue pourvu qu'il la précède sur le chemin, sans jamais se retourner avant d'être dans le monde des vivants. Parvenu à proximité de l'entrée des Enfers, alors qu'il distingue déjà la clarté du jour, Orphée ne peut résister à la tentation et se retourne. Aussitôt Eurycide disparaît et retourne aux Enfers. Orphée tente en vain de recommencer son exploit, les chants les plus sublimes ne lui ouvrant pas les portes du royaume d'Hadès.

La fin d'Orphée est tragique : de retour en Thrace, il mène une vie solitaire, et ses anciennes compagnes, les Ménades, furieuses, le mettent en pièces. Sa tête, détachée du tronc, ne cesse d'appeler la bien-aimée, de crier « Eurydice ».

2.   Extraits commentés

Désespéré par la mort prématurée d'Eurycide, Orphée se laisse d'abord envahir par la douleur, puis prend la résolution d'accomplir l'inimaginable pour un mortel :

> Qui pourrait décrire le chagrin d'Orphée ? Nuit et jour il pleura sa femme. Mais les larmes ne lui apportaient aucun soulagement. Au lieu de s'alléger, son cœur devenait plus lourd, et il décida à la fin de faire ce qu'aucun mortel n'avait osé faire jusque-là pour un être aimé. Il résolut de descendre aux Enfers et de demander à Hadès de lui rendre Eurycide ».

A. T. White, ***Mythes et légendes***, Western Publishing Company Wisconsin, 1960, p. 17.

Après avoir difficilement convaincu Cerbère, charmé par les accents de sa lyre, de le laisser passer, et Charon de lui permettre de franchir le Styx, Orphée parvient devant le trône des divinités infernales suprêmes, Hadès et son épouse Perséphone. S'élève alors un chant émouvant, celui de l'amour transi :

> Souverains des Enfers ! Je ne viens pas épier les secrets de votre royaume. Je viens chercher ma femme, morte dans tout l'éclat de sa jeunesse, quand elle a marché sur un serpent qui lui a versé son poison dans les veines. J'ai essayé de supporter mon chagrin, mais c'est en vain — l'amour est trop fort. C'est l'Amour qui m'a conduit ici — l'Amour est un dieu bien connu de ceux qui habitent la terre. Et même ici il n'est point inconnu, si ce que l'on raconte de vous est vrai.
>
> Vous aussi, ô Roi et ô Reine, avez été réunis par l'Amour. Je vous supplie, par ces séjours de terreur, par ces royaumes du silence, rendez la vie à Eurydice.
>
> *Ibid.*

En cas de refus des souverains des Enfers, Orphée préfère mourir à son tour pour être enfin réuni avec Eurydice. La douleur de l'amour perdu, de l'être cher disparu, est plus redoutable que la mort même.

Touchés d'une affliction si grande, Hadès et Perséphone consentent à laisser Eurydice quitter le royaume des morts, pourvu qu'Orphée, marchant en tête, ne se retourne pas avant leur sortie définitive. Le long chemin commence :

> Dans les ténèbres et le silence oppressant Orphée commença à gravir le sentier étroit et abrupt ; Eurydice le suivait en boitant[1]. Le cœur du poète était rempli de joie. Son audace avait été couronnée de succès. Par le charme de sa musique, il avait obtenu du sinistre dieu ce que l'amour demandait. Pourvu seulement que les forces d'Eurydice ne lui manquent pas avant d'atteindre le jour !
>
> Ils arrivaient près du sommet quand il sembla soudain à Orphée qu'il n'entendait plus le pas d'Eurydice derrière lui. Saisi de panique, il se retourna pour voir si elle était bien là. Mais immédiatement Eurydice s'enfonça dans l'abîme.
>
> *Ibid.*, p. 18.

---

1.   En raison de la morsure du serpent.

Eurydice est définitivement perdue, aucune supplication ne fléchira les gardiens des Enfers, Orphée ne peut espérer une seconde chance.

Le voyage d'Orphée inspire de nombreux poètes, à l'image de ceux des *Hymnes Orphiques*, mais aussi des épopées, dont celle-ci, datée du IVe siècle de notre ère :

> J'entrai en prière, et elles prêtèrent l'oreille à mon jeu,
> La Tisiphone, l'Alectô, et la divine Mègère,
> Elles rompirent les cavernes de l'abîme où l'on ne sourit guère,
> Et de leurs torches sèches elles projetèrent une lueur de sang.
> La fosse aussitôt s'illumina, le feu mortel tout grondant.
> Une vapeur noire se répandit en haute fumée,
> Et aussitôt des Enfers à travers la flamme les créatures se sont éveillées,
> Terribles, impossibles à regarder, épouvantables et cruelles.
> Le corps de la première est en fer, et c'est elle
> Que les Infernaux nomment Pandorê, et avec elle s'avançait un monstre effrayant,
> La créature à trois têtes, intuable à jamais et aux aspects changeants :
> C'était Hécate, la fille du Tartare, et de son épaule gauche surgissait
> Un cheval à la longue crinière, et à droite c'était une chienne qu'on voyait,
> Avec des yeux féroces, et au milieu il y avait une Tête sauvage
> Et à deux mains elle tenait des épées munies de gardes.
> En cercle Hécate et Pandorê tournaient ici et là,
> Autour de la fosse, et les Expiations bondissaient du même pas.

R. Brasillach, Anthologie de la poésie grecque, Stock, 1982, p. 283.

L'accent est ici mis par le poète sur le caractère monstrueux des rencontres faites par Orphée au séjour infernal. C'est au livre XI des *Métamorphoses* que le poète Ovide nous laisse, en latin, la fin du mythe grec d'Orphée, par la mort du héros. Les Ménades, déchaînées, prennent l'isolement affligé d'Orphée pour une marque de mépris et se jettent sur lui :

> **Mort d'Orphée** : Tandis que par ces accents le chantre de Thrace attire à lui les forêts et les bêtes sauvages, tandis qu'il se fait suivre par les rochers eux-mêmes, voici que les jeunes femmes des Ciconiens délirantes, la poitrine couverte de peaux de bêtes, aperçoivent du haut d'un tertre Orphée qui marie ses chants aux sons des cordes frappées par sa main. Une de ces femmes, secouant sa chevelure dans l'air léger : « Le voilà, s'écrie-t-elle, le voilà celui qui nous méprise ! » Et elle frappe de son thyrse la bouche harmonieuse du chantre qui eut pour père Apollon ; mais la pointe, enveloppée de feuillage, y laisse seulement une empreinte sans la blesser. Une autre s'arme d'une pierre ; mais celle-ci, lancée à travers les airs, est vaincue en chemin par les accords de la voix et de la lyre ; comme si elle implorait le pardon de ces criminelles fureurs, elle vient tomber aux pieds d'Orphée ».

Ovide, Les Métamorphoses, livre XI, les Belles Lettres, Paris, 1968, p. 3.

Pour la première et la seule fois, le chant d'Orphée s'avère impuissant à contenir leurs fureurs, les hurlements, les tambourins, les claquements de mains couvrent la voix du fils d'Apollon et de Calliopé :

> Cependant ses ennemies l'attaquent avec un redoublement d'audace, rien ne les arrête plus ; elles n'obéissent plus qu'à Érinys déchaînée ; la mélodie émousserait

tous leurs traits, mais leurs clameurs retentissantes, la flûte de Bérécynthe au pavillon recourbé, les tambourins, les claquements des mains, les hurlements des bacchantes ont couvert le son de la cithare ; à la fin, n'entendant plus le poète, les pierres se sont teintes de son sang.

Ibid.

En vain tente-t-il de les apitoyer ; rien n'arrête la curée ; les Ménades le mettent en pièces, démembrent son corps et en jettent les morceaux au loin :

Il leur tendait les mains, il prononçait des paroles qui, pour la première fois, restaient impuissantes ; rien n'était plus sensible à sa voix ; ces femmes sacrilèges lui donnent le dernier coup ; par cette bouche, ô Jupiter, qui s'était fait écouter des rochers et comprendre des bêtes sauvages son âme s'exhale et s'envole dans les airs [...].

Maintenant ces débris quittent le fleuve de la patrie pour la mer où il les a conduits ; elle les dépose à Méthymne, sur le rivage de Lesbos.

Ibid.

À son tour, Orphée connaît la descente aux Enfers ; son ombre recherche aussitôt celle d'Eurydice. Ils sont enfins unis à jamais au royaume d'Hadès :

L'ombre d'Orphée descend sous la terre ; il reconnaît tous les lieux qu'il avait déjà vus auparavant ; dans les champs qu'habitent les âmes pieuses il cherche Eurydice ; il la trouve et la serre entre ses bras avides. Tantôt à côté l'un de l'autre ils parcourent ce séjour d'un même pas ; tantôt il suit sa compagne qui le guide, tantôt il marche devant elle : Orphée peut enfin se retourner sans crainte pour regarder son Eurydice.

Ibid., p. 4.

Ménade en transes – Rome, Musée national des Thermes.

F.   L'ÉTERNEL RETOUR

1.   Le rapt de Coré / Perséphone

- Coré (grec) : Perséphonê (grec) : Proserpine (latin).
- Déméter (grec) : Cérès (latin).

Fille de Cronos et de Rhéa, Déméter épouse son frère Zeus, et ils procréent Perséphone. En grandissant, leur fille croît en beauté et provoque le désir de son oncle Hadès, souverain des Enfers. C'est lors d'un séjour de Déméter sur terre que Zeus et son frère accomplissent le rapt de Perséphone.

Cette dernière se promène, en Sicile, avec ses compagnes, s'occupent à réaliser de magnifiques bouquets. Zeus tend le piège en l'attirant à l'aide d'un narcisse particulièrement beau. Alors que Perséphone se penche pour le cueillir, la terre se fend brutalement pour laisser le passage à Hadès, sur son char, lancé au galop de ses chevaux sombres. Hadès saisit Perséphone, transie d'effroi, et l'entraîne vers son noir royaume, en dépit de ses appels déchirants.

Déméter, entendant les cris de sa fille, se lance à sa recherche, mais parcourt en vain la terre pendant neuf jours et neuf nuits consécutifs. Désespérée, elle rend visite à Hécate, celle « qui étend son pouvoir au loin », divinité chtonienne, à ce titre en contact direct avec le monde souterrain. Hécate ne peut la renseigner, elle connaît l'enlèvement de Perséphone, mais non l'identité de son ravisseur.

Toutes deux se rendent ensuite auprès d'Hélios, le Soleil (le sol latin), celui qui voit tout et entend tout. Hélios relate alors le rapt, et, devant la violence du désespoir manifesté par Déméter, l'engage à respecter la volonté de Zeus, roi des Olympiens.

Loin de l'écouter, Déméter reproche avec véhémence à Zeus sa complicité, quitte l'Olympe et frappe la terre, elle aussi complice, de sécheresse. La famine s'installe durablement, pendant que Déméter s'installe à Éleusis et y demeure un an.

Les hommes, accablés, multiplient les sacrifices et les supplications vers Zeus qui décide d'agir. Pour fléchir sa sœur, il envoie une première fois Iris, messagère des dieux. Déméter reste inflexible. Zeus ne peut que satisfaire sa volonté, faute de quoi l'humanité disparaîtrait et les dieux seraient privés de la fumée des offrandes. Il lui accorde le retour de Perséphone, à condition toutefois qu'elle n'ait rien mangé pendant son séjour.

Hermès est envoyé la quérir, et la ramène à Éleusis. Grande est la joie de Déméter de revoir sa fille, jusqu'au moment où elle lui demande si elle a mangé quoi que ce soit au royaume des morts. Perséphone nie, mais elle est vite convaincue d'avoir avalé quelques pépins de grenade (de 4 à 7 selon les versions).

Zeus décide alors qu'elle partagera son temps annuellement entre un séjour auprès de sa mère, de l'automne aux débuts de l'été, et le royaume de son époux Hadès, pendant le reste de l'année. Selon le même mythe, interprété plus tardivement, c'est en hiver que Perséphone séjourne aux Enfers, et les quitte au printemps. Un éventuel chevauchement de saisons s'explique par le fait que le temps imparti à Hadès diffère selon les sources considérées, depuis le tiers jusqu'à la moitié de l'année.

Modérément satisfaite, d'autant que la grenade fut offerte à Perséphone par l'envoyé de Zeus, Hermès, venu la chercher, Déméter se fait prier pour mettre fin à la sécheresse, puis finit par y consentir.

2.   *Extraits commentés*

C'est l'*Hymne à Déméter* qui nous fournit le récit de l'enlèvement de Persé-phone. L'hymne s'ouvre sur l'absence de la déesse, l'insouciance de sa fille et de ses compagnes, filles de l'Océan, toutes occupées à cueillir un bouquet :

> Pour commencer, je chante Déméter aux beaux cheveux, la déesse vénérée,
> Et sa fille aux longues chevilles qui par le dieu des morts lui fut enlevée,
> Avec le consentement de Dieu[1] dont la vaste voix est sourde et grondante,
> Tandis que loin de sa mère à l'épée d'or, reine des moissons abondantes,
> Elle jouait avec les jeunes filles de l'Océan dont les poitrines sont bien faites,
> Et cueillait des fleurs, des roses, des crocus et de belles violettes
> Dans la tendre prairie, et des jacinthes et des iris,
> Et aussi la fleur que par ruse la Terre fit croître, le narcisse,
> Selon la volonté de Dieu[2], pour plaire au protecteur des hôtes et pour la fille
> fraîche comme une corolle.

> R. Brasillach, *Anthologie de la poésie grecque, op. cit.*, p. 65.

Le piège de Zeus réussit avec la complicité de la Terre ; le narcisse merveil-leux exhale la suavité d'une fragrance rare, parfumant Ciel et Terre. Attirée, Perséphone s'approche et Hadès surgit alors sur son char attelé de sombres chevaux :

> La fleur brillait merveilleusement, et ceux qui la virent en perdaient la parole,
> Qu'ils soient dieux immortels ou hommes soumis à la destinée.
> De sa racine, une tige à cent têtes était poussée,
> Et au parfum de cette boule de fleurs tout le vaste ciel dans les airs
> Sourit, et toute la terre, et le gonflement salé de la mer.
> L'enfant étonnée tendit à la fois ses deux mains,
> Pour saisir le joli jouet, mais s'entr'ouvrit la terre aux grands chemins,
> À travers la plaine de Nysie, et il en jaillit avec ses chevaux immortels,
> Le roi de tant d'hôtes, le fils aux milles noms du Temps Éternel[3].

> *Ibid.*

La colère de Déméter est terrible, et lorsqu'elle parvient à connaître le nom du ravisseur, elle frappe la Terre, sa complice :

> « Sol ingrat ! dit-elle, je t'avais rendu fertile ; je t'ai revêtu d'herbe et de grain
> nourrissant, et c'est ainsi que tu me récompenses. Tu n'auras plus mes faveurs ! »

---

1. et 2. Zeus.
3. Hadès.

Cette année-là fut la plus cruelle que l'humanité ait jamais connue. Rien ne poussait, rien ne prospérait. Le bétail mourait, les semences ne voulaient pas croître, les hommes et les bœufs travaillaient en vain. Il y avait trop de soleil. Il y avait trop de pluie. Seuls poussaient les chardons et les mauvaises herbes. Il semblait que tous les hommes allaient mourir de faim ».

Mythes et légendes, *op. cit.*, p. 12-13.

Aucune démarche des dieux envoyés par Zeus ne parvient à fléchir la résolution de Déméter. Perséphone lui est rendue, mais les grains de grenade, ici au nombre de quatre, ne lui permettent pas de quitter à jamais le royaume des défunts, elle doit y séjourner quatre mois, un par grain mangé :

Hermès guida les chevaux noirs tout droit vers le temple de Déméter à Éleusis. La déesse entendit le bruit des roues, et aussi rapide que la biche bondissant sur les collines, elle courut à la rencontre de sa fille. Perséphone se jeta dans les bras de sa mère. Et la tristesse du récit qu'elles avaient à se faire se transforma en joie.

Et c'est encore pareil de nos jours. Pendant un tiers de l'année Perséphone retourne dans la triste demeure d'Hadès un mois par grain qu'elle a mangé.

Ibid., p. 13.

G. CORRESPONDANCE DU PANTHÉON GREC AVEC CELUI DE ROME

GRÈCE	*ROME*
CHAOS	JANUS
CRONOS	SATURNE
RHÉA	OPS
ZEUS	JUPITER
HÉRA	JUNON
HESTIA	VESTA
DÉMÈTER	CÉRÈS
POSÉIDON	NEPTUNE
HADÈS	Id.[1]
ATHÉNA	MINERVE
ARÈS	MARS
DIONYSOS	LIBER
ARTÉMIS	DIANE
APHRODITE	VÉNUS
HÉPHAÎSTOS	VULCAIN

---

1. Pluton n'est pas une forme latinisée d'Hadès, mais la reprise du grec *Ploutos*, Le Riche, l'un des qualificatifs employés par les Grecs pour désigner Hadès sans employer son nom redouté.

Un temple ionique : l'Érechtéion.

H. ANNEXE

- Liste des divinités, panthéon principal, dieux et déesse de second rang.
- Les divinités allégoriques.
- Les demi-dieux et les héros.
- Les sept merveilles du monde.

L'objet de cette annexe est de permettre rapidement une mise à jour de ses connaissances sur l'ensemble des dieux, déesses, du panthéon classique, ainsi que sur les héros, leurs hauts faits, les allégories, les merveilles du monde, autant de thèmes qui reviennent dans nos expressions les plus courantes, nos images, et dont trop souvent l'origine est oubliée ou floue.

1. Le panthéon principal

SATURNE OU LE TEMPS

Avant la création du monde, l'univers n'est qu'une masse informe contenant, dans un état de confusion générale, tous les éléments qui, en se débrouillant et se coordonnant, formeront le globe que nous habitons. Ce désordre primitif reçoit le nom de **Chaos**.

Le **Ciel** est le plus ancien des dieux, et **Vesta**, ou la Terre, la première déesse. Ils eurent pour enfants **Titan** et **Saturne**, ou le temps.

En sa qualité de fils aîné, Titan devait hériter de l'empire du monde ; mais, sur les instances de sa mère, il abandonne ses droits à Saturne, à la condition que celui-ci n'élève aucun enfant mâle.

Cependant Cybèle, femme de Saturne, ayant mis au monde Jupiter et Junon, ne présente à son époux que cette dernière, et lui donne, à la place de son fils, une pierre emmaillottée, qu'il dévore immédiatement. Plus tard elle trouve encore moyen de soustraire à la férocité de ce père cruel Neptune et Pluton. Informé de cette supercherie, Titan déclare la guerre à son frère, s'empare de lui, et le retient en prison avec Cybèle. Cependant Jupiter avait échappé aux recherches de son oncle ; devenu grand, il lève une armée, défait les ennemis de sa famille, et replace son père sur le trône.

Cet état de chose dure peu. Saturne, ayant lu dans le livre des Destins qu'il serait détrôné par un de ses enfants, résolut de se défaire de Jupiter, dont il redoutait l'ambition. Il lui tend donc des embûches ; mais Jupiter échappe à ce danger, et pour se venger il s'arme contre son père, le chasse du ciel et s'empare de sa puissance.

Déchu de sa grandeur, Saturne vient chercher un asile en Italie, où Janus, roi du pays latin, l'accueille avec respect et lui fait partager son autorité. Pour reconnaître cette généreuse hospitalité, Saturne veut assurer le bonheur des habitants du Latium ; il leur donne des lois, leur inspire l'amour de la vertu, et leur enseigne l'agriculture. C'est l'époque de son règne que les poètes ont célébrée sous le nom de *l'âge d'or*. Les temps qui suivent sont successivement appelés *l'âge d'argent*, *l'âge d'airain*, et *l'âge de fer*, parce que les hommes s'éloignent de plus en plus de leur innocence et de leur félicité primitives.

Saturne ayant donné à Janus la connaissance du passé et de l'avenir, on le représente avec deux visages, dont l'un regarde devant, et l'autre derrière. On en a fait aussi un dieu, et Numa Pompilius lui bâtît à Rome un temple dont les portes sont fermées pendant la paix et ouvertes pendant la guerre.

On représente Saturne ou le temps sous la figure d'un vieillard tenant une faux, symbole de destruction ; les ailes qu'il porte aux épaules et quelquefois aux pieds rappellent sa rapidité ; près de lui est un serpent qui se mord la queue, emblème du cercle perpétuel et de la révolution des temps ; on lui donne encore pour attributs un sablier et un aviron.

CYBÈLE OU VESTA

Cybèle, déesse de la terre, est fille du Ciel et épouse de Saturne ; on l'appelle aussi Rhéa ou la bonne déesse, et encore Grand-mère, parce qu'elle a donné naissance à plusieurs dieux.

Sous le nom de Vesta, on la regarde comme reine du feu. Numa Pompilius lui consacre un feu éternel qui est sans cesse entretenu par six prêtresses nommées *Vestales*, et choisies dans les familles les plus distinguées de Rome ; si ce foyer sacré venait à s'éteindre, la ville se croyait menacée des plus grands désastres, et on ne pouvait le rallumer qu'au feu du ciel ou aux rayons du soleil ; la Vestale dont la négligence avait causé cet accident était enterrée vivante.

On représente ordinairement Cybèle vêtue d'une longue robe parsemée de fleurs, le front couronné de créneaux et de tours, portant à la main un disque et une clef, assise sur un char traîné par quatre lions. Le pin lui est consacré.

Ses prêtres, appelés Galles, Corybantes, Dactyles, l'honorent en dansant autour de sa statue.

JUPITER

Jupiter, fils de Saturne et de Cybèle, ayant été soustrait par sa mère à la férocité de Saturne, qui s'était engagé à dévorer tous ses enfants mâles, est confié aux Corybantes, qui l'élèvent dans l'île de Crète ; les prêtres de Cybèle dansent autour du berceau du jeune dieu en frappant sur des bassins d'airain, pour empêcher ses cris de parvenir aux oreilles de son père. Il est nourri du lait de la chèvre Amalthée ; plus tard il transforme cette chèvre en constellation, et lui donne une place dans les cieux ; une de ses cornes qu'il donne aux nymphes qui ont pris soin de son enfance a le don de produire toute espèce de biens ; c'est ce qu'on nomme « la corne d'abondance ».

Quand Jupiter s'empare du trône de son père, il partage l'empire du monde avec ses deux frères : Neptune est roi des eaux ; Pluton règne sur les enfers, et Jupiter se réserve le ciel, avec le droit de présider à l'univers.

Dès le commencement de son règne, il a une guerre redoutable à soutenir contre les **Titans** ou **Géants**, fils de la terre, qui se révoltent contre son autorité. Ces Titans sont d'une stature prodigieuse et d'une force colossale ; les uns, comme Briaré, ont cent bras et cinquante têtes ; d'autres sont moitié homme et moitié serpent. Pour escalader le ciel, ils entassent l'une sur l'autre les montagnes de la Thessalie, et causent une telle frayeur aux dieux, que la plupart se réfugient en Égypte, où ils se cachent sous différentes formes d'animaux ou de plantes ; Bacchus seul reste auprès de Jupiter sous la figure d'un lion. Mais bientôt les autres dieux reviennent, Hercule se déclarant leur champion, et Jupiter, s'étant emparé de la foudre, renverse les Titans, et les écrase sous les montagnes qu'ils avaient accumulées. Typhon, l'un d'eux, est enseveli sous l'Etna, et les poètes ont supposé que les éruptions de ce volcan et les tremblements de terre qu'il produit venaient des efforts désespérés du géant que la montagne retient prisonnier sous son poids.

Jupiter avait pour femme Junon, et en même temps plusieurs autres ; pour se soustraire à la vigilance de Junon, qui était fort jalouse, il prend toute espèce de figure : ainsi il se transforme en taureau pour enlever Europe ; en cygne pour visiter Léda ; en pluie d'or pour pénétrer chez Danaé ; en satyre pour surprendre Antiope ; il prend les traits de Diane pour tromper Callisto, et il se métamorphose en aigle pour enlever le jeune Ganymède dont il fait son échanson.

Prométhée, fils de Japet, forme des statues d'hommes avec de la terre délayée, les anime au moyen du feu du ciel qu'il avait dérobé, avec l'aide de Pallas, au char du soleil. Jupiter, irrité de cette audace, ordonne à Mercure d'enchaîner Prométhée sur le mont Caucase, où le vautour dévore sans cesse son foie, qui renaît toujours ; ce supplice dure jusqu'à ce qu'Hercule y mette un terme et délivre Prométhée.

Les dieux, jaloux du droit exclusif que s'attribue Jupiter de créer des hommes, se réunissent pour former une femme que chacun d'eux se plait à parer des avantages dont il peut disposer, et qu'ils nomment **Pandore**. Jupiter, feignant de vouloir contribuer à sa perfection, lui fait présent d'une boîte qu'il lui ordonne de porter à Épiméthée. Pandore ne l'a pas aussitôt ouverte, que tous les maux, tous les vices et toutes les misères de la nature humaine, qui y étaient enfermés, en sortent et se répandent sur la terre. L'espérance seule reste au fond de la boîte.

La corruption se répand de plus en plus sur la terre, et les hommes attirent sur eux par leurs crimes la colère du ciel. Avant de sévir contre le genre humain, Jupiter veut connaître par lui même toute l'étendue du mal : il vient en Arcadie, et demande l'hospitalité à **Lycaon**, roi de ce pays, que l'on accuse de se plaire à répandre le sang de tous les étrangers qui tombent en son pouvoir. Ce prince cruel, pour s'assurer de la divinité de son hôte, lui sert à manger les membres d'un enfant qu'il vient d'égorger. Jupiter, justement irrité, saisit sa foudre et réduit le palais en poussière ; Lycaon parvient à s'échapper, mais le courroux des dieux le suit dans les bois où il a cherché un refuge, et il est métamorphosé en loup.

C'est pour punir les crimes de l'espèce humaine que Jupiter résolut de l'anéantir dans un déluge universel. Les eaux envahirent toute la surface du globe et couvrirent jusqu'aux plus hautes montagnes. Tous les hommes périssent.

Deucalion et sa femme **Pyrrha** sont seuls épargnés par considération pour leurs vertus : leur barque les dépose sur le sommet du mont Parnasse. Quand les eaux se sont retirées, Deucalion et Pyrrha, se trouvant isolés au milieu de la terre désolée, vont consulter l'oracle de Thémis, qui leur conseille de jeter derrière eux et par-dessus leur tête *les os de leur grand-mère* : par ces mots l'oracle entend des pierres, qui sont les os de la terre. Les deux époux obéissent, et les pierres lancées par Deucalion deviennent des hommes, tandis que celles que jette Pyrrha se métamorphosent en femmes ; c'est ainsi que la terre se couvre de nouveaux habitants.

On donne à Jupiter un grand nombre de noms, suivant les lieux où il est adoré, et Varron compte jusqu'à trois cents Jupiter dont les poètes ont confondu dans un seul toutes les aventures et toutes les attributions. On l'appelle souvent **Jupiter Olympien**, parce qu'il tient sa cour sur le sommet du mont Olympe ; les Égyptiens le nomment **Jupiter Ammon** ; les Romains le surnomment **Capitolin**, à cause du temple que Tarquin le Superbe lui a consacré au Capitole ; et **Stator**, parce que, sur un vœu que lui a fait Romulus, il arrête les Sabins prêts à s'emparer de la ville. On le nomme encore **Jupiter Hospitalier**, parce qu'il préside à l'observation des devoirs de l'hospitalité.

On représente Jupiter avec une figure majestueuse et une longue barbe, assis sur un trône d'or ou d'ivoire, tenant le foudre dans la main droite ; à ses pieds on place ordinairement un aigle, son oiseau de prédilection. Le chêne lui est consacré.

JUNON

Fille de Saturne et de Cybèle, épouse de Jupiter, Junon est la reine des dieux, la déesse des royaumes et des empires. Elle est la protectrice du mariage ; c'est pourquoi on l'appelle **Pronuba** ; elle préside aussi à la naisance des enfants, et dans cette circonstance on l'invoque sous le nom de **Lucine**.

Elle a pour enfants Hébé, déesse de la jeunesse, qui sert le nectar à son père, jusqu'à ce qu'elle soit remplacée dans cet emploi par Ganymède ; et Vulcain, le dieu du feu. Jupiter a créé Pallas de lui-même, en la faisant sortir de son cerveau, Junon donne de son côté le jour au dieu Mars.

Junon a un caractère orgueilleux et vindicatif ; elle poursuit sans relâche ceux qui ont encouru son mécontentement. L'histoire des Troyens en offre une preuve devenue célèbre. Junon assiste avec tout l'Olympe aux noces de **Pélée** et de **Thétis**, lorsque la Discorde, qui n'avait pas été invitée, voulant se venger de cet oubli, jette sur la table une pomme d'or qui porte cette inscription : *À la plus belle*. Junon et Pallas se disputent vivement cette pomme, et, pour mettre un terme à leurs débats, Jupiter charge **Pâris**, fils de Priam, roi de Troie, de décerner le prix de la beauté. L'arbitre se prononce en faveur de Vénus, et Junon, furieuse de cet échec, devient l'ennemie déclarée des Troyens, qu'elle ne cesse de persécuter, même après la chute de leur empire.

Junon est souvent en querelle avec son époux, qu'elle tourmente par sa jalousie ; elle persécute cruellement ses rivales, ainsi que leurs enfants. Pour surveiller les démarches de Jupiter, elle emploie un espion, nommé **Argus**, qui avait cent yeux, dont cinquante veillent tandis que les autres se reposent. Par ordre de Jupiter, Mercure endort au son de sa flûte ce vigilant observateur et le tue. Junon désolée le transforme en paon, et jette ses cent yeux à l'extrémité des plumes de cet oiseau, qu'elle prend sous sa protection.

Cette déesse a **Iris** pour messagère et pour confidente ; voulant récompenser ses bons offices et sa fidélité, elle la place dans le ciel, où elle le transforme en un vaste demi-cercle revêtu de brillantes couleurs : c'est ce que nous appelons l'arc-en-ciel.

On représente Junon avec des traits majestueux et fiers, portant un diadème sur le front et un sceptre à la main ; elle est assise sur un trône, ou dans un char traîné par des paons.

APOLLON

Apollon, dieu de la poésie, de la musique et des arts, reçoit aussi le nom de **Phébus** quand on le considère comme dieu de jour, chargé de guider le char du soleil.

Il est fils de Jupiter et de **Latone** : sa mère souffre beaucoup de la jalousie de Junon, qui la fait poursuivre par le serpent **Python**. Tandis qu'elle erre de côté et d'autre, elle rencontre des paysans qui travaillent la terre près d'un marais, et, comme elle est fort altérée, elle leur demande un peu d'eau pour se rafraîchir ; elle n'en reçoit qu'un refus insultant. Pour les punir, Jupiter les métamorphose en grenouilles. Enfin la fugitive doit un asile à la pitié de Neptune ; ce dieu fixe d'un coup de trident l'île de Délos, qui jusqu'alors n'était qu'un rocher flottant, et Latone y donne le jour à Apollon et à Diane.

Le premier exploit d'Apollon lorsqu'il a acquis des forces est la destruction du serpent Python, monstre énorme né du limon de la terre, et que Junon a mis à la poursuite de Latone. Il le tue à coups de flèches, et de sa peau il couvre le trépied sur lequel s'assoit la pythie de Delphes, pour rendre ses oracles. C'est à l'occasion de cette victoire qu'Apollon institue les jeux pythiens, que l'on célèbre tous les quatre ans, en s'exerçant à la musique et à la danse.

Le Coucher du Soleil ou Apollon servi par les nymphes.
À l'intérieur du Bosquet des Bains d'Apollon.
Groupe de marbre sculpté entre 1667 et 1673
par François Girardon et Thomas Regnaudin.

Apollon a un fils nommé **Esculape**, auquel le centaure **Chiron** enseigne la médecine. Il devient tellement habile dans cette science, qu'il rend la vie à **Hippolyte**, fils de Thésée, que ses chevaux effrayés avaient traîné et déchiré sur des rochers. Mais ce succès lui devient funeste, car Jupiter, jaloux d'une cure qui semble empiéter sur ses droits, foudroie le malheureux Esculape. Apollon, ne pouvant venger son fils sur le maître des dieux lance ses flèches contre les Cyclopes qui ont forgé la foudre, instrument de la mort d'Esculape ; mais Jupiter, pour punir ce meurtre, le chasse de l'Olympe et ne lui rend ses bonnes grâces et la conduite du char du soleil qu'après l'avoir tenu pendant plusieurs années exilé parmi les hommes.

Le dieu proscrit va chercher un refuge chez **Admète**, roi de Thessalie, dont il garde les troupeaux ; ce qui le fait honorer comme le dieu des bergers. Il s'éprend de la nymphe **Daphné**, qui, pour éviter ses poursuites, invoque son père, le fleuve **Pénée**, et se change en laurier. Apollon en cueille une branche dont il se fait une couronne, et veut que cet arbre lui soit consacré. Il s'éprend ensuite de **Hyacinthe** : mais un jour en jouant au palet, il le tue involontairement. Désolé de cet accident, le dieu métamorphose son ami en fleur hyacinthe ou jacinthe, et s'éloigne d'un pays rempli pour lui d'amers souvenirs.

Il s'enfuit en Asie, ou il trouve Neptune, banni comme lui, qui s'est mis au service du roi **Laomédon**. Il se joint à lui, et les dieux divinités déchues travaillent à l'érection des murs de Troie ; mais quand le travail est achevé, Laomédon veut les frustrer du salaire dont il était convenu. Ils le punissent sévèrement de sa mauvaise foi ; Neptune renverse une partie de la ville par une inondation, et Apollon dévaste le pays par la peste.

Le fils de Latone passe pour l'inventeur de la musique et de la poésie, et excelle dans ces deux arts. Pan le dieu des campagnes, veut faire lutter les sons de sa flûte contre les accords de la lyre d'**Apollon** ; il est honteusement vaincu. Cependant **Midas**, roi de Phrygie, ayant donné la préférence à Pan, Apollon lui fit pousser deux oreilles d'âne. Le roi cache avec soin cette difformité sous un grand bonnet ; mais son barbier, éprouvant le besoin de se décharger du poids de ce secret, fait un trou dans la terre, et dit à voix basse en collant sa bouche sur le sol : « Le roi Midas a des oreilles d'âne ». Peu de temps après, des roseaux poussent à cet endroit, et lorsque le vent les agite, on les entend murmurer : « Midas, le roi Midas a des oreilles d'âne ! ».

Apollon soutient une autre lutte musicale contre le satyre **Marsyas**, habile joueur de flûte de Phrygie ; il a été convenu que le vaincu serait à la disposition de son adversaire ; le dieu l'emporte et ordonne que Marsyas soit écorché vif.

Parmi les nombreux enfants d'Apollon, nous devons citer **Phaéton**, que son imprudence et son malheur ont rendu célèbre. Voulant donner une preuve irrécusable de sa divine origine, le jeune homme supplie son père de lui confier pendant un jour la direction du char lumineux qui répand la chaleur et la lumière. Le dieu du jour a la faiblesse de céder aux supplications du jeune ambitieux, qui s'élance plein de joie dans le char brillant du soleil. Mais sa présomption est cruellement punie. Les chevaux, ne reconnaissant pas la main de leur guide accoutumé, s'emportent et entraînent le char hors de sa route ; tantôt se perdant au plus haut du ciel ils privent le monde de lumière, tantôt s'approchant trop de la terre ils menacent de l'embraser. Jupiter, irrité de ce désordre, foudroie le malheureux Phaéton, et le précipite dans l'Éridan[1]. Ses sœurs, inconsolables, sont changées en peupliers, et son ami Cycnus est métamorphosé en cygne.

Quand les poètes considèrent Apollon comme le dieu de la poésie et des arts, ils placent sa cour sur le double sommet du mont **Parnasse**, où coule la fontaine d'Hippocrène. C'est dans ces beaux lieux, au milieu d'un bois de lauriers, qu'on le représente, entouré des **Muses**, filles de Jupiter et de Mnémosyne, auxquelles il se plaît à enseigner les sciences et les arts dans lesquels il excelle.

Ces déesses sont au nombre de neuf ; voici quels sont leurs noms et leurs attributions :

Uranie préside à l'astronomie. On la représente sous les traits d'une jeune fille vêtue d'une robe couleur d'azur, couronnée d'étoiles, soutenant d'une main un globe céleste, et de l'autre une baguette au moyen de laquelle elle semble montrer les signes tracés sur le globe.

Clio, la muse de l'histoire, est couronnée de laurier ; elle tient une trompette dans la main droite, et dans la gauche un livre où sont inscrits tous les événements mémorables et les grandes actions.

Calliope préside à l'éloquence et à la poésie héroïque ; on lui donne un air majestueux, et on la pare de guirlandes de fleurs ; comme sa sœur Clio, elle porte une couronne de laurier, un livre et une trompette.

Thalie, déesse de la comédie, est une jeune fille couronnée de lierre et chaussée de brodequins, qui tient d'une main un masque, emblème de la comédie de caractère, et de l'autre un bâton recourbé qui rappelle la comédie pastorale.

---

1.   L'Éridan ou le Pô.

Melpomène préside à la tragédie ; son front est sérieux et sévère ; elle est chaussée de cothurnes, et l'une de ses mains tient des sceptres et des couronnes, tandis que l'autre agite un poignard.

Erato est la muse de la poésie lyrique. On la représente comme une jeune fille enjouée, couronnée de myrte et de roses, tenant d'une main une lyre et de l'autre un archet.

Euterpe, déesse de la musique, est couronnée de fleurs ; elle tient dans les mains un cahier de musique, des flûtes, des hautbois et d'autres instruments.

Polymnie préside à la rhétorique. Elle est vêtue de blanc pour marquer la pureté du langage, et couronnée de perles pour exprimer les grâces et les figures qui doivent orner le discours. Sa main droite semble gesticuler, et de la gauche elle soutient un sceptre, emblème de la puissance qu'exerce la parole.

Terpsichore est la muse de la danse ; on la représente avec l'apparence de l'enjouement et de la vivacité, tenant entre ses mains une harpe au son de laquelle elle dirige ses pas en cadence.

Pégase joue aussi un rôle important dans la suite d'Apollon ; c'est un cheval ailé qui paissait dans le vallon sacré habité par le dieu des vers et par les Muses. Il sert de monture à Apollon, qui le prête quelquefois aux bons poètes. Pégase est né du sang de Méduse ; lorsque Persée coupe la tête de cette Gorgone, c'est ce cheval merveilleux qui fit jaillir d'un coup de pied la fontaine d'Hippocrène, dont les eaux ont la vertu d'inspirer l'enthousiasme poétique.

Comme dieu des arts, Apollon se représente sous les traits d'un jeune homme sans barbe, parfaitement beau, couronné de laurier, et tenant une lyre à la main, quand on veut peindre le dieu de la lumière, on le montre le front ceint d'une auréole rayonnante, parcourant le zodiaque sur un char d'or traîné par quatre chevaux blancs.

DIANE

Diane, sœur d'Apollon, fille de Jupiter et de Latone, a trois noms, comme elle a trois fonctions et trois séjours distincts. On l'appelle **Hécate** dans les enfers, la **Lune** ou **Phoebé** au ciel, et Diane sur la terre. C'est de là que viennent les noms de **triple Hécate**, de **déesse à trois formes**, de **triple déesse**, que lui donnent souvent les poètes.

Sous le nom de Diane, elle est considérée comme déesse de la chasse, et elle habite constamment les bois, accompagnée d'une troupe de nymphes qui la suivent sans cesse. On la considère aussi comme la divinité de la pudeur, de la virginité, et elle en exige si sévèrement l'observation, qu'un chasseur nommé **Actéon** ayant pénétré jusqu'à une fontaine dans les eaux de laquelle elle prend un bain, Diane offensée le métamorphose en cerf, et il est aussitôt déchiré par ses propres chiens.

Le culte de cette déesse est très honoré par les anciens, qui l'adorent dans tous les endroits où trois chemins se rencontrent. Elle a en outre une multitude de temples, dont le plus célèbre, situé à Éphèse, était regardé comme une des sept merveilles du monde.

On représente Diane en habits de chasse, chaussée de brodequins, avec les cheveux noués derrière la tête et un croissant sur le front ; sa main tient un arc, et un carquois est attaché à son épaule ; une meute de chiens la suit en courant. Quelquefois aussi on la montre sur un char traîné par des biches ; cet animal lui était consacré.

BACCHUS

Bacchus, dieu du vin, est fils de **Jupiter** et de **Sémélé**, fille de **Cadmos**, roi d'Athènes.

Junon, toujours outrée contre ses rivales, inspire à Sémélé le désir de voir Jupiter dans tout l'éclat de sa gloire. Après avoir longtemps résisté, le maître du tonnerrre se rend à ses vœux imprudents ; mais le spectacle de sa grandeur ne pouvait être supporté par de simples mortels ; le foudre qu'il tient en main met le feu à Sémélé, qui périt dans l'incendie. Pour sauver son fils, Jupiter le fait élever en cachette avec le secours des **Hyades** (ou Pléiades), qu'il place depuis dans le ciel, pour les récompenser. Le vieux Silène, satyre plein de science et de gaieté, est chargé de l'éducation du jeune dieu.

Quand il est devenu grand, Bacchus se rend célèbre par son courage, est considéré comme le plus puissant des dieux après Jupiter. Seul de tous les habitants de l'Olympe il ose rester auprès de son père lorsque les géants escaladent le ciel, et, sous la figure d'un lion, il combat avec une héroïque valeur.

Plus tard il fait la conquête de l'Inde, qu'il envahit à la tête d'une armée composée d'hommes et de femmes armés seulement de thyrses, de cymbales et de tambours. Il va ensuite en Égypte, où il apprend aux hommes à cultiver la terre, et leur enseigne l'art de faire le vin. Dans toutes ses courses, il est suivi de Pan, de Silène et des Satyres. On dit que les honneurs du triomphe, le diadème et les ornements royaux furent inventés par lui.

Bacchus exige impérieusement les honneurs divins, et punit souvent de la manière la plus sévère ceux qui se refusent ensuite au culte qui lui était dû. **Penthée**, roi de Thèbes, et **Lycurgue**, roi de Thrace, ayant nié sa divinité, le premier est changé en sanglier et massacré par ses propres parents ; le second en proie à de si violents accès de fureur, qu'il se mutile lui-même en s'émasculant. Les **Minéides** ou filles de Minée, habiles ouvrières qui excellent dans l'art de faire de la tapisserie, n'ayant pas voulu interrompre leurs travaux tandis que l'on célèbre les fêtes du dieu du vin, sont métamorphosées en chauve-souris.

Les cérémonies consacrées à Bacchus se nomment **Bacchanales** ou **Orgies**. Les bacchantes ou prêtresses du dieu parcourent les campagnes, vêtues de peaux de tigres, tout échevelées, portant des thyrses, des torches et des flambeaux, et poussant des hurlements effroyables ; on lui sacrifie des ânes et des boucs.

Bacchus est encore adoré sous d'autres noms ; les Romains lui avaient donné le surnom de **Liber**.

Il épouse **Ariane**, fille de Minos, roi de Crète, que Thésée avait abandonnée dans l'île de Naxos. Cette princesse avait une couronne d'or que Bacchus place dans le ciel, entre la constellation du Dragon et celle du Serpent.

On représente ordinairement Bacchus sous les traits d'un jeune homme sans barbe ; quelquefois on lui place des cornes sur la tête ; il est couvert d'une peau de bouc, et tient à la main une coupe et un thyrse ; il est assis sur un tonneau, ou dans un char traîné par des panthères, des tigres et des lynx. La pie lui est consacrée.

MERCURE

Mercure, fils de Jupiter et de **Maïa**, l'une des Pléiades, est le ministre et le messager de toutes les divinités, mais particulièrement de son père. C'est lui qui est chargé de conduire les âmes dans les enfers et de les en ramener. On le considère en outre comme le dieu de l'éloquence, des voyageurs, du commerce et des voleurs. Interprète et confident des dieux, il dirige leurs intrigues, intervient dans les traités de guerre et de paix, préside aux jeux et assemblées, et répond aux harangues publiques.

Dès sa jeunesse il donne les preuves de son adresse au vol en dérobant le sceptre de Jupiter, le trident de Neptune, l'épée de Mars et la ceinture de Vénus. Pour le punir, son père l'exile sur la terre ; mais Mercure s'y livre encore à son penchant favori : ayant rencontré parmi les hommes Apollon, proscrit comme lui, qui gardait les troupeaux d'Admète, il lui enleva, sans qu'il s'en aperçût, ses armes et sa lyre.

Il vola même les troupeaux que gardait Apollon, et alla les cacher dans une caverne voisine ; ayant été vu par un paysan nommé **Battus**, il lui fit don d'une vache pour prix de son silence. Cependant, pour éprouver la discrétion de son complice, il revint bientôt après sous une autre forme, et s'informa de lui s'il avait aperçu les animaux dérobés, lui offrant deux vaches s'il lui en donnait des nouvelles ; Battus ne put résister à une si forte tentation, et dévoila le secret de la retraite du voleur ; Mercure irrité le changea en pierre.

Apollon fut d'abord très irrité de se voir ainsi dépouillé ; mais l'inimitié ne fut pas longue entre les deux divinités déchues : Mercure, qui ne voulait que prouver son adresse, rendit les troupeaux à Apollon, et lui fit don en outre d'une lyre à neuf cordes qu'il venait de fabriquer de l'écaille d'une tortue. En retour, Apollon donna à son frère une baguette qui avait la puissance d'apaiser les dissenssions et les querelles ; Mercure ayant vu deux serpents qui se battaient voulut faire essai de son talisman, et jeta entre eux sa baguette magique, qui fit aussitôt cesser le combat. Depuis ce moment on donne pour attribut à Mercure un caducée, c'est-à-dire un bâton orné de deux ailerons, et autour duquel s'enroulent deux serpents. C'est un symbole de paix et d'union.

Mercure apprend aux hommes à faire des échanges et à se servir pour le commerce de poids et de mesures, ce qui le fait considérer comme le patron des marchands. Il invente aussi la lutte et les autres exercices gymnastiques, et les athlètes l'invoquent comme leur protecteur.

C'est lui qui, par l'ordre de Jupiter, tranche la tête d'Argos, attache sur le Caucase Prométhée, qui avait osé dérober le feu céleste, et délivre Mars de la prison où l'avaient enfermé les géants.

On représente Mercure sous la figure d'un jeune homme qui semble courir ou planer dans les airs : il porte des ailes aux talons et à son bonnet ; il tient d'une main son caducée et une bourse dans l'autre. Quelquefois on figure des chaînes d'or qui, sortant de sa bouche, vont enchaîner les oreilles de ceux qui l'écoutent, pour exprimer le pouvoir de l'éloquence.

VÉNUS

Vénus ou **Cypris** est la déesse de la beauté. Les poètes ne sont pas d'accord sur son origine : suivant les uns, elle est fille du Ciel et de la Terre ; suivant d'autres, elle doit le jour à Jupiter et à la nymphe Dionnée ; la plupart prétendent qu'elle est formée de l'écume de la mer, et que les flots la déposèrent sur l'île de Cythère. Les **Heures**[1] sont chargées du soin de l'élever, et bientôt après elles la conduisent avec pompe dans l'Olympe.

Prud'hon : *Enlèvement de Psyché* – Musée du Louvre.

---

1. Déesses, filles de Jupiter et de Thémis, qui président aux saisons.

Les dieux la trouvent si belle, que chacun d'eux veut l'épouser. Mais Jupiter la donne à Vulcain, comme une récompense du service que ce dieu lui a rendu en forgeant les foudres qui l'avaient rendu vainqueur des géants. Vénus, frappée de sa laideur, ne l'accepte qu'avec répugnance. Elle préfère Mars, le dieu de la guerre, ou Bacchus, ou **Adonis**, jeune chasseur d'une grande beauté, qui fut tué par un sanglier, et du sang duquel Vénus fit naître l'anémone.

Les poètes ont épuisé leur imagination pour peindre cette déesse sous les dehors les plus séduisants ; non contents de lui avoir prodigué tous les charmes de la beauté la plus parfaite, ils prétendent qu'elle possédait une ceinture divine, tissu merveilleux qui ajoutait à ses attraits un pouvoir irrésistible.

Vénus a un grand nombre d'enfants ; les plus célèbres sont **Cupidon**, l'**Hymen**, **Enée**, les **Jeux**, les **Ris** et les **Plaisirs**, qui, sous la forme de petits génies ailés, suivent partout leur mère. Vénus donne aussi le jour aux trois **Grâces**, Aglaé, Thalie et Euphrosime ; ces divinités, sont habituellement représentées sous la figure de trois jeunes filles dont les bras sont entrelacés.

Le culte de Vénus est en honneur partout ; ou ne lui sacrifie pas de victimes vivantes. Ses temples les plus renommés sont ceux de **Paphos**, d'**Amathante**, d'**Idalie**, de **Ginide**, de **Cythère**, et du mont **Eryx** en Sicile.

On représente Vénus sous les traits d'une femme d'une grande beauté, portant sur ses cheveux blonds une couronne de myrte et de roses, et assise sur un char en forme de conque marine, que traînent des colombes, des cygnes ou des moineaux. La colombe et la rose lui sont consacrées.

VULCAIN

Vulcain, fils de Jupiter et de Junon, est le dieu du feu. Il vient au monde si laid et si difforme, que Jupiter, ne pouvant supporter sa vue, le précipite d'un coup de pied hors des demeures célestes. Après avoir mis un jour entier à parcourir l'espace qui sépare le ciel de la terre, Vulcain tombe dans l'île de Lemnos, dont les habitants le recueillent et l'élèvent. Dans sa chute il s'est cassé une jambe, et resta toujours boiteux des suites de cet accident.

Vulcain se fait bientôt remarquer par son adresse et son industrie ; le premier il apprend aux hommes à forger le fer, et devient lui-même un très habile ouvrier. C'est lui qui forge les foudres au moyen desquels Jupiter peut écraser les géants, et le père des dieux l'en récompense en lui donnant Vénus pour épouse.

Il établit ses forges dans les îles de Lemnos, de Lipari, et dans les cavernes du mont Etna. C'est dans ces ateliers souterrains que les divers métaux, rougis dans d'immenses fournaises, sont pour la première fois façonnés et polis. Vulcain est aidé dans ses travaux par les **Cyclopes**, ses ouvriers, géants d'une force prodigieuse qui n'ont qu'un œil au milieu du front. Les plus célèbres de ces habiles forgerons sont : **Polyphème** leur chef, **Brontès**, **Sterops**, **Pyrachmon**, qui sont chargés de fabriquer les foudres.

Le mythe attribue à Vulcain tous les chefs-d'œuvre célèbres dans l'antiquité, tels que le sceptre de Jupiter et celui d'Agamemnon ; les pantoufles d'aimant au moyen desquelles Jupiter suspendit Junon dans les airs, après la révolte des dieux ; les armes de Mars ; le trident de Neptune ; le collier de Vénus ; la statue de Pandore ; le bouclier d'Achille ; l'armure d'Énée, etc.

On représente Vulcain sous les traits repoussants d'un petit homme contrefait, noirci par la fumée de la forge, à la barbe longue et négligée ; sa tête est couverte d'un bonnet, sa poitrine nue, et il tient à la main des tenailles et un marteau.

NEPTUNE

Neptune, dieu de la mer, est le deuxième fils de Saturne et de Cybèle, et par conséquent le frère de Jupiter, avec qui il partage l'empire du monde.

Ayant pris part à la conspiration des dieux contre Jupiter, il est exilé sur la terre avec Apollon, et réduit à travailler pour le roi Laomédon, qui venait de fonder Troie. C'est le dieu proscrit qui élève les murailles de cette ville, ainsi que les digues qui la défendent contre les invasions des eaux. Laméodon lui a promis de magnifiques récompenses ; mais lorsque Neptune achève cet immense travail, il réclame son salaire, et le roi, renouvelant sans cesse ses frivoles promesses, diffère toujours de s'acquitter. Neptune, irrité de cette mauvaise foi, soulève des orages et suscite des monstres marins qui détruisent tous ses ouvrages, et répandent la désolation sur les rivages troyens.

Rentré en grâce auprès de Jupiter, il épouse **Amphitrite**, fille de l'Océan ; cette nymphe montre d'abord une grande répugnance pour le maître des eaux ; mais Neptune lui députe deux dauphins qui la trouvent au pied du mont Atlas, et qui, l'ayant persuadée par leur éloquence, la conduisent à son époux sur un char en forme de coquille.

Lorsque **Cécrops** bâtit Athènes, Neptune et Minerve se disputent le droit de donner un nom à cette ville. L'assemblée des dieux décide que cet honneur appartiendrait à celui des deux rivaux qui créerait l'objet le plus utile au genre humain. Minerve fait aussitôt sortir de terre un olivier tout fleuri ; d'un coup de son strident Neptune fait naître un cheval ; ce fut la déesse qui l'emporta.

Après avoir formé le cheval, Neptune enseigne aux hommes l'art de dompter cet animal et de le dresser aux différents usages auxquels il peut être employé.

Aussi célèbre-t-on ses fêtes par des courses de chevaux et de chariots. Les jeux **Isthmiens** à Corinthe et les **Consuales** à Rome lui sont consacrés ; on lui immole le cheval et le taureau. Outre l'empire souverain sur les mers, les fleuves, les lacs et toutes les eaux, on lui reconnaît une grande puissance sur les îles, les presqu'îles, et les terres qui avoisinent les rivages. C'est encore à lui qu'on attribue les tremblements de terre.

Neptune a un grand nombre d'enfants, parmi lesquels on remarque les **Tritons**, dont nous parelerons plus tard, et les **Harpies**, monstres hideux qui portent la famine partout où ils passent, et qui infectent tout ce qu'ils touchent. Le mythe leur donne une tête de femme, des oreilles d'ours, le corps d'un vautour, des ailes de chauve-souris, et des griffes aux pieds et aux mains. Les plus connues sont **Aello**, **Ocypète** et **Celeno**.

On représente Neptune sous les traits d'un vieillard à longue barbe, ayant pour sceptre un trident ; porté sur les flots dans un char en forme de coquille, traîné par des chevaux marins, et environné de toutes les divinités des eaux.

Amphitrite est représentée sur un char de même forme, et avec les mêmes attributs, moins le trident.

HADÈS

Hadès, dieu des Enfers, est le troisième fils de Saturne et de Cybèle, et le frère de Jupiter et de Neptune.

Sa laideur et l'horreur qu'inspire le séjour des morts dont l'empire lui était échu en partage, empêchent longtemps ce dieu de trouver une compagne. Voyant ses vœux repoussés par les mortelles comme par les déesses, il prend le parti d'enlever de vive force **Proserpine**, fille de Cérès ; il la surprend un jour occupée avec ses compagnes à cueillir des fleurs dans les prairies d'Enna en Sicile, et l'entraîne, malgré ses cris, sur un char d'ébène ; puis, ayant entrouvert la terre d'un coup de son sceptre, disparaît avec sa proie.

Proserpine s'attache cependant à son époux et devient la reine des Enfers ; l'antiquité honore son culte en cette qualité. On lui donne aussi le nom d'Hécate ; le narcisse et le pavot lui sont consacrés.

On le représente avec une barbe épaisse et des traits durs et menaçants, assis sur un trône d'ébène ou sur un char traîné par des chevaux sombres. Sa couronne est noire, sa main droite soutient un sceptre terminé par une fourche à deux pointes ; on lui met une clef dans la main gauche. On ne lui élève jamais aucun temple, et on ne lui sacrifie que des animaux noirs ; le cyprès lui est consacré.

MINERVE

Minerve, déesse de la sagese et des arts, sort tout armée et âgée de vingt ans, du cerveau de Jupiter. On la considère aussi comme déesse de la guerre ; et alors elle prend le nom de **Bellone** ; on l'appelle aussi **Pallas**, du nom d'un des Titans qu'elle tue lorsque ces fils de la Terre veulent escalader le ciel.

On fait honneur à Minerve des plus ingénieuses et des plus utiles découvertes ; c'est elle qui fit connaître aux hommes l'écriture, la peinture, l'usage des chiffres et du calcul, l'art de filer la laine, de tisser et de broder les étoffes.

Elle se montre même jalouse de sa supériorité dans les travaux à l'aiguille, car, ayant appris qu'une jeune fille de Colophon nommée **Arachné** se vantait de broder aussi habilement qu'elle, la déesse irritée déchira l'œuvre de sa rivale. Arachné, désespérée d'avoir reçu un tel affront, alla se pendre. Minerve, lui rendit la vie, mais elle la métamorphosa en araignée.

Minerve a un différend célèbre avec Neptune, qui lui dispute l'honneur de donner un nom à la ville que Cécrops vient de bâtir. La création de l'olivier assure l'avantage à la déesse, qui nomme la ville Athènes, et depuis ce temps l'olivier, symbole de la paix, lui est consacré.

Robert Le Lorrain : *Andromède.*
Bronze – Musée du Louvre.

On représente cette déesse avec des traits qui respirent une douce majesté ; son front est couvert d'un casque ; sa main droite tient une lance, sa main gauche s'appuie sur un bouclier ; sa poitrine est protégée par l'*égide*, sorte de cuirasse impénétrable formée de la peau de la chèvre Almathée, et portant la tête de **Méduse**, qui avait le pouvoir de pétrifier ceux qui la regardaient. À ses pieds est une chouette, son oiseau favori.

MARS

Junon, jalouse de ce que Jupiter donne naissance à Pallas en la tirant de son cerveau, veut de son côté avoir un fils qui lui soit propre, et elle met au monde Mars, qui est le dieu de la guerre.

C'est ce dieu qui le premier façonne en armes meurtrières le fer, qui jusqu'alors n'a servi qu'à l'agriculture ; c'est encore lui qui enseigne aux hommes l'art de l'attaque et de la défense, et qui soumet à des règles régulières la science de la guerre.

En visitant l'Attique, il apprend que sa fille Alcippa est accablée d'outrages par le cruel **Hallirothius**, fils de Neptune. Enflammé de colère, il arrache la vie à ce lâche oppresseur. Poursuivi pour ce fait par Neptune devant le tribunal des dieux, il plaide sa cause lui-même et est absous.

Alectryon, un des favoris de Mars, se laisse surprendre un jour qu'il est placé en sentinelle. Le dieu le métamorphose en coq ; depuis, cet animal lui est consacré.

La nation belliqueuse des Romains voulut se mettre sous la protection immédiate du dieu des batailles, et le mythe prétend que Romulus et Rémus sont issus de l'union de Mars avec Rhea Silvia, fille de Numitor, roi d'Albe. Aussi le culte du fils de Junon est-il plus honoré à Rome que partout ailleurs ;

Numa Pompilius lui consacre douze prêtres nommés *saliens* parce qu'ils célèbrent leurs fêtes en sautant et en dansant ; ils sont chargés de veiller à la conservation des *anciles*, ou boucliers sacrés que l'on dit être tombés du ciel, et auxquels on croyait que la destinée de l'empire romain était attachée.

On représente Mars avec des traits menaçants et armé de pied en cap ; il tient une lance d'une main et un bouclier de l'autre. Quelquefois on le place sur un char traîné par deux chevaux qu'il dirige lui-même, ou qui sont conduits par sa sœur Bellone.

CÉRÈS

Cérès, fille de Saturne et de Cybèle, est la déesse de l'agriculture et des moissons.

La disparition de Proserpine, que Pluton avait enlevée, la jette dans un profond désespoir : elle allume deux torches au feu du mont Etna, et se met à parcourir la terre, la nuit comme le jour, décidée à ne pas se reposer avant d'avoir découvert la destinée de sa fille.

En traversant l'Attique, elle s'arrête chez Céléus, roi d'Éleusis. Pour récompenser ce prince de son hospitalité généreuse et empressée, elle rend la santé à son jeune fils **Triptolème**, se charge du soin de son éducation, et lui enseigne l'art de labourer, de semer, de récolter, et de faire le pain. Elle lui fait ensuite présent d'un char attelé de deux dragons, au moyen duquel il parcourt la terre en instruisant les hommes des secrets de l'agriculture. Plus tard, Triptolème fonde dans sa patrie un temple et des fêtes en l'honneur de la déesse des moissons.

Enfin Cérès, qui a vainement parcouru le monde entier, apprend de la nymphe **Aréthuse** que Proserpine partage le trône de Pluton. Elle va aussitôt se jeter en pleurant aux pieds de Jupiter et lui redemande sa fille. Le maître de l'Olympe, touché de sa douleur, s'engage à la lui faire rendre, pourvu qu'elle n'ait pris aucun aliment depuis qu'elle habite le sombre royaume des morts. Mais Ascalaphe affirme qu'il avait vu Proserpine cueillir une grenade dans les jardins de son époux et en manger sept grains. Indignée de cette dénonciation, Cérès change Ascalaphe en hibou. Cependant, pour consoler cette mère désolée, Jupiter ordonne que Proserpine passerait chaque année six mois avec elle, et six mois avec son époux.

On a élevé en l'honneur de Cérès plusieurs temples très célèbres ; ses fêtes se célèbrent avec de grands mystères et un appareil effrayant ; ceux qui troublent ces cérémonies ou qui divulguent ce qu'ils en savent sont punis de mort. On lui immole des porcs.

On représente cette déesse entourée d'instruments aratoires, quelquefois sur un char traîné par deux dragons, couronnée d'épis, tenant une faucille dans une main, et dans l'autre une gerbe d'épis et de pavots.

2. Les divinités de second rang

Au-dessous des dieux principaux ou du premier ordre, dont le pouvoir était considéré comme supérieur, existaient d'autres dieux et déesses auxquels on attribuait une autorité secondaire. Le nombre en était infini ; l'imagination des poètes en avait peuplé le ciel, la terre et les eaux. Chaque homme avait même sa divinité particulière.

On divise ces divinités inférieures en terrestres, champêtres, maritimes, domestiques, infernales et allégoriques. Nous allons faire connaître successivement les plus célèbres, car il serait impossible de les indiquer toutes.

DIVINITÉS TERRESTRES

THÉMIS

Thémis, fille du Ciel et de la Terre, mère de la Loi et de la Paix, est la déesse de la justice.

On la représente tenant une balance d'une main et un glaive de l'autre ; elle a sur les yeux un bandeau qui indique qu'elle ne doit se laisser influencer par aucune considération étrangère aux affaires dans lesquelles elle est appelée à prononcer ; un lion est couché à ses pieds, Jupiter place ses balances dans le ciel, et en fit l'un des signes du Zodiaque.

PLUTOS

Plutos, fils de Cérès et de Iasion, est le dieu des richesses. Il préside aussi aux mines d'or et d'argent qui se trouvent dans les entrailles de la terre ; c'est pourquoi quelques poètes le confondent avec Pluton, bien qu'en général on le considère seulement comme le ministre de ce dieu.

On prétend que dans sa jeunesse il ne distribuait ses dons qu'au mérite et au talent, aux gens sages et vertueux ; mais Jupiter l'ayant privé de la vue, il les accorda alors sans discernement à celui qui les méritait comme à celui qui en était indigne.

Les anciens représentent Plutos sous les traits d'un vieillard aveugle tenant une bourse à la main ; ils disent qu'il est boiteux pour venir et qu'il a des ailes pour s'enfuir, voulant exprimer par là que les richesses sont aussi faciles à dissiper que difficiles à acquérir.

MOMUS

Momus est le dieu de la raillerie et du sarcasme. Il ne fait que critiquer avec la plus grande liberté toutes les actions des autres dieux.

Neptune ayant créé le taureau, Momus trouve que les cornes auraient dû être placées près des yeux, pour que leurs coups soient mieux dirigés ; Minerve construit une maison, Momus la trouve mal imaginée, du fait qu'on ne peut la transporter plus loin quand on a un mauvais voisin ; Vulcain lui présente un homme, et Momus s'écrie qu'on aurait dû lui mettre une petite fenêtre devant le cœur, pour que sa véritable pensée soit toujours connue. Ne trouvant rien à répondre dans la personne de Vénus, il se moque de sa chaussure ; enfin il trouve toujours matière à exercer sa verve satirique.

On représente ce dieu avec une figure riante, tenant d'une main une marotte, symbole de la folie, et de l'autre un masque qu'il vient d'arracher.

COMUS

Comus préside aux plaisirs de la table, aux danses, aux réjouissances nocturnes, aux parures et aux toilettes des jeunes gens.

On ne lui a consacré ni temple ni autel, on ne lui sacrifie aucune victime ; mais ceux qui veulent honorer son culte courent pendant la nuit de maison en maison, masqués et déguisés.

Les peintres lui donnent une figure jeune et enluminée ; il est coiffé d'un bonnet conique orné de fleurs ; une de ses mains tient un flambeau renversé, tandis que l'autre s'appuie sur une longue pique.

CUPIDON

Cupidon, fils de Vénus, est le dieu des tendres attachements. Le culte que l'on rend à sa mère lui est commun.

À peine est-il né, que Jupiter, prévoyant tous les maux dont il serait la cause, ordonne à sa mère de le faire périr ; mais celle-ci le cache dans une forêt, où il est nourri du lait des bêtes féroces. Les premiers jouets de son enfance sont un arc de frêne et des flèches de cyprès, avec lesquels il exerce contre les animaux une adresse qui devait plus tard être fatale aux hommes.

Il épouse **Psyché** à l'insu de sa mère. Lorsque Vénus est instruite de cette union, elle fait mourir Psyché à force de persécutions ; mais Jupiter, sur les instances de Cupidon, lui rend la vie et lui donne l'immortalité.

On représente Cupidon sous la forme d'un enfant ailé, les yeux couverts d'un bandeau et les épaules chargées d'un carquois plein de flèches ; d'une main il tient un arc et de l'autre un flambeau allumé.

HYMEN

Hymen ou Hyménée, fils de Vénus, préside aux mariages. On le représente sous les traits d'un jeune homme blond, couronné de roses, tenant un flambeau à la main.

AURORE

Aurore, fille de Titan et de la Terre, préside à la naissance du jour. Elle aurait voulu épouser **Céphale**, et l'enlève dans cette intention ; mais, ayant appris qu'il était l'époux de Procris, fille du roi d'Athènes, elle le rend à sa femme. Cette princesse, devenue fort jalouse de son mari, va un jour l'épier dans les bois où il chasse. Céphale l'aperçoit, et, la prenant pour quelque animal, il l'abat. Il est si désolé de cet accident, qu'il se perce le cœur du même javelot qui avait donné la mort à Procris.

Aurore épouse **Tithon**, jeune prince célèbre par sa beauté, fils de Laomédon. Dans l'ardeur de son attachement, elle obtient pour lui qu'il ne meure pas ; mais elle a oublié de demander qu'il soit exempt des maux de la vieillesse ; de sorte qu'ayant atteint un âge fort avancé, Tithon est en proie à des maux et à des infirmités qui lui rendent la vie insupportable. Il supplie alors Jupiter de le laisser mourir. Le dieu a pitié des souffrances de Tithon, et le métamorphose en cigale.

On représente Aurore franchissant sur un char étincelant le seuil d'un palais de vermeil. Elle porte des ailes, et une étoile brille au-dessus de sa tête ; ses mains répandent des roses dans l'espace.

DIVINITÉS CHAMPÊTRES

PAN

Pan, fils de **Démogorgon**, dieu des bergers et des campagnes figure au premier rang parmi les divinités champêtres.

On dit qu'il serait né en Arcadie, où on lui rend un culte particulier sur les monts Ménale et Lycée. C'est Evandre, roi d'Arcadie, qui fuyant sa patrie, où il avait tué son père par accident, apporte le culte de ce dieu dans le Latium. Romulus crée en son honneur des fêtes qui sont nommées **Lupercales** ; pendant qu'on les célèbre, les prêtres de Pan, couverts de la peau des boucs et des chèvres qu'ils ont immolés, parcourent les rues de Rome, armés de fouets dont ils frappent tous ceux qu'ils rencontrent.

Ce dieu voulut épouser **Syrinx**, fille du fleuve Ladon ; mais cette Naïade, pour se soustraire à sa poursuite, se change en roseau. Les soupirs de Pan, pénétrant dans la cavité des fragments de roseaux qu'il a saisis, forment des sons doux et plaintifs ; et de là vient l'invention de la flûte rustique ou des pipeaux, que l'on attribue à Pan.

Plus tard, il fut sur le point d'épouser la nymphe **Pitys** ; mais Borée, qui aspire aussi à sa main, jaloux de la préférence accordée à son rival, enlève la malheureuse Pitys dans un tourbillon de vent, et la précipite du haut d'un rocher élevé. Les dieux, sensibles à la douleur de Pan, transforment le corps de Pitys en pin, et c'est pourquoi cet arbre est consacré au dieu des campagnes.

Pan est habile dans le métier de la guerre, et c'est lui qui enseigne aux hommes l'art de ranger une armée en bataille. Il sait inspirer aux troupes ennemies un secret effroi qui les met en fuite sans même que le combat soit engagé ; aussi a-t-on nommé *terreurs paniques* ces alarmes subites, ces frayeurs sans motif qui s'emparent quelquefois des armées. C'est à son secours que l'on attribue la défaite des Perses à Marathon, et l'épouvante qui se manifesta dans les rangs des Gaulois au moment où ils allaient piller le temple de Delphes.

On représente Pan avec un visage enflammé, des cornes sur la tête, une barbe en désordre, et l'extrémité inférieure du corps semblable à celle d'un bouc. Il tient à la main la flûte à sept chalumeaux, dont il est l'inventeur, et quelque fois une houlette ou une faucille.

PALÈS

Palès est la divinité tutélaire des bergers, des pâturages et des troupeaux. Quelques auteurs l'ont confondue avec Cybèle et Cérès.

Chaque année, à la fin d'avril, les Romains célébrent en son honneur des fêtes nommées **Palilies** ; à cette occasion on fait des libations de vin et de lait, on offre à la déesse des gâteaux de millet, et l'on promène les troupeaux autour de son autel. Une autre partie essentielle de la cérémonie consiste à élever à des distances égales un grand nombre de tas de paille auxquels on met le feu, et par-dessus lesquels les bergers sautent en luttant d'adresse et d'agilité.

Palès est représentée avec une couronne de laurier et de romarin mêlée à ses cheveux et tenant dans ses mains un faisceau de paille.

FAUNE

Faune est un roi des aborigènes qui accueillirent favorablement Évandre en Italie. Il fut mis, après sa mort, au nombre des divinités champêtres, en considération des progrès qu'il avait fait faire à l'agriculture. On lui bâtit des temples, qui deviennent fameux par les oracles qu'il y rend.

Sa femme Fauna, ayant imité ses vertus, est aussi rangée parmi les déesses, et les dames romaines l'honorent sous le nom de la « bonne déesse ». Aucun homme n'est admis aux cérémonies qui se célébrent dans son temple.

Faune, étant considéré comme le père et le type de cette nombreuse famille de Faunes, de Satyres et de Sylvains dont les poètes ont peuplé les champs et les bois, est représenté comme eux avec des cornes et des jambes de bouc.

SYLVAIN

Sylvain, fils de Faune, est le dieu des bois et des forêts.

À Rome, les hommes seuls pouvaient prendre part au culte rendu à Sylvain ; on lui sacrifiait du lait et un cochon.

C'est de son nom qu'on a nommé sylvains des divinités champêtres qui ne diffèrent en rien des faunes.

On représente Sylvain sous la figure d'un satyre tenant en main un jeune cyprès. Cet arbre lui est consacré, soit parce qu'il le cultiva le premier, soit à cause de la nymphe Cyparisse qu'il devait épouser, et qui fut métamorphosée en cyprès par Apollon.

SATYRES

Les Satyres sont des dieux d'un ordre inférieur, en très grand nombre, qui habitent les forêts, dont ils sont les divinités tutélaires.

Ils forment le cortège ordinaire de Pan, dieu des campagnes, et de Bacchus. Les monuments de l'antiquité les montrent aussi souvent dansant autour de Vénus et des Grâces.

On leur donne une figure railleuse, des cornes et des jambes de bouc.

Silène, le plus vieux d'entre eux, qui a élevé Bacchus, est représenté avec beaucoup d'embonpoint, un nez camard, des oreilles démesurées et un front chauve couronné de lierre ; il est toujours ivre et a peine à se soutenir sur l'âne qui lui sert habituellement de monture.

FLORE

Flore n'est d'abord que la nymphe **Chloris**, qui épouse **Zéphir**, et à qui ce dieu donne, avec son nouveau nom, un empire souverain sur les fleurs ; on la considère aussi comme la déesse du printemps.

Les prêtresses de cette déesse célèbrent ses fêtes, nommées **Florales**, en courant nuit et jour et en dansant au son des trompettes, le front couronné de fleurs.

On orne la figure de cette déesse de guirlandes, et on l'entoure de corbeilles remplies de fleurs.

VERTUMNE ET POMONE

Vertumne est le dieu de l'automne et des vergers.

Il désire vivement épouser Pomone, qui est la déesse des fruits ; mais cette déesse, qui a déjà refusé de s'unir à plusieurs divinités champêtres, s'est enfermée dans son jardin qu'elle a fait clore de murs, et où elle s'occupe uniquement de la culture des arbres fruitiers. Vertumne use de la faculté qu'il a de prendre toutes les formes, et se présente successivement, mais toujours inutilement, sous les traits d'un laboureur, d'un moissonneur et d'un vendangeur. Enfin, il prend l'aspect d'une vieille femme, et, après avoir, par ses discours, persuadé à Pomone de choisir un mari, il se présente sous sa forme véritable, et obtient la préférence. Depuis ils deviennent les modèles des époux, et on les représente ordinairement se tenant par la main.

Vertumne est un jeune homme couronné d'épis et de grappes de raisin, tenant dans ses mains des fruits et une corne d'abondance.

Pomone porte une couronne de fruits ; elle tient une serpette à la main, et a près d'elle des corbeilles remplies de fleurs et de fruits mûrs.

Jean Baptiste Tuby dit le Romain (1635-1700) :
Statues de la nymphe Galatée et du berger Acis.

DIVINITÉS MARITIMES

L'OCÉAN

L'Océan, fils du Ciel et de Vesta, est le dieu de la mer.

Il épouse **Téthys**, déesse de la mer, et cette union donne naissance à un nombre considérable de filles nommées nymphes, et aux divinités des fleuves, des rivières et des fontaines.

On représente l'Océan sous les traits d'un vieillard à longue barbe, assis sur les flots et tenant une pique à la main ; auprès de lui on place habituellement un monstre marin.

TÉTHYS

Téthys est l'épouse de l'Océan et la mère de toutes les nymphes océanides.

On la représente ordinairement sur un char en forme de coquille traîné par des dauphins et entouré de Tritons ; sa main droite soutient un sceptre d'or.

NÉRÉE

Nérée, fils de l'Océan et de Téthys, est un dieu marin qui épouse Doris, dont il a cinquante filles qui sont les nymphes de la mer.

Nérée était célèbre pour sa bonté, sa sagesse, et la connaissance parfaite qu'il avait de l'avenir. Lorsque Pâris traverse la mer, emmenant sur son navire Hélène, qu'il vient d'enlever, Nérée lui apparaît au milieu des flots, et lui prédit tous les maux que ce rapt doit attirer sur les Troyens et sur la famille de Priam. C'est encore Nérée qui instruit Hercule de la contrée et de l'endroit où il trouvera les pommes merveilleuses du jardin des Hespérides.

NÉRÉIDES

Les Néréides ou filles de Nérée sont au nombre de cinquante ; ce sont les nymphes de la mer.

Les plus connues sont **Calypso**, qui donne l'hospitalité à Ulysse dans son île d'Ogygie, et **Thétis**, qui est d'une si grande beauté, que Jupiter, Neptune et Apollon se disputèrent sa main ; mais le Destin ayant déclaré que le fils qui naîtrait d'elle serait plus grand que son père, ces dieux se retirent, et elle épouse Pélée, roi de Phthiotide, en Thessalie, de qui elle a Achille.

On peint les Néréides comme de jeunes filles portées au sein des flots sur des chevaux marins ; quelquefois on les représente moitié femmes et moitié poissons.

On leur consacre des autels et des bouquets de bois sur le bord de la mer ; les navigateurs leur sacrifient du lait, de l'huile et du miel.

NAÏADES

Les Naïades, filles de Jupiter, sont les nymphes qui président aux fleuves, aux rivières et aux fontaines.

On les peint sous les traits de jeunes femmes appuyées sur une urne penchée d'où s'élance un courant d'eau ; elles portent une couronne de roseaux, et de longs cheveux tombent sur leurs épaules.

LES SIRÈNES

Les Sirènes, filles du fleuve Achéloüs et de la muse Calliope, sont des nymphes qui accompagnent Proserpine lorsqu'elle est enlevée ; on les nomme **Leucosie**, **Ligie** et **Parthénope**.

Après avoir longtemps inutilement cherché et sur la terre et sur la mer la fille de Cérès, elles vinrent se fixer dans la mer de Sicile sur des écueils au milieu desquels elles se plaisent à faire échouer les navigateurs en les attirant par la douceur de leur chant dans ces passages dangereux.

Ulysse trouve moyen d'échapper à leurs séductions en bouchant avec de la cire les oreilles de ses compagnons, et en se faisant attacher lui-même au mât de son vaisseau.

On les représente ordinairement avec un corps de femme qui se termine en une queue de poisson ; mais il semble plus conforme aux traditions mythologiques de leur donner des ailes et des pattes d'oiseau, car les dieux leur avaient permis de voler autour de la mer à la recherche de leur compagne disparue. L'une d'elles tient habituellement une lyre, la deuxième des tablettes, et la troisième deux flûtes.

ÉOLE

Éole, fils de Jupiter, est le dieu des vents, qu'il tient enchaînés dans les antres des îles Éoliennes. S'il n'avait soin de les retenir constamment, leur violence indomptable causerait d'horribles tempêtes et bouleverserait le monde.

Les principaux vents qu'il tient sous ses ordres sont **Borée** ou le vent du nord, **Eurus** ou le vent d'orient, **Auster** ou le vent du midi, et **Zéphyr** ou le vent d'occident.

Lorsque Ulysse traverse les États d'Éole, ce dieu lui fait don de quelques outres qui renferment des vents captifs ; les compagnons du roi d'Ithaque ayant ouvert les outres par curiosité, les vents qui s'élancèrent de leur prison causèrent un ouragan qui fit périr tous les vaisseaux.

On représente Éole avec un visage ridé et chagrin, des sourcils épais et pendants, des yeux pleins d'un feu sombre et austère, gourmandant de sa voix menaçante les aquilons furieux qui s'agitent autour de lui. Il tient en main un sceptre de fer.

PROTÉE

Protée, fils de l'Océan et de Téthys, est chargé de garder dans les vastes plaines de la mer et sur ses rivages les troupeaux de Neptune.

Il a reçu de ce dieu la connaissance parfaite de l'avenir. Mais, pour obtenir de lui la révélation des événements futurs, on était obligé de recourir à l'adresse et à la force. En effet, il fallait le saisir et l'enchaîner pendant qu'il sommeillait à l'ombre de quelque grotte ; alors même il cherchait encore à échapper en prenant toutes sortes de formes, en devenant successivement lion, tigre ou dragon, ruisseau limpide, flamme ardente, ou pierre ou roseau. Ce n'était que lorsqu'il désespérait de lasser la persistance de ceux qui l'interrogeaient qu'il consentait à leur dévoiler l'avenir.

GLAUCUS

Glaucus est un pêcheur de Béotie ; il avait remarqué que les poissons qu'il pêchait reprenaient une nouvelle vigueur et se jetaient à la mer lorsqu'il les posait sur une certaine herbe du rivage. Il a l'idée de goûter à cette herbe, et aussitôt il se sent entraîné involontairement au milieu des flots. Là il est accueilli par les divinités maritimes, qui l'admettent parmi elles.

Glaucus devait épouser la nymphe **Scylla** ; mais la magicienne Circé, jalouse de leur bonheur, empoisonna la fontaine où Scylla devait aller se baigner. Celle-ci, en sortant de l'eau, se vit transformée en un monstre hideux. Elle en ressentit un si violent désespoir, qu'elle se précipita dans la mer, où elle fut changée en écueil.

On représente Glaucus avec une longue barbe, des cheveux flottants sur les épaules, et un corps terminé en forme de poisson.

TRITON

Triton est un fils de Neptune ; on a donné son nom aux nombreuses divinités maritimes qui ont le corps d'un homme terminé depuis la ceinture en forme de poisson, et qui accompagnent ordinairement le char de Neptune, en faisant retentir des trompettes formées de conques marines.

DIVINITÉS DOMESTIQUES

LARES ET PÉNATES

Les Lares et les Pénates sont les divinités particulières à chaque État, à chaque famille, à chaque maison.

On en distinguait de publics qui veillent aux intérêts d'une ville, ou qui président aux places publiques, aux chemins ; et de particuliers qui ont sous leur surveillance immédiate les affaires intérieures de chaque famille.

Énée doit surtout sa célébrité au soin religieux avec lequel il sauve les Pénates de Troie au milieu de l'incendie qui dévorait cette ville.

À Rome, quand un enfant entre dans l'adolescence, c'est-à-dire à l'âge de quatorze ans, il consacre aux Lares la *bulla* ou le petit ornement en forme de cœur qu'il avait porté jusqu'alors suspendu à son cou. Des esclaves affranchis déposaient leurs chaînes au pied de leur autels.

On leur rend un culte continuel dans l'intérieur de chaque maison, et les gens riches leur construisent chez eux de petites chapelles où l'on entretient constamment une lampe ; on ne décidait rien d'important sans les avoir consultés. Aussi s'en prenait-on quelquefois à ces divinités des afflictions qui venaient frapper les familles, et on les punissait en les privant de tout honneur ou en brisant leurs images, lorsque leur protection s'était montrée inefficace.

On représente ces dieux domestiques sous la forme de statuettes faites de matières variées, et pour lesquelles les personnes opulentes emploient les plus riches métaux. Elles sont souvent placées auprès du foyer ou derrière la porte.

On leur donne aussi quelquefois la figure d'un chien ; on les revêt de la peau de cet animal, pour indiquer leur dévouement et leur fidélité.

GÉNIES

Les Génies sont des divinités attachées à chaque homme, qui le suivent depuis sa naissance jusqu'à sa mort, et qui président à toute sa destinée. On reconnaît aussi des Génies spéciaux à chaque peuple, à chaque pays.

Il y a des Génies blancs et des Génies noirs : les premiers, esprits bienfaiteurs, inspirent aux hommes toutes leurs bonnes résolutions et ne les excitent qu'au bien ; les autres les poussent au mal. Les hommes étaient donc bons ou mauvais, suivant qu'ils obéissaient à leur bon ou à leur mauvais Génie.

On représente le bon Génie sous les traits d'un jeune homme à la figure riante, tenant une coupe d'une main, et de l'autre une corne d'abondance. Le mauvais Génie, au contraire, se reconnaît à son front chagrin, à son œil menaçant, et au fouet dont il était armé.

LES ENFERS ET LES DIVINITÉS INFERNALES

LES ENFERS

Les poètes représentent les Enfers comme un lieu souterrain où les âmes se rendent après la mort pour être jugées suivant leurs œuvres.

Les Enfers se divisent en deux parties distinctes : les **Champs-Élysées**, lieux de délices où règne un printemps éternel, où les ombres des hommes justes jouissent d'un bonheur parfait ; et le **Ténare** ou **Tartare**, où les méchants endurent la punition de leurs crimes.

Minos, ancien roi de Crète, **Éaque**, ancien roi d'Égine, et **Rhadamanthe**, ancien roi de Lycie, qui tous les trois s'étaient fait remarquer par la sagesse avec laquelle ils avaient gouverné leurs peuples, étaient les juges devant lesquels Mercure conduisait les âmes, et qui, après avoir pesé leurs bonnes et leurs mauvaises actions, décidaient du sort qui leur était réservé dans l'autre vie.

Cinq fleuves entourent de leurs eaux profondes le royaume des morts : le **Styx** est le plus célèbre de tous ; il repasse neuf fois autour des Enfers ; les dieux eux-mêmes avaient un tel respect pour ce fleuve, que, lorsqu'ils avaient juré par ses ondes, ils ne pouvaient violer ce serment sans s'exposer à perdre leur pouvoir pour longtemps, et à être chassés de l'Olympe.

L'**Achéron** est un fils du Soleil et de la Terre qui a été changé en fleuve pour avoir fourni de l'eau aux Titans lors de leur attaque contre Jupiter. Ses eaux sont bourbeuses et amères.

Le **Cocyte** entoure le Tartare, et n'est alimenté que par les larmes des méchants.

Le **Léthé**, ou fleuve d'oubli, coule dans les Champs-Élysées, et a la vertu de faire oublier le passé à ceux qui boivent de ses eaux. Les ombres sont obligées d'en boire lorsque, après être restées mille ans dans les enfers, elles vont habiter d'autres corps. Elles perdent ainsi la mémoire de leur première existence et du temps qu'elles ont passé dans l'Enfer.

Le **Phlégéthon** roule autour du Tartare des ondes enflammées.

Caron, fils d'Érèbe et de la Nuit, est un vieux nautonier rude et grossier, qui, l'aviron à la main, fait traverser les fleuves infernaux aux ombres qui se présentent sur leurs bords. Il ne reçoit dans sa barque que celles qui ont une pièce de monnaie à lui donner ; celles qui ne peuvent payer ce tribut errent pendant cent ans sur les bords désolés du Styx ou de l'Achéron. C'était par suite de cette croyance que les peuples de l'antiquité avaient coutume de placer une obole dans la bouche des morts.

Cerbère est un chien monstrueux, à trois têtes, qui est chargé de garder l'entrée de l'Enfer et du palais de Pluton. Il accueille avec joie les ombres qui entrent dans les Enfers, mais il dévore celles qui tentent d'en sortir, de même que les vivants qui veulent y pénétrer. Cependant Orphée l'endort au son de sa lyre, lorsqu'il va chercher Eurydice dans le sombre empire de Pluton ; Énée le soumet de la même manière, au moyen d'un gâteau préparé par la Sibylle ; et Hercule l'enchaîne et s'en fait suivre quand il va arracher Alceste des enfers.

LE TARTARE

Le Tartare est un lieu d'horreur et de misère, situé au fond des Enfers, entouré des ondes enflammées du Phlégéthon et d'une triple enceinte de murailles, où les mânes des hommes coupables souffrent d'horribles tourments.

Les **Furies** ou **Euménides**, ministres de la vengeance divine, sont chargées de tourmenter les malheureux habitants du Tartare, et leur cruel génie leur inspire sans cesse de nouveaux supplices. On les nomme **Alectron**, **Mégère** et **Tisiphone** ; on les représente coiffées de couleuvres et tenant en leurs mains des serpents et des torches ardentes. Tisiphone, armée d'un fouet, veille sans cesse près des portes de diamant du Tartare, et empêche les condamnés d'en sortir.

Tantale est un des plus célèbres habitants du Tartare. Ce prince, qui a régné en Phrygie et en Lydie, ayant reçu dans son palais les dieux qui voyagent sur la terre, et voulant éprouver leur divinité, leur a servi dans un repas les membres de son fils Pélops qu'il avait fait couper en morceaux. Pour le punir de cette horrible cruauté, Jupiter le condamne à souffrir éternellement de la faim et de la soif, au milieu de tout ce qui peut exciter et satisfaire ces deux besoins ; Mercure le plonge jusqu'au menton dans un lac dont les eaux transparentes fuient sans cesse ses lèvres avides ; au-dessus de sa tête des arbres plient sous le poids de fruits délicieux qui semblent être à sa portée ; mais les branches se redressent dès qu'il en approche la main, et échappent constamment aux efforts qu'il fait pour les saisir.

Sisyphe, fils d'Éole, qui a désolé l'Attique par ses brigandages, et qui succombe sous les coups de Thésée, est obligé de rouler sans cesse jusqu'au sommet d'une montagne une grosse pierre ronde qui retombe toujours pour qu'il la remonte encore.

Salmonée, roi d'Élide, est si orgueilleux de sa puissance, qu'il voulut usurper les honneurs divins ; pour se rendre, autant que possible, égal à Jupiter, il a fait construire au milieu de sa capitale un pont de métal, sur lequel il fait rouler des chars dont le bruit ressemble à celui du tonnerre. Le maître de la foudre, irrité d'une telle témérité, précipite cet audacieux dans le Tartare.

Phlegyas, roi des Lapithes, ayant mis le feu à un temple d'Apollon, est enchaîné, dans les Enfers, sous un énorme rocher suspendu sur sa tête, et qui menace de l'écraser.

Les **Danaïdes** sont cinquante sœurs, filles d'un roi d'Argos, qui épousèrent le même jour leurs cousins, fils d'Égyptus. Danaüs, père des cinquante princesses, ayant appris par l'oracle que l'un de ses gendres le détrônerait, ordonne à ses filles d'égorger leurs maris dès le jour des noces. Une seule, Hypermnestre, conserve les jours de son époux, Lyncée. Les quarante-neuf autres sont condamnés à verser continuellement de l'eau dans un tonneau percé, et leur travail ne doit cesser que lorsque le tonneau sera rempli.

Le Tartare contient un nombre immense de condamnés moins connus, parmi lesquels on peut encore citer les **Titans**, qui sont accablés sous le poids d'énormes montagnes au milieu de brasiers ardents ; le géant **Tithyus**, qui couvre neuf arpents de son corps et dont un vautour ronge sans cesse le foie toujours renaissant, et **Ixion**, que les Furies ont attaché avec des serpents sur une roue qui tourne continuellement, etc.

DIVINITÉS INFERNALES

LES PARQUES

Les Parques sont trois sœurs nommées **Clotho**, **Lachésis** et **Atropos**, qui forment à elles trois le fil auquel était attachée la destinée de chaque mortel. Elles se servent de laine blanche pour filer une vie longue et heureuse, de laine noire pour celle qui doit être courte et orageuse. Clotho, la plus jeune, tient la quenouille ; Lachésis tourne le fuseau ; et Atropos, la plus âgée, met fin à la carrière des hommes en coupant le fil avec ses ciseaux.

LA NUIT

La Nuit, déesse des ténèbres, et fille du Chaos, épouse l'Achéron et donne le jour aux Furies et à d'autres divinités infernales. On la représente couronnée de pavots, couverte de longs habits de deuil parsemés d'étoiles, et portée sur un char traîné par des chauves-souris.

LE SOMMEIL

Le Sommeil, fils de l'Érèbe et de la Nuit, et frère de la Mort, a son palais dans un antre profond où n'a jamais pénétré un rayon de lumière, on n'y entend que le doux murmure du fleuve d'oubli qui roule tout autour ses eaux assoupies. Le seuil en est couvert de pavots ; dans l'appartement le plus retiré, sur un lit d'ébène caché par des rideaux noirs, le dieu repose doucement, entouré des **Songes**, qui agitent sans bruit autour de lui leurs ailes de chauves-souris.

Morphée, son principal ministre, veille à ce qu'aucun bruit ne trouble le silence qui règne dans ces lieux ; il est en outre chargé d'endormir les hommes en les touchant avec une fleur de pavot. C'est lui encore qui envoie les Songes visiter les mortels ; ceux qui apportent des visions véritables sortent par une porte de corne ; ceux qui ne sont chargés que de vaines illusions passent par une porte d'ivoire.

LA MORT

La Mort, fille du Sommeil et de la Nuit, et la plus implacable des divinités infernales, se tient à la porte du Tartare. On lui sacrifie un coq ; l'if et le cyprès lui sont consacrés.

On la représente sous la forme d'un squelette ailé et drapé d'une robe noire parsemée d'étoiles, et tenant une faux et un sablier.

LES MÂNES

Les anciens nomment ainsi les âmes des hommes qui sont morts, et les divinités qui président aux tombeaux. On leur porte un profond respect, et on les redoute beaucoup ; c'est pourquoi on cherche à les apaiser par des libations et en leur sacrifiant des brebis noires. Les anciens croient que le feu est très agréable aux dieux mânes ; c'est pourquoi ils ont l'habitude de placer des lampes sur les tombeaux.

3. Les divinités allégoriques

LE DESTIN

Le Destin, fils du Chaos et de la Nuit, est aveugle. Bien qu'il ne figure pas parmi les principaux dieux, et que son culte soit peu honoré, son pouvoir est regardé comme supérieur même à celui de Jupiter. Les arrêts qu'il a pris une fois inscrits sur son livre sont sans appel.

On le représente tenant sous ses pieds le globe de la terre, et dans ses mains l'urne qui contient le sort des hommes.

LA FORTUNE

La Fortune, fille de Jupiter, a le pouvoir de dispenser aux hommes le bien et le mal, l'opulence et la misère, les souffrances et la santé.

Cette déesse a de nombreux et fervents adorateurs ; on compte à Rome quatre temples élevés en son honneur. Elle en a aussi dans plusieurs autres villes de l'Italie et de la Grèce ; un des plus célèbres se trouve à Antium, où elle rend des oracles.

On représente la Fortune aveugle ou avec un bandeau sur les yeux ; elle est debout ; un de ses pieds est en l'air, et l'autre posé sur une roue qui tourne avec rapidité ; on lui attache quelquefois des ailes aux épaules ou aux jambes.

LA RENOMMÉE

La Renommée, fille de Titan et de la Terre, a mission de parcourir l'univers en proclamant en tous lieux les bruits qui circulent, sans distinction des bonnes ou des mauvaises nouvelles, de la vérité ou du mensonge. Elle a cent yeux et cent bouches, ne doit jamais s'arrêter ni jour ni nuit, et ne peut garder le silence.

On représente la Renommée sous les traits d'une femme ailée qui parcourt l'espace une trompette à la main.

LA PAIX

La Paix est fille de Jupiter et de Thémis, et on la confond souvent avec **Astrée**, qui réside sur la terre sous l'âge d'or, et qui, chassées enfin par les crimes des hommes, alla habiter dans le ciel cette partie du Zodiaque que l'on appelle le signe de la Vierge.

On lui a dédié à Rome un temple magnifique, où Vespasien déposa les dépouilles du temple de Jérusalem.

On la représente sous les traits d'une femme couronnée de laurier, tenant d'une main une petite statue de Plutos, une gerbe d'épis mêlée de roses et de branches d'olivier.

LA DISCORDE

La Discorde, ou **Éris**, est chassée du ciel par Jupiter, à cause des différends qu'elle ne cesse de soulever entre les dieux. C'est alors qu'elle descend sur la terre, où elle préside aux querelles entre les particuliers et entre les nations, qu'elle excite constamment aux discussions et aux combats.

Furieuse de n'avoir pas été conviée avec les autres dieux aux noces de Thétis et de Pélée, elle s'en venge en jetant sur la table une pomme d'or sur laquelle elle avait écrit : « À la plus belle ». Junon, Pallas et Vénus élevèrent des prétentions égales sur cette pomme, et le berger Pâris, chargé par Jupiter de prononcer entre les trois déesses, termina la querelle en faveur de Vénus, ce qui rendit Junon l'ennemie acharnée des Troyens.

On représente la Discorde avec des serpents au lieu de cheveux, un teint livide, des yeux égarés, la bouche écumante, les mains ensanglantées et les vêtements déchirés ; d'une main elle agite une torche ardente, dans l'autre elle tient une couleuvre et un poignard.

L'ENVIE

L'Envie, fille de la Nuit, est représentée sous les traits les plus hideux, avec un teint livide, des yeux hagards et enfoncés, un front ridé, des joues creuses et une coiffure de couleuvres ; d'une main elle porte trois vipères, de l'autre une hydre à sept têtes ; un serpent monstrueux lui ronge le sein.

LA VENGEANCE

La Vengeance, que l'on nomme Némésis et quelquefois **Adrastée**, est regardée comme fille de Jupiter et de la Nécessité. Elle est chargée de punir les crimes que les lois humaines ne peuvent ateindre : la cruauté, l'orgueil, l'ingratitude, le parjure, l'abus des richesses, etc.

On la représente avec des ailes, pour indiquer que la punition suit de près le crime ; elle est armée de flambeaux et de serpents ; sa tête porte une couronne surmontée d'un bois de cerf.

LA NÉCESSITÉ

La Nécessité, fille de la Fortune, est considérée comme la plus puissante des divinités ; Jupiter lui-même obéissait à son pouvoir suprême.

Elle a à Corinthe un temple dans lequel ses prêtresses seules ont le droit de pénétrer.

On la représente avec des mains de bronze, dans lesquelles elle tient de longues chevilles et de grands coins.

LE TRAVAIL ET LA PARESSE

Le Travail et la Paresse ont aussi leurs divinités allégoriques.

Le premier est représenté sous les traits d'un jeune homme robuste et actif entouré des instruments de diverses professions.

La seconde, fille du Sommeil et de la Nuit, a été métamorphosée en tortue ; le limaçon lui est consacré.

LE SILENCE

Le Silence, nommé **Sigalion** par les Grecs, est représenté sous les traits d'un jeune homme ou d'une jeune femme tenant d'une main une corne, et posant l'index de l'autre main sur ses lèvres. On place ordinairement sa statue à l'entrée des temples, pour signifier qu'il faut garder le silence en signe de respect.

LA VICTOIRE

La Victoire, ou **Nicée**, est la fille de la déesse Styx et du Titan Pallas. On la peint sous les traits d'une jeune fille enjouée, avec des ailes, tenant d'une main une couronne d'olivier et de laurier, et de l'autre une branche de palmier. On la représente sur une proue de vaisseau quand on veut désigner une victoire navale. Les Athéniens ne lui donnent pas d'ailes, de crainte qu'elle ne s'en serve pour s'éloigner d'eux.

LA LIBERTÉ

Les Romains sont les plus fervents adorateurs de cette divinité ; le père des Gracques fut le premier qui lui éleva un temple sur le mont Aventin ; depuis on lui en consacra d'autres, et on lui érigea un grand nombre de statues.

On représente la Liberté sous la figure d'une femme vêtue de blanc, tenant un sceptre et coiffée du bonnet phrygien (celui que l'on donne aux esclaves en les affranchissant). Près d'elle on voit un char avec un joug rompu. Le chat lui était consacré.

L'OCCASION

L'Occasion préside au moment le plus favorable pour réussir dans une entreprise.

On la représente sous la figure d'un jeune homme ou d'une jeune fille n'ayant de cheveux que sur le devant de la tête et chauve par derrière, un pied en l'air et l'autre sur une roue, tenant un rasoir d'une main et un voile de l'autre ; quelquefois on la montre courant sans se blesser sur le tranchant d'un rasoir.

Tous ces attributs ont pour but d'exprimer que, si l'on ne saisit l'occasion au moment propice et si l'on ne tranche aussitôt les dificultés, elle se cache, et ne se laisse plus rattrapper.

4. Les demi-dieux et les héros

Les demi-dieux sont des héros issus d'un dieu et d'une mortelle, ou des hommes célèbres à qui leurs exploits ou leurs vertus ont acquis l'honneur d'être mis au rang des dieux.

On doit regarder les récits qui les concernent comme l'histoire de quelques guerriers que leur valeur avait illustrés, ou de quelques princes qui se sont distingués par leurs talents. Ces traditions sont d'ailleurs mêlées et l'on a souvent attribué à un seul homme des faits qui appartenaient à plusieurs.

PERSÉE

Persée occupe le premier rang parmi les demi-dieux. Acrisius, roi d'Argos, avait appris de l'oracle qu'il serait tué de la main de son petit-fils. Pour échapper à cette funeste destinée, il fit enfermer Danaé, sa fille unique, dans une tour d'airain ; mais Jupiter s'y introduisit sous la forme d'une pluie d'or. Danaé donna naissance à Persée. Informé de cet événement, Acrisius fit jeter sur une frêle barque sa fille et son petit-fils, qu'il exposa à la fureur des flots pendant une tempête : les vents les portèrent sur l'île de Séripho, où ils furent recueillis par Polydecte, roi de ce pays.

Devenu grand, le jeune héros signale sa valeur par de brillants exploits ; sa réputation ne tarde pas même à donner de l'ombrage à Polydecte, qui, pour se défaire de ce jeune ambitieux, l'engage à aller combattre les **Gorgones**, qui désolaient au loin les campagnes. C'étaient trois sœurs, filles de Phorcus, nommées **Méduse**, **Euryale** et **Sthéno**. Ces montres, coiffés de couleuvres et portés sur de grandes ailes, armés de griffes de lion et de défenses de sanglier, n'avaient qu'un œil, dont ils se servaient tour à tour pour pétrifier tous ceux qu'ils regardaient. Persée n'hésite pas à aller se mesurer à ces ennemis redoutables, et les dieux voulurent l'aider dans sa courageuse entreprise. Minerve lui donne son bouclier, Pluton lui fait don d'un casque qui a la vertu de rendre invisible, et Vulcain l'arme d'une épée au tranchant de laquelle rien ne pouvait résister. Ainsi préparé, Persée se rend dans les îles Gorgades, où les Gorgones faisaient leur séjour, et, profitant du moment où Méduse était endormie, il lui tranche la tête d'un seul coup. Cette tête, fixée sur le bouclier du héros, conserve son pouvoir, et change en pierre tous ceux vers qui on la dirige.

En revenant de cette expédition, Persée s'arrête dans la Mauritanie ; ayant été mal accueilli par Atlas, géant formidable qui régnait dans ce pays, il lui présente la tête de Méduse, et le prince inhospitalier est changé en une montagne élevée dont le sommet se perd dans les nuages, ce qui fait dire aux poètes qu'Atlas supporte le ciel sur ses épaules.

Un autre exploit vient mettre le comble à sa renommée. Cassiope, épouse de Céphée, roi d'Éthiopie, ayant eu la témérité de se dire plus belle que Junon et que les Néréides, avait vu un monstre marin désoler les rivages de son royaume. L'oracle consulté avait répondu qu'il n'y avait qu'un moyen de calmer le courroux des dieux : c'était de livrer au monstre **Andromède**, fille de Cassiope ; cette jeune fille fut en conséquence enchaînée à un rocher qui s'élevait au milieu de la mer ; mais Persée résolut de la sauver. Monté sur Pégase, cheval ailé né du sang de Méduse, il fondit sur le monstre au moment où celui-ci allait saisir sa proie, et lui donna la mort. Pour prix de son courage il épousa celle qu'il avait délivrée ; cependant Phinée, qui avait été fiancé à Andromède, vint avec ses compagnons troubler la fête du mariage et réclamer les armes à la main celle qui lui avait été promise. Persée allait succomber sous le nombre, lorsque découvrant tout à coup la tête de la Gorgone, il pétrifia tous ses adversaires.

Il alla ensuite rendre la liberté à sa mère, que Polydecte retenait captive. Enfin il rentrait triomphant dans sa patrie, où Acrisius l'avait rappelé, quand, en s'exerçant au jeu du palet, il donna involontairement la mort à son aïeul, qu'il ne connaisait pas, et qui venait à sa rencontre. Ainsi s'accomplit l'arrêt du destin. Persée fut tellement désolé de cet accident, qu'il se condamna de nouveau à l'exil ; Jupiter, touché de sa douleur, le plaça dans le ciel avec son épouse Andromède au nombre des constellations.

BELLÉROPHON

Bellérophon, fils de Glaucus, roi d'Épire, ayant tué par accident son frère Pirène à la chasse, est obligé de s'expatrier, et se réfugie chez Prœtus, roi d'Argos. La femme de ce dernier, nommée Sthénobée, accuse Bellérophon de crimes imaginaires, et demande sa mort à son mari ; celui-ci ne voulant pas violer les lois de l'hospitalité, envoie Bellérophon en Lycie avec des lettres adressées à Iobates, père de Sthénobée ; ces lettres, qui sont censées contenir des recommandations en faveur de Bellérophon, doivent au contraire déterminer Iobates à le faire périr.

Iobates, qui d'abord avait accueilli généreusement Bellérophon, ne voulut pas, lorsqu'il eut pris connaissance de la lettre de son gendre, faire périr son hôte violemment ; il se contenta de l'exposer aux plus grands dangers. Mais le jeune héros revint triomphant des expéditions les plus périlleuses ; c'est ainsi qu'il soumit successivement les Solymes et les Amazones.

N'ayant plus d'ennemis à lui opposer, le roi de Lycie envoya Bellérophon combattre la Chimère, qui désolait le pays. Ce monstre passait pour invincible ; il avait la tête d'un lion, le corps d'une chèvre et la queue d'un dragon ; sa bouche et ses narines vomissaient des torrents de flammes et de fumée. Bellérophon, secondé par Minerve et monté sur le cheval Pégase, que lui envoyèrent les dieux, n'hésite pas à attaquer la Chimère et la tue.

Désarmé par tant de hauts faits, Iobates montre à Bellérophon les lettres que Prœtus lui a écrites ; le héros démontre son innocence, et le roi, après lui avoir donné sa fille en mariage, le retient dans ses États, le comble d'honneurs, et le désigne pour lui succéder au trône.

HERCULE

Hercule, fils de Jupiter et d'Alcmène, naquit à Thèbes. Junon, jalouse de sa mère, épuise sur lui tous les traits de sa vengeance. Comme il était encore au berceau, elle envoya deux serpents pour le dévorer ; mais Hercule les saisit et les étouffa de ses mains enfantines.

L'intrépidité précoce du jeune demi-dieu semble toucher Junon, qui s'adoucit envers Hercule jusqu'au point de le nourrir de son lait ; quelques gouttes de ce lait divin, tombées de la bouche de l'enfant, formèrent cette longue traînée blanche que l'on remarque dans le ciel, et que l'on a nommée « la voie lactée ».

Cependant Junon revient bientôt à ses premiers sentiments de haine à l'égard d'Hercule ; elle l'oblige à se soumettre aux ordres de son frère Eurysthée, qui règne à Mycènes, et qui lui impose un grand nombre d'entreprises aussi difficiles que dangereuses, dans lesquelles il espère le voir périr. Ce sont ces exploits que l'on a nommés les Travaux d'Hercule ; on en compte douze principaux.

1) Il y avait dans la forêt de Némée, en Achaïe, un lion d'une grandeur énorme, tombé, disait-on, de la lune, et que l'on avait vainement tenté de détruire par le fer et par le feu. Hercule, après avoir épuisé ses flèches sur sa peau impénétrable, après avoir brisé sa massue sur sa tête, l'étouffa dans ses bras. Depuis il porte toujours la peau de ce lion comme un monument de sa première victoire.

Louis Le Conte : *Hercule* – 1684-1689.

2) Une hydre épouvantable infestait les marais de Lerne ; ce serpent monstrueux avait sept têtes, et à mesure que l'on en coupait une il en renaissait deux autres à la place. Le héros n'en put venir à bout qu'en portant un feu ardent dans la plaie que laissait chaque tête qu'il abattait.

3) Il poursuivit à la course pendant une année entière une biche à pieds d'airain et à cornes d'or qui habitait le mont Menale en Arcadie, et, après l'avoir prise au piège, il l'amena vivante à Mycènes.

4) Eurysthée lui ayant commandé d'aller combattre le sanglier d'Érymanthe, qui désolait l'Arcadie, Hercule l'amena vivant et garotté à son frère, qui fut si fort effrayé à cette vue, qu'il courut se cacher.

5) Augias, roi de l'Élide, dans le Péloponèse, avait un troupeau de trois mille vaches, et ses étables n'avaient pas été nettoyées depuis trente ans. Hercule, s'étant chargé de détruire ce foyer d'infection, détourna les eaux du fleuve Alphée et les fit passer dans les étables, qui furent ainsi promptement purifiées. Une fois le travail achevé, Augias voulut frustrer le héros du salaire convenu ; mais celui-ci le tua et fit régner à sa place Philée, son fils, qui s'était montré indigné de l'injustice de son père.

6) Le lac Stymphale en Arcadie était infesté de harpies ou d'oiseaux monstrueux, qui déchiraient les hommes de leurs ongles crochus, de leurs bras de fer, et dont les ailes immenses interceptaient la lumière du soleil. Hercule, en les effrayant du bruit d'un tambour d'airain, les fit sortir des forêts où ils cherchaient un refuge, et les perça de ses flèches.

7) Neptune, irrité contre Minos, avait envoyé dans l'île de Crète un taureau furieux qui jetait des flammes par les narines, et qui désolait le pays. Le fils d'Alcmène le dompta et l'amena enchaîné aux pieds d'Eurysthée.

8) Diomède, roi de Thrace, avait des cavales qu'il nourrissait de chair humaine ; attaqué par Hercule, il fut vaincu et devint à son tour la pâture de ses propres cavales.

9) Hercule reçut de son frère la mission d'aller combattre les Amazones, qui habitaient les bords du fleuve de Thermodon en Cappadoce. Accompagné de son ami Thésée, il tailla en pièces cette tribu de femmes guerrières, et emmena captive leur reine Hippolyte.

10) Géryon, géant à trois corps qui régnait sur les îles Baléares, nourrissait ses troupeaux de bœufs de la chair des étrangers qui abordaient sur ses domaines. Il fut vaincu par le héros, qui s'empara de ses riches troupeaux, bien qu'ils fussent défendus par un chien à sept têtes.

11) Passant ensuite en Afrique, il alla dépouiller de ses pommes d'or le jardin des Hespérides, après avoir tué de ses flèches le redoutable dragon chargé de le garder. Il eut Atlas pour compagnon dans cette entreprise, et pendant que celui-ci cueillait les pommes, Hercule, ayant pris sa place, soutenait le ciel sur ses épaules.

12) Enfin il descendit au Tartare, parvint à enchaîner Cerbère, le terrible gardien de ces sombres demeures, et l'entraîna hors des enfers.

Après être heureusement sorti de ces terribles épreuves, Hercule se met à parcourir la terre pour exterminer les monstres et les tyrans qui la désolent. C'est ainsi qu'en Égypte il poignarde Busiris, roi de ce pays, qui immolait à ses dieux tous ceux qui abordaient dans ses États. Il délivre l'Italie de Cacus, brigand fameux qui habitait les bords du Tibre, aux lieux mêmes où Rome fut fondée depuis. Ce voleur avait dérobé les génisses qui appartenaient à Hercule, et les avait fait entrer à reculons dans sa caverne, pour que leurs traces ne le trahissent pas ; mais Hercule, les ayant entendues mugir, brise le rocher sous lequel Cacus se cache, et l'étrangle, malgré les flammes que ce monstre vomissait. En Libye il rencontre Antée, fils de la Terre, géant énorme, qui étouffait sous le poids de son corps tous les étrangers qu'il forçait à lutter avec lui : Hercule le renverse plusieurs fois ; mais, s'apercevant que son adversaire recouvre de nouvelles forces à chaque fois qu'il touche la terre, il l'enlève dans ses bras vigoureux, et l'étouffe en le tenant élevé en l'air.

Ce fut encore Hercule qui, parvenu aux extrémités de l'Espagne, réunit l'Océan à la Méditérannée en ouvrant le détroit de Gibraltar. Se croyant arrivé aux bornes du monde, il élève ses célèbres colonnes, l'une située en Europe sur le mont Calpé, et l'autre en Afrique sur le mont Abyla, et y inscrit ces mots : *Non plus ultra* (on ne peut aller plus loin) ; ce double monument était destiné à perpétuer la mémoire de ses voyages et de ses hauts faits.

Ce héros invincible paye pourtant son tribut aux faiblesses humaines : Omphale, reine de Lydie, sait tellement amollir son courage, que l'on voit à ses pieds le vainqueur de l'univers, armé d'une quenouille, filer parmi les suivantes, tandis que cette femme artificieuse se couvre de la peau du lion de Némée et s'appuie sur l'énorme massue du fils d'Alcmène. Cependant il se dégage de cette humiliante servitude, et épouse Déjanire, fille du roi de Calydon, après avoir vaincu le fleuve Archéloüs, qui voulait la lui disputer.

Comme il se rend dans sa patrie, emmenant avec lui sa jeune épouse, il est arrêté par le fleuve Evène, dont les eaux débordent ; le centaure Nessus s'offre à faire passer le fleuve à Déjanire en la prenant sur sa croupe, mais il avait le projet de l'enlever. Hercule, s'en étant aperçu, décoche contre le traître une flèche plongée dans le sang de l'hydre de Lerne, dont la blessure était mortelle. Nessus, en expirant, songea à la vengeance : il fit don à Déjanire de sa robe ensanglantée, en lui assurant que ce vêtement aurait le don de lui conserver à jamais l'affection de son mari, si celui-ci s'en couvrait. Peu de temps après, Déjanire, jalouse, lui envoie ce don fatal, tandis qu'il est occupé à célébrer un sacrifice sur le mont Œta. À peine Hercule a-t-il revêtu cette tunique empoisonnée, qu'il est embrasé d'un feu intérieur qui le rend furieux ; sentant qu'il ne pouvait se soustraire à la mort qu'il portait dans son sein, Hercule se précipite sur le bûcher qu'il avait élevé de ses mains, et ordonne à son ami Philoctète d'y mettre le feu. Jupiter le reçoit dans le ciel au nombre des dieux, et lui donne pour épouse Hébé, déesse de la jeunesse.

THÉSÉE

Thésée, fils d'Égée, roi d'Athènes, marche sur les traces d'Hercule, dont il fut le compagnon et l'ami.

Son premier exploit est sa lutte contre Périphètes, géant d'Epidaure qui se nourrissait de chair humaine ; Thésée porta toujours comme un trophée de sa première victoire la massue de fer avec laquelle ce brigand assommait les passants. Le héros tue ensuite le taureau qu'Hercule avait dompté dans l'île de Crète, et qu'Eurysthée avait relâché dans l'Attique ; il purge l'Étolie d'un sanglier terrible que la vengeance de Diane avait envoyé dans ce pays, et qui faisait sa demeure aux environs de Calydon ; enfin il accompagne Hercule dans sa campagne contre les Amazones, et épouse leur reine, nommée Hippolyte, qui lui donne un fils.

Ce qui met le comble à la gloire de Thésée, ce fut la destruction du Minotaure de Crète, monstre moitié homme et moitié taureau. Minos, vainqueur des Athéniens, voulant venger sur eux la mort de son fils Androgée, leur avait imposé l'obligation de lui livrer chaque année sept jeunes garçons et autant de jeunes filles qui devenaient la proie du Minotaure. Thésée, voulant affranchir sa patrie de ce honteux tribut, résolut de combattre le monstre. Sa bravoure et sa jeunesse touchèrent les filles de Minos, Phèdre et Ariane ; cette dernière lui donne des conseils sur la manière d'attaquer son redoutable ennemi, et lui remet un peloton de fil qui doit l'empêcher de s'égarer dans le labyrinthe où le Minautore est renfermé. Ce labyrinthe, construit par Dédale, est un immense enclos rempli de bouquets de bois, de bâtiments et de chemins inextricables qui se croisent tellement dans tous les sens, qu'il est impossible de retrouver le chemin pour en sortir, quand une fois on y est entré. Grâce aux instructions d'Ariane, Thésée sort vainqueur de sa lutte avec le monstre, et ramène en triomphe ses compagnons dans leur patrie.

En quittant la Crète il enlève les deux filles du roi, et, après avoir cruellement abandonné sur l'île de Naxos Ariane, qui s'était endormie sur le rivage, il épouse Phèdre.

Lorsqu'il était parti d'Athènes, Thésée montait un vaisseau dont les voiles étaient noires, en signe de deuil ; son père lui avait fait promettre que, s'il revenait vainqueur, il arborerait des voiles blanches pour annoncer de loin l'heureux succès de ses entreprises. Dans l'ivresse de son triomphe, le jeune héros oublie les recommandations paternelles, et le roi, voyant du haut d'un rocher le vaisseau qui revenait avec ses voiles sinistres, se précipite de désespoir dans la mer, à laquelle cet événement a fait donner le nom de « mer Égée ».

Bien qu'il soit devenu roi par la mort de son père, Thésée accomplit encore plus d'un exploit glorieux. Il fait une guerre heureuse à Créon, roi de Thèbes ; il extermine successivement plusieurs brigands célèbres par leurs crimes : **Sciron**, qui pillait les voyageurs et les précipitait dans la mer ; **Procuste**, qui étendait ses hôtes sur un lit de fer, coupant de leurs jambes tout ce qui dépassait la longueur du lit, et les tiraillant au contraire avec des cordes et des poulies jusqu'à ce qu'ils eussent atteint précisément sa longueur ; **Phalaris**, qui enfermait les hommes dans un taureau d'airain qu'il fait rougir sur un feu ardent. Thésée défait encore les **Centaures** ; il accompagne aux enfers son ami Pirithoüs, qui voulait enlever Proserpine ; mais ce dernier est dévoré par Cerbère, et Thésée reste enchaîné à un rocher jusqu'à ce qu'Hercule vienne le délivrer.

Thésée vit la fin de sa carrière affligée par les événements les plus douloureux. Phèdre se plaignit à lui d'avoir été insultée par Hyppolyte, fils de la reine des Amazones, sa première épouse ; trompé par cette accusation calomnieuse, le malheureux père invoque contre son fils la colère de Neptune, qui ne se rend que trop promptement à ses vœux. Au moment où le jeune prince se dispose à quitter l'Attique, un monstre épouvantable, vomi par les flots, effraye tellement les chevaux d'Hippolyte, qu'ils entraînent le malheureux prince sur des roches, où son corps est déchiré. Phèdre rend trop tard témoignage à l'innocence du fils de Thésée en se donnant elle-même la mort.

Cruellement éprouvé par ces chagrins domestiques, Thésée se vit encore en butte aux révoltes de ses sujets ; chassé de son trône et de son pays, il est réduit à aller demander un asile à Lycomède, roi de Scyros, qui l'assassine.

Cependant les Athéniens rendent justice à sa mémoire ; ils lui élèvent des statues et le mettent au nombre des demi-dieux.

JASON

Jason, fils d'Éson, roi d'Iolchos, est laissé par son père mourant sous la tutelle de Pélias, son oncle. Élevé par le centaure Chiron, il se montre bientôt digne d'un tel maître, et ses qualités brillantes le rendent l'idole des peuples.

Son oncle, voyant le jeune héros sur le point de réclamer le trône de ses pères, résolut de profiter de son amour passionné pour la gloire en l'engageant dans quelque entreprise périlleuse où il devait trouver la mort. Il le persuade donc que le plus sûr moyen de signaler sa valeur est d'aller tenter la conquête de la **Toison d'or**.

La Toison d'or, dépouille d'un bélier merveilleux, était un gage de bonheur et de richesses pour le pays qui la possédait. Voici quelle en était l'origine : Phrixos et Hellé, sa sœur, enfants d'Athamas, roi de Thèbes, voulant échapper aux mauvais traitements de leur belle-mère Ino, s'enfuirent sur un bélier à toison d'or qu'ils avaient reçu en héritage de leur mère. Pendant la traversée d'Europe en Asie, Hellé effrayée, se laissa tomber et se noya dans le détroit que l'on a nommé depuis Hellespont[1].

Arrivé en Colchide, Phrixus y consacra la Toison d'or au dieu Mars, la suspendit à un arbre, et la renferma dans une enceinte qui était gardée par un horrible dragon. Phrixus ayant été tué plus tard par Æetes, roi de Colchos, les Grecs désiraient vivement venger sa mort et conquérir la précieuse toison.

À peine la résolution de Jason est-elle connue, qu'une foule de jeunes princes et de capitaines vient se ranger sous ses ordres et partager les hasards de cette brillante entreprise. Parmi ces héros, qui sont au nombre de cinquante-quatre, on cite surtout Admète, Castor et Pollux, Augias, Esculape, Thésée, Orphée, Pirithoüs, Pélée, Télamon, Méléagre, Typhis le célèbre pilote, Lyncée, dont la vue est si perçante, qu'il découvrait sous les eaux les écueils et les bancs de sable ; enfin Hercule, qui, ayant perdu son ami Hylas, que les nymphes avaient entraîné au fond des eaux, ne voulut pas pousser plus loin une entreprise qui commençait si malheureusement pour lui ; ses compagnons ne le regrettèrent pas, car le poids de son corps chargeait le bâtiment outre mesure, et son appétit insatiable menaçait l'équipage de la disette.

Jason et ses compagnons furent nommés les **Argonautes**, et ce nom leur venait du navire Argo, sur lequel ils s'embarquèrent au cap de Magnésie, en Macédoine, et qui les conduisit en Colchide, en traversant le Pont-Euxin. Ce bâtiment a été construit, par un célèbre architecte nommé Argus, d'arbres de la forêt de Dodone ; il porte cinquante rames, et ce fut, dit-on, le premier vaisseau qui eût paru sur les flots.

Parvenu après mille dangers au but de son voyage, Jason a encore de grandes difficultés à vaincre. Avant de s'emparer de la Toison d'or, il fallait franchir une barrière gardée par les taureaux qui vomissaient des flammes par les naseaux ; il fallait ensuite semer les dents du serpent que Cadmos avait autrefois tué, et vaincre les guerriers qui devaient naître sur-le-champ de cette semence. Tous ces obstacles surmontés, il restait encore à combattre un dragon d'une forme hideuse et d'une immense grandeur, à qui était confié la garde du trésor.

Le héros grec n'aurait pu triompher de si grands dangers, s'il n'avait trouvé un appui inattendu à la cour du roi Æetes : **Médée**, fille de ce prince, fort habile magicienne, résolut de le faire réussir dans son entreprise s'il promettait de l'épouser.

Jason, s'y étant engagé par un serment solennel, est rendu invulnérable par les enchantements de sa fiancée ; il dompte les taureaux sans résistance, les soldats nés des dents du serpent se tuent entre eux, et le dragon endormi laisse enlever la toison qu'il devait défendre. Le héros, maître du trésor, prit la fuite, enlevant les trésors et la fille d'Æetes. Poursuivie par son père, Médée met en pièces son jeune frère Absyrte et disperse ses membres le long des chemins, afin que le roi, s'arrêtant pour les recueillir, ne pût atteindre les fugitifs.

---

1. Ancien nom du détroit des Dardanelles.

De retour à Iolchos, Jason y est reçu en triomphe, et épouse Médée. **Éson**, son père, que l'on avait cru mort, avait reparu, mais il était accablé de vieillesse, et hors d'état de prendre part aux fêtes par lesquelles on célébrait le retour de son fils ; Médée, touchée de ses souffrances, renouvelle son sang épuisé, et lui rend, par la force de ses enchantements, la force et la vigueur de la jeunesse.

Les filles de Pélias, l'ancien tuteur de Jason, ayant vu le prodige opéré en faveur d'Éson, supplièrent Médée de rappeler également leur père à ses jeunes années. La cruelle magicienne feint de se rendre à leurs vœux et les persuade de couper leur père en morceaux pour les faire bouillir dans une chaudière ; mais les malhaureuses princesses, après avoir fidèlement suivi les instructions, attendent vainement l'effet des promesses perfides qui les ont rendues parricides. Le peuple de Thessalie est tellement irrité de cette infâme cruauté, que Médée et son époux sont forcés d'aller chercher un refuge près de Créon, roi de Corinthe.

Jason lui-même, épouvanté de l'odieux caractère de sa femme, la répudie pour épouser Créuse, fille du prince qui lui a donné l'hospitalité. Médée cache d'abord sa fureur, mais c'était pour mieux préparer sa vengeance ; en effet, elle envoya à sa rivale, pour les fêtes de ses noces, une robe ornée de pierreries brillantes ; ces diamants cachaient un feu terrible qui fit périr Créuse au milieu du palais incendié. Jason courut vers Médée l'épée à la main pour punir cette nouvelle trahison ; mais à ce moment Médée s'enleva dans les airs sur un char traîné par des dragons ailés, et pour dernier adieu elle jeta à son époux les cadavres des deux enfants qu'elle avait eus de lui, et qu'elle venait d'égorger. Elle se rendit à Athènes, où elle devint l'épouse du roi Égée.

Jason traîna quelque temps encore une vie misérable et désolée, et fut mis après sa mort au rang des demi-dieux.

ORPHÉE

Orphée, fils d'Apollon et de Clio, ou, suivant d'autres, fils d'Œagre, roi de Thrace, et de Calliope, est un poète, créateur de la plupart des fables du répertoire classique, et le plus célèbre musicien de l'antiquité.

Aux sons de la lyre qu'il a inventée ou au moins perfectionnée, aux accents de sa voix qu'il unit à ces accords mélodieux, les arbres et les rochers se mettent en mouvement, les fleuves suspendent leurs cours, les animaux les plus sauvages se réunissent autour de lui, et oublient en l'entendant leur férocité naturelle.

Il épouse la nymphe Eurydice, mais peu de jours après son mariage elle succombe à la morsure d'un serpent. Orphée, désespéré, veut aller l'arracher du séjour des morts ; arrivé sur les bords des fleuves infernaux, il fit entendre des chants si plaintifs et si touchants, qu'il arrache des larmes aux ombres elles-mêmes, et qu'il adoucit pour un moment les douleurs qu'endurent les grands coupables. Pluton lui-même, se sent tellement ému, qu'il lui permet d'enlever son Eurydice, à condition cependant qu'il ne se détourne pas pour la regarder jusqu'à ce qu'il soit sorti de son royaume. Les deux époux, se soumettent à cette condition, ont déjà surmonté les plus grands obstacles, déjà ils aperçoivent la lumière du jour, lorsque Orphée, ne pouvant contenir son impatience, tourne un instant la tête pour s'assurer si son épouse le suit. Ce regard suffit pour lui faire perdre à jamais le bonheur qui allait lui être rendu : Eurydice, entraînée par une force surnaturelle, disparaît en lui tendant les bras, et son malheureux époux, qui se précipite sur ses pas, n'embrasse plus qu'une ombre vaine. L'enfer se montre inflexible aux nouveaux efforts qu'il tente, et l'implacable Pluton ne se laisse pas une seconde fois arracher sa proie.

Orphée, livré au plus violent désespoir, se retire dans les solitudes du mont Rhodope, où il fuit la vue de toutes les femmes. Les prêtresses de Bacchus, irritées de cette sombre douleur, qu'elles prenaient pour du dédain, s'emparèrent de lui dans les accès de fureur que leur inspirait le dieu, et mirent son corps en pièces.

CASTOR ET POLLUX

Castor et Pollux, frères jumeaux et modèles de l'amour fraternel, sont fils de Léda, épouse de Tyndare, roi de Lacédémone, laquelle donne en même temps le jour à Clytemnestre et à Hélène.

Ces deux jeunes héros donnent de bonne heure des preuves de leur courage et de leur adresse ; Castor excelle dans l'art de dompter les chevaux, et Pollux brille surtout aux luttes du ceste. Leur premier exploit est la destruction des pirates qui désolaient les mers de la Grèce. Ils se joignent ensuite à l'expédition des Argonautes, et prennent une part importante à leurs travaux. On raconte que pendant la traversée on vit, au milieu d'une affreuse tempête, deux flammes voltiger sur leurs têtes, et qu'aussitôt l'orage s'apaisa.

À leur retour, ils portent la guerre chez les Athéniens et s'emparent d'une ville où Thésée avait enfermé leur sœur Hélène, après l'avoir enlevée.

Castor ayant été tué dans un combat singulier, au pied du mont Taygète, Pollux, qui avait seul reçu de Jupiter le don de l'immortalité, alla supplier ce dieu de faire participer son frère à ce privilège. Le maître de l'Olympe ne put lui accorder cette grâce complète, mais il consentit à ce que chacun des deux frères alternativement pût jouir de la vie pendant six mois, tandis que l'autre habiterait le séjour des morts. Ils partagèrent ainsi une seule existence, jusqu'à ce qu'ils fussent transportés tous deux au ciel, où ils sont l'un des signes du Zodiaques, sous le nom des **Gémeaux**. Maintenant encore les deux constellations qui portent leurs noms ne se montrent jamais en même temps sur l'horizon, et l'une d'elles disparaît toujours au moment où l'autre se lève. Castor et Pollux obtinrent les honneurs divins, et on les regardait comme des divinités favorables aux navigateurs. On leur sacrifiait des agneaux blancs, comme on immolait des brebis noires aux tempêtes. Les habitants de Céphallénie, île de la mer Ionienne, les honorent d'un culte particulier ; chez les Romains il est d'usage que les hommes jurent par le temple de Pollux, *œdepol*, et les femmes par celui de Castor, *œcastor*.

CADMOS

Cadmos était fils d'Agénor, roi de Phénicie. Son père, désolé de la disparition de sa fille Europe, que Jupiter, sous la forme d'un taureau, avait enlevée et transportée en Crète, donne ordre aux trois frères de cette princesse de courir sur les traces du ravisseur, leur défendant de paraître jamais en sa présence s'ils ne sont parvenus à retrouver leur sœur.

Après beaucoup de recherches inutiles, Cadmos consulte l'oracle de Delphes, qui lui conseille de s'arrêter là où le conduirait un bœuf qu'il devait rencontrer à la porte du temple, et de fonder une ville en cet endroit. Cadmos trouve en effet un bœuf qui se met à marcher devant lui, et il le suit jusque dans une contrée à laquelle il donne le nom de Béotie.

Avant de s'occuper de la ville qu'il devait construire, il voulut offrir un sacrifice aux dieux et envoya ses compagnons puiser de l'eau à une fontaine consacrée au dieu Mars ; mais il furent tous dévorés par un énorme dragon ; Cadmos les venge, et, après avoir tué le monstre, il s'empare de ses dents, suivant le conseil de Minerve, et les sème sur la terre. Ces dents donnent aussitôt naissance à des hommes armés qui combattent les uns contre les autres, et s'entretuent, à l'exception de cinq qui aident Cadmos à jeter les fondements d'une ville qu'il nomme Thèbes. Plus tard, Amphion élève les murailles de cette ville, et il savait tirer de sa lyre des sons si ravissants, que les pierres, sensibles à cette harmonie, venaient d'elles-mêmes se ranger à leur place.

Cadmos s'occupa ensuite de polir les mœurs des sauvages habitants des campagnes qu'il avait réunis dans sa cité. Il les assujettit à des lois pleines de sagesses, et leur enseigna des arts utiles. On lui attribue l'honneur d'avoir le premier fait connaître à la Grèce les lettres de l'alphabet.

Il épouse Hermione ou Harmonie, dont il a Sémélé et trois autres filles. Sur la fin de sa vie, il est chassé par le peuple révolté de la ville qu'il avait créée, et se voit réduit à aller, avec son épouse, chercher un asile en Illyrie. Accablés de vieillesse et de chagrin, les deux exilés supplièrent les dieux de mettre un terme à leurs souffrances, et ils furent l'un et l'autre métamorphosés en serpents.

ŒDIPE

Œdipe est fils de Laïos, roi de Thèbes ; ce dernier, ayant appris de l'oracle qu'il devait un jour recevoir la mort de la main du fils que Jocaste, sa femme, allait lui donner, saisit cet enfant aussitôt après sa naissance, et ordonne à un de ses serviteurs de lui arracher la vie. Cet homme, ému de pitié, se contente d'exposer l'enfant sur le mont Cythéron, en l'attachant à un arbre par une courroie passée au travers de ses pieds qu'il avait percés. Le hasard amène dans ces lieux Phorbas, berger des troupeaux de Polybe, roi de Corinthe ; l'enfant encore vivant, Phorbas, l'ayant emporté dans ses bras, l'offre à la reine sa maîtresse, qui adopte le pauvre orphelin, l'élève comme s'il eût été son fils, et lui donne le nom d'**Œdipe**, composé de deux mots grecs qui font allusion à l'enflure que ses pieds avaient conservée par suite des blessures qu'il y avait reçues.

Achille et Ajax jouant aux dames – Vase grec.
v. 540 av. J.-C. – Musée du Vatican.

En avançant en âge, Œdipe apprend que le roi de Corinthe n'est pas son père, et l'oracle qu'il consulte lui répond qu'il trouvera ses parents en Phocide ; il se hâte donc de se rendre dans ce royaume. En y arrivant, il rencontre dans un passage étroit un homme qui lui ordonne fièrement de lui céder le pas ; le jeune voyageur répond à cette injonction en mettant l'épée à la main, et son adversaire a bientôt succombé. Cet inconnu n'était autre que Laïos, et la prédiction suivant laquelle il devait mourir de la main de son fils se trouva ainsi accomplie.

Parvenu à Thèbes, Œdipe trouve cette ville dans un grand trouble causé par le Sphinx. Ce monstre, né d'Échidne et de Typhon, a la tête et les mains d'une jeune fille, le corps d'un chien, la queue d'un serpent, les ailes d'un oiseau et les griffes d'un lion ; il avait fixé son séjour sur un rocher escarpé nommé le mont Phinée, et de là il s'élançait sur les voyageurs, leur proposait une énigme à résoudre, et dévorait tous ceux qui ne pouvaient l'expliquer.

La question posée par le monstre était celle-ci : « Quel est l'animal qui marche le matin à quatre pieds, à deux sur le milieu du jour, et le soir à trois ? » Œdipe, s'étant présenté pour résoudre cette difficulté, répond : « Cet animal est l'homme, qui, dans son enfance, se traîne sur les pieds et sur les mains, qui marche sur deux pieds au milieu de son âge, et qui, sur le déclin de sa vie, est obligé de s'appuyer sur un bâton ». Le Sphinx, désolé de voir son enigme ainsi dévoilée, se précipite du sommet de la montagne, et est déchiré par les rochers. Œdipe, libérateur de Thèbes, entre en triomphe dans la ville, et reçoit la récompense que le peuple a promise au vainqueur du monstre, c'est-à-dire qu'il est proclamé roi du pays, et obtient la main de Jocaste, la veuve de Laïos. Ainsi Œdipe, poursuivi par un impitoyable destin, après avoir tué son père sans le connaître, devient, sans le savoir, l'époux de sa propre mère.

Œdipe jouissait depuis longtemps du pouvoir souverain, lorsqu'une peste terrible vint ravager la ville de Thèbes et ses environs. Après avoir vainement épuisé tous les moyens pour arrêter la marche du fléau, on recourut à l'oracle, qui répondit que les maux qui désolaient les Thébains ne cesseraient que lorsqu'on aurait découvert et puni le meurtrier de Laïos. Le roi lui-même se livre aussitôt aux plus actives rcherches pour découvrir l'auteur de cet homicide ; ses efforts ont pour résultat de lui révéler toute l'horreur de sa destinée ; il apprend en même temps qu'il est le fils de Laïos, et que c'était son père qu'il avait combattu et tué en traversant la Phocide.

En proie au plus violent désespoir, Œdipe s'arrache les yeux et se bannit de la Béotie. Guidé par sa fille Antigone, qui lui prodigue les soins les plus constants et les plus dévoués, il se met en route, à pied, dénué de tout secours, et ne soutenant sa vie que par les aumônes qu'il demande. C'est ainsi qu'il gagne le bourg de Colone, dans l'Attique, où il se fixe et où il est englouti dans un tremblement de terre.

Ses deux fils, Étéocle et Polynice, qui s'étaient emparés du pouvoir après le départ de leur père, avaient convenu entre eux de régner alternativement, chacun pendant une année. Mais Étéocle, qui, en sa qualité d'aîné, avait le premier occupé le trône, refuse de le céder à son frère à l'expiration de l'année ; Polynice, indigné, demande du secours à son beau-père, Adraste, roi d'Argos, et vient assiéger Thèbes avec une armée commandée par sept chefs, qui y périssent tous, à l'exception d'Adraste. Enfin, pour mettre un terme aux maux de la guerre, les deux frères conviennent de vider leur querelle dans un combat singulier qu'ils se livrent en vue des deux armées. Ils se précipitent l'un contre l'autre avec tant de fureur, qu'ils en sont tous deux victimes : ils se percent réciproquement de leurs épées, et tombent morts en même temps.

Antigone, leur sœur, étant revenue à Thèbes, après la mort de son père, pour rendre les derniers devoirs à ses deux frères, est mise à mort par Créon, qui s'était emparé du pouvoir. Ainsi s'éteignit toute cette famille frappée de fatalité ; Jocaste s'était étranglée.

PÉLOPS

Pélops est fils de Tantale, roi de Phrygie ; ce dernier, ayant reçu chez lui les dieux qui voyageaient sur la terre, et voulant éprouver leur divinité, leur offrit à manger son propre fils Pélops, qu'il avait coupé en morceaux et accommodé avec art. Cérès seule goûta de ce mets, et déjà elle avait mangé une épaule du jeune enfant, lorsque Jupiter découvrit le crime.

Ce dieu, plein d'une profonde horreur pour cet épouvantable forfait, précipite Tantale dans les enfers, et rend la vie à Pélops, en réunissant tous les morceaux de son corps ; l'épaule que Cérès avait mangée est remplacée par une épaule d'ivoire.

Devenu grand, il vient à la cour d'Œnomaüs, roi d'Élide et de Pise. Ce roi a une fille nommée Hippodamie, et comme il ne veut pas s'en séparer, il déclare qu'il ne la donnera en mariage qu'à celui qui l'aura vaincu à la course de chars ; cette condition n'était pas facile à remplir, car d'Œnomaüs déployait une grande habilité dans ces jeux, et il avait des chevaux si rapides, qu'on les disait fils du Vent. En outre, les prétendants qui succombaient dans la lutte devaient être immédiatement mis à mort. Déjà treize malheureux avaient payé de leur vie leur imprudente poursuite, lorsque Pélops se présenta. Bien qu'il eût des chevaux qui étaient un présent de Pluton, il eut recours à la ruse, et gagna à prix d'argent Myrtile, cocher d'Œnomaüs, qui s'engagea à scier les roues du char de son maître ; à la suite de cette trahison, le roi fut renversé au milieu de la carrière. Il mourut des suites de cette chute, mais il eut encore le temps de reconnaître Pélops pour son vainqueur et de lui accorder la main d'Hippodamie.

Pélops, dès lors roi d'Élide, étend rapidement ses conquêtes ; il soumet à son pouvoir presque toute la presqu'île méridionale de la Grèce, qui est appelée, du nom de son conquérant, le Péloponèse.

Giulo Romano : *Dédale et Icare.*

5. Les Sept merveilles du monde

On appelle ainsi sept monuments de l'antiquité qui semblent, par leurs proportions ou par leur beauté, les plus étonnants qui fussent sortis de la main des hommes. Ces monuments sont : les murs et les jardins de Babylone, les pyramides d'Égypte, le labyrinthe d'Égypte, le colosse de Rhodes, le tombeau de Mausole, le temple de Diane à Éphèse, et la statue de Jupiter Olympien.

BABYLONE : LES MURAILLES ET LES JARDINS SUSPENDUS

Elles étaient d'une grandeur prodigieuse ; les anciens auteurs prétendent qu'elles avaient soixante-sept mètres de hauteur et dix d'épaisseur, de telle sorte que plusieurs chars pouvaient y courir de front. Elles formaient un carré parfait, dont chaque côté avait vingt-quatre kilomètres ; elles étaient bâties de briques cimentées avec du bitume, et entourées d'un large fossé revêtu de briques et de bitume. Chaque côté de ce grand carré avait vingt-cinq portes d'airain massif, et entre ces portes, de même qu'aux angles des murailles, il y avait des tours qui étaient de trois mètres plus élevées que les murailles.

Les jardins suspendus, eux, formaient un carré dont chaque côté avait cent trente-trois mètres. Ils étaient élevés, et formaient plusieurs larges terrasses posées en forme d'amphithéâtre, et dont la plus haute égalait en hauteur les murailles de la ville. La masse entière était soutenue par de grandes voûtes bâties l'une sur l'autre, et fortifiée d'une muraille de sept mètres et trente-trois centimètres d'épaisseur qui l'entourait de toutes parts. C'était sur le sommet de ces voûtes que se trouvait la terre des jardins, et elle formait une couche assez épaisse pour que les plus grands arbres y pussent prendre racine.

LES PYRAMIDES D'ÉGYPTE

Ce sont d'immenses monuments ayant une base large, ordinairement carrée, construits en dehors en forme de degrés qui vont toujours en diminuant jusqu'au sommet. La plus grande, dite de Khéops, est bâtie sur le roc, qui lui sert de fondement ; sa base carrée a trois cent vingt mètres sur chaque face ; sa hauteur est de cent soixante mètres ; le sommet de la pyramide, qui d'en bas semble se terminer en une pointe aiguë, présente une plate-forme carrée, dont chaque côté a six à sept mètres. Les pierres qui forment les pyramides sont toutes énormes ; la moindre a dix mètres de long.

LE LABYRINTHE D'ÉGYPTE

Construit à l'extrémité méridionale du lac Mœris, il était formé de la réunion de douze palais disposés régulièrement et qui communiquaient ensemble. Trois mille chambres entremêlées de terrasses se groupaient autour de douze salles principales, et ne laissaient point de sortie à ceux qui s'engageaient dans leur inextricable réseau. Il y avait autant de bâtiments sous terre ; ces constructions étaient destinées à la sépulture des rois, et servaient encore d'habitation aux crocodiles sacrés.

LE COLOSSE DE RHODES

C'était une immense statue de bronze élevée en l'honneur d'Apollon par le sculpteur Charès. Les pieds de cette statue reposaient sur deux roches situées des deux côtés de l'entrée du port de Rhodes ; les plus grands vaisseaux passaient, toutes voiles déployées, entre ses jambes. Elle avait soixante mètres de hauteur, et des escaliers intérieurs conduisaient jusqu'au sommet du monument, d'où l'on découvrait les côtes de Syrie. Cette statue merveilleuse, construite 300 ans avant notre ère, fut renversée quatre-vingts ans après par un tremblement de terre ; en 672, un marchand en acheta les débris, qui avaient été enfouis pendant près de neuf siècles, et le bronze qu'il y trouva forma la charge de neuf cents chameaux, c'est-à-dire sept mille deux cents quintaux.

LE TOMBEAU DE MAUSOLE

Roi de Carie, il avait été élevé par son épouse Artémise dans la ville d'Halicarnasse. Ce magnifique monument, orné de belles sculptures des plus habiles artistes du temps, avait plus de onze mètres de tour et onze de hauteur ; il était entouré de trente-six colonnes.

LE TEMPLE DE DIANE À ÉPHÈSE

Ce magnifique édifice, commencé par l'architecte Chersiphron et terminé après deux cent vingt ans de travaux continuels, avait 140 mètres de longueur sur 75 de largeur. Il était soutenu par cent vingt-sept colonnes, hautes de 20 mètres, dont un grand nombre étaient sculptées, et qui avaient été données au temple par cent vingt-sept rois différents. Selon Xénophon, la statue de la déesse était en or. Pendant cinq siècles, ce temple attira un concours immense de voyageurs, et il ne cessa de s'enrichir des dons qu'y envoyaient tous les peuples. Un instant suffit pour anéantir toutes ces splendeurs ; un insensé nommé Érostrate, voulant à tout prix rendre son nom célèbre, incendia le temple, qui fut entièrement détruit. Pour punir le sacrilège d'Érostrate, les Éphésiens défendirent, sous peine de mort, de prononcer son nom, qui n'en est pas moins venu jusqu'à nous.

LA STATUE DE JUPITER OLYMPIEN

Elle se trouvait à Olympie et était le chef-d'œuvre de Phidias, le plus célèbre sculpteur de l'antiquité. Le trône et la statue étaient formés uniquement en or et en ivoire, et le dieu était représenté dans des proportions telles, que, bien qu'il fût assis, sa tête s'élevait jusqu'à la voûte du temple, qui avait 20 mètres d'élévation.

On comptait encore quelquefois parmi les merveilles du monde le Temple de Salomon, le Capitole de Rome et le Phare d'Alexandrie, tour de marbre blanc construite par l'architecte Sostrate, haute de 150 mètres et qui portait un fanal pour indiquer la route aux bâtiments qui arrivaient pendant la nuit dans ces parages.

PUBLICATIONS AUX MÊMES ÉDITIONS

- *Guide de culture générale.*
  De l'antiquité à la période contemporaine
  Florence Braunstein et Jean-François Pépin, 1992, 304 p.
- *Guide de préparation aux épreuves littéraires*
  Florence Braunstein, 1992, 80 p.
- *Notions de culture générale. Lycée*
  Florence Braunstein et Jean-François Pépin, 1993, 224 p.
- *Les grandes doctrines,*
  Florence Braunstein et Jean-François Pépin, 1993, 264 p.
- *Les civilisations oubliées,*
  Florence Braunstein et Jean-François Pépin, 1994 , 176 p.
- *L'homme en question,*
  Florence Braunstein et Jean-François Pépin, 1994, 192 p.
- *Fiches d'HISTÉGÉ. Prépas HEC,*
  Jean-François Pépin, 1994, 192 p.
- *Les racines de la culture occidentale,*
  Florence Braunstein et Jean-François Pépin, 1995, 192 p.

AU MERCURE DE FRANCE

- *Le Roi scorpion,*
  Florence Braunstein, 280 p.

AUX ÉDITIONS BRÉAL

- *Évolution économique et socialde depuis 1929 à nos jours*
  Jean-François Pépin, 1993
- *Guide méthodologique des épreuves d'histoire et géographie*
  économique
  Jean-François Pépin, 1993

Imprimé en France par CPI
en mai 2016

Dépôt légal : septembre 1995
N° d'impression : 135411